KB089587

행복 코칭심리학

Coaching Psychology of Happiness

- 행복지수 업(UP) 불행지수 다운(DOWN) 지침서 -

행복
코칭심리학

Coaching Psychology of Happiness

저자 오윤선

예영 B&P

머리말

  행복은 인간의 보편적인 염원으로 인류역사와 함께 모두가
추구해 온 가치이다. 그래서 행복에 대한 논의는 지난 2000여
년 동안 끊임없이 이루어져 왔다. 최근 우리 사회에서 행복에
대한 요구는 그 어느 시대 보다 높은 것을 볼 수 있다. 하지만
모두가 행복을 추구하며 열심히 노력하고 있지만 경제발전에
비해서 여전히 주관적 행복지수는 낮은 편이다. 어떻게 해야 행
복한 삶을 누릴 수 있을까? 그에 대한 대답은 단순하지 않다.
  그동안은 행복에 관하여 문제(problems) 중심적 접근을 시도했
다. 그러나 이제는 이전과는 다른 가능성(possibilities)에 초점을
두고 접근해야 할 시점이 도래 하였다. 이러한 측면으로 볼 때
'행복'을 긍정심리학에 근거한 코칭심리학을 통해서 이해 할 필
요가 있다고 하겠다.
  필자는 1980년대 후반부터 대학과 방송 그리고 다양한 사회
기관에서 행복관련 강의를 해왔고, 지속적으로 논문발표와 집
필활동을 하고 있다. 그뿐만 아니라 임상현장에서 마음이 상한
많은 사람들을 회복시키고 긍정감정을 가질 수 있도록 최선을

다해 왔다. 특히 임상현장에서 많이 느낄 수 있었던 것은 모두가 행복한 삶을 원하지만 행복에 이르는 방법을 구체적으로 모른다는 사실이다. 따라서 행복감정을 높일 수 있는 구체적인 매뉴얼의 필요성을 느끼게 되었다. 최근 행복심리학과 긍정심리에 관련된 서적이 출판되고 있지만 코칭심리학적 관점에서 행복을 다룬 책은 아직 없다.

본서는 행복지수를 높이고 불행지수를 낮추기 위한 코칭 지침서로 활용하기 위한 목적으로 행복 코칭심리학이란 제목으로 저술되었다. 본 저서의 특징은 목차 순서에 따라서 내용을 숙지하고 각 장 마다 제시 된 검사를 통해 자신의 현 상황을 객관적으로 점검할 수 있게 하였다. 그리고 실천적 방안으로 다양한 인간관계 현장 속에서 행복지수를 높이기 위한 소통 코칭에 대해서 구체적으로 제시하였다.

본서는 전체 총2부 6장으로 구성되어 있으며, 1장 행복에서는 한국인의 행복지수, 시대별 행복관, 행복의 의미, 행복의 구성요소, 행복의 결정요인, 행복의 심리학적 이론에 대해서 개괄적으로 다루었다. 2장 코칭에는 코칭의 기원, 코칭의 현대적 개념 이해, 코칭의 유사개념과 차별성에 대해서 설명하였다. 3장 코칭심리학에서는 코칭심리학의 정의 및 역사 그리고 코칭심리학에 따른 행복 코칭심리학을 제안했다. 4장 행복지수 높이기 프로젝트에서는 11가지 주제에 따른 행복지수 높이기 콘텐츠를 구체적으로 기술하고, 5장에서는 불행지수 낮추기 프로젝트 5가지를 기술하였다. 6장 행복을 위한 소통 코칭에서는 소통에 대한 기본 이해와 직장 내, 친구관계, 부부관계, 부모자녀관계 소통 코칭에 대해서 구체적으로 다루었다.

바라기는 이 책을 읽는 독자들이 모두 행복해질 수 있기를 기대한다. 그리고 자신이 행복해짐으로 주위 모든 사람들이 행복할 수 있는 축복의 통로가 되었으면 한다.

본 저서가 출간되기까지는 많은 사람의 도움이 있었다. 특히 출판업계의 어려운 여건에도 불구하고 행복 코칭심리학에 지대한 관심을 가지고 출판을 맡아주신 예영B&P 조석행 사장님과 직원들에게 깊이 감사드린다.

그리고 바쁜 일정에도 불구하고 기쁜 마음으로 원고 수정에 도움을 준 최아람 선생님과 오채협 사모님, 원영선 선생님, 김진순 선생님께 진심으로 감사한다.

무엇보다 바쁜 연구 활동 때문에 충분한 시간을 함께 하지 못함에도 아무 불평 없이 이해해주고 응원해준 가족들에게 미안함과 고마움을 전한다.

2019. 8.

일립관 연구실에서 마음수선공 오윤선

목 차

PART 1
행복, 코칭, 코칭심리학

1 행복

1. 한국인의 행복지수

행복은 인간 본성의 일부이자 보편적 염원으로 인류 역사와 함께 모두가 추구해 온 가치이다. 우리는 누구나 자신의 행복을 추구 할 뿐만 아니라 때때로 자신의 행복과 무관한 다른 사람들의 행복을 바라기도 한다. 불행을 피하고 행복을 좋아하는 것은 모든 인간의 자연스러운 성향이다. 우리는 불행을 고통으로 여기며 그것으로부터 벗어나고자 하는 반면에 행복은 즐거운 것으로 생각하고 일생을 통해 도달하고자 하는 최상의 목표로 이해한다.

오늘날 행복에 대한 요구가 그 어느 때보다 높아지면서 '행복'이라는 단어는 각종 광고 문구를 가득 채우고 있음을 본다. 행복아파트, 행복도시, 행복기업, 행복상품, 행복한 참살이 식품, 행복을 주된 가치로 표방하는 지방자치단체나 기업들, 행복 관련 책 등 행복이라는 용어들이 다양한 분야에서 무수히 사용되고 있다. 그런데 모두가 행복을 추구하고 이러한 삶을 위해 열심히 일하며 살아가고 있음에도 불구하고 우리나라 국민들의 행복지수가 낮은 이유는 무엇일까?

대한한국은 6·25 전쟁이 끝난 1953년에 GDP가 67달러 밖에 안 되는 최빈국이었다. 그런데 반백년 만에 GDP가 3만 달러가 넘는 경이적인 경제 성장을 이루는 세계 10대 경제 대국이 되었고, 세계사에서 유례없는 산업화와 민주화 그리고 정보화를 동시에 이룬 유일한 국가로 세계인들에게 주목 받는 나라가 되었다.

대한민국은 세계에서 가장 **빠른** 압축성장(compressed growth)을 이룬 나라로 영국 250년, 미국 150년, 일본 130년이 걸린 변화를 불과 30~40년 만에 이루었다. 즉, 30~40년의 생물학적 시간에 200~300년의 서사적 시간을 살았다고 볼 수 있는 것이다.

이처럼 **빠른** 속도로 눈부신 발전을 이루어낸 이면에는 적응에 따른 갈등과 고단함 그리고 버겁게 느껴지는 삶의 무게가 고스란히 남아 있다. 특히 경제 성장을 우선시 하였던 우리나라는 외환위기 이후에 '발전주의적' 신자유주의 정책을 펼치게 되었고, 성과주의와 무한 경쟁이라는 경제적 패러다임을 형성하게 되었다. 이러한 현상은 사람을 오로지 능력과 수단으로만 평가하는 계기가 되었고, 경쟁에서 뒤처지지 않기 위한 자기계발의 몰두는 심각한 스트레스를 유발하게 되었다. 이로 인해 여러 가지 심리적 질병을 수반하는 숫자가 매년 증가하게 되었다.

따라서 과거보다 더욱 물질적 풍요를 누리며 국격 또한 나날이 높아지고 있음을 목격하고 있음에도 불구하고 자살률에 이어 이혼율과 음주율, 저출산율 등의 증가 속도 또한 세계 최고에 이르게 되면서 행복지수는 OECD 국가 중 하위에 속해 있다. 이처럼 대한민국 국민들의 주관적 행복지수가 OECD 국가 가운데 하위에 속하게 된 이유는 무엇일까? 미국 서던 캘리포니아대(USC)경제학과 리처드 이스털린(Richard Easterlin, 1926-)교수는 소득이 일정 수준에 올라 기본적인 욕구가 충족되면, 소득증가는 더 이상 행복에 영향을 미치지 않는다고 하였다. 이를 뒷받침하기 위해 그는 1인당 국민소득은 늘어났지만 행복지수는 높지 않은 한국의 경우를 예를 들면서 설명 하였다. 이스털린과 뜻을 함께하는 학자들은 1인당 국민소득이 2만 달러를 행복지수의 경계선으로 보고 있다. 즉 1인당 국민소득이 2만 달러가 되기 전에는 소득이 늘어남에 따라 행복지수도 올라가지만 이 선을 넘어서면 결코 물질적 풍요가 전반적인 삶의 행복으로 이어지지 않는다는 것이다. 한국은 바로 이 시점에 이미 도달해 있기 때문에 소득은 늘어나고 생활수준은 향상되었지만 주관적 행복지수는 만족스럽지 않은 시점에 이르렀다는 것이다. 그리고 한국인들의 부정감정 지수가 다른 나라 국민들보다 높기 때문에 행복지수가 더 낮다는 연구결과도 있다. 세계적인 행복연구자인 일리노이대 심리학교수인 에드 디너는 130개국에서 13만 7,214명을 대상으로 행복지수를 측정한 다음 한국심리학회에서 '한국인의 감정적 행복분석'에 대한 결과를 발표하였다(Ed Diner, 1994). 그의 조사 발표에 의하면 한국은 130개 국가 중에서 행복감정이 116위에 그쳤고, 소득 상위 40개 국가 중에서는 39위를 차지했다. 이 조사에 따르면 한국 사람들은 행복하고 즐거운 감정보다 우울하고 무기력한 감정이 더 많은 것으로 나타났다.

이러한 결과에서 볼 수 있듯이 경제발전에 비해서 행복감정이 낮은 이유는 그만큼 감정에 상처가 많음을 의미한다고 볼 수 있다. 특히 한국인의 비교의식, 낮은 자존감과 열등감 등과 같은 부정감정들은 주관적인 행복지수를 저해시키고 극심한 양극화 현상에 따른 상대적 빈곤감 또한 불행감정을 가지게 하는 요인이 되고 있다.

현재 한국사회에서 행복은 매우 중요한 화두이고 시대적 과제이다. 하지만 어떻게 행복한 삶을 누릴 수 있는가에 대한 대답은 단순하지 않다.

그동안은 행복에 관하여 문제(problems) 중심적 접근을 시도했다. 그러나 이제는 이전과는 다른 가능성(possibilities)에 초점을 두고 접근해야 할 시점이 도래 되었다. 이러한 측면으로 볼 때 '행복'을 긍정심리학에 근거한 코칭심리학을 통해서 접근하는 것이 필요하다고 하겠다. 코칭심리학은 가능성에 초점을 두고 사람들로 하여금 목적을 설정하여 더 보람이 있는 미래를 향해 나가도록 돕고 심리학적 접근을 통해 유쾌하게 성취감을 맛 볼 수 있도록 한다. 그리고 코칭심리학은 인간의 놀라운 잠재력 개발과 조직의 성과를 위해 변화와 성장에 초점을 두고 있기에 행복에 대한 현시대 접근의 틀로서 적절하다고 할 수 있다.

2. 시대별 행복관

1) 고대의 행복관

(1) 서양의 행복관

서양의 행복관은 고대 그리스의 철학적 전통에 바탕을 둔 헬레니즘(Hellenism) 행복관과 기독교 전통에 근거한 헤브라이즘(Hebraism) 행복관으로 구분할 수 있다.

첫째, 고대 그리스의 철학적 전통에 바탕을 둔 헬레니즘 철학자들은 이성적 사유와 성찰을 통해서 행복에 이르는 길을 발견할 수 있다고 믿었다. 따라서 서양철학의 아버지라고 하는 소크라테스(Socrates, 469-399 B.C.)는 "행복은 자기성찰을 통해서 성취되며, 이성적 능력을 통해 인간 삶의 핵심적 요소를 인식하고 실천하는 것"이라고 하였다. 그리고 소크라테스의 수제자 플라톤(Plato, 427-347 B.C.)은 이성과 직관에 바탕을 둔 진정한 지혜발견의 진리를 강조했다. 그는 감각적 쾌락을 추구하기보다 인생의 본질과 의미를 지향하였으며, 그의 사상은 현대의 행복관에 영향을 미치게 되었다. 플라톤의 제자 아리스토텔레스(Aristotle, 384-322 B.C.)는 자기실현적 행복관의 선구자로서 최선의 삶은 일시적 욕망 충족보다 도덕적 완성이나 인격적 덕성 구현이라고 하였다. 그래서 그는 12가지 덕성계발(용기, 관용, 자존, 친밀, 재치, 정의, 절제, 희망, 온유, 정직, 양심, 고결)과 함양을 통해서 행복한 삶을 살 수 있다고 주장하였다. 이와 같은 아리스토텔레스의 행복관은 오늘날 행복심리학자들이 주장하고 있는 강점과 덕성 계발의 근간이 되었다고 할 수 있다. 다시 말해서 고대 그리스인들에게 행복이란 일생 동안 수양해야 하는 시민의 덕목과도 같았다. 그러므로 그들은 시민의 덕목을 갖추었을 때 행복할 수 있다고 믿었다.

그리스 시대 인물 가운데 키레네(Cyrene)의 아리스티포스(Aristippus, 435-360 B.C.)는 고통을 최소화하고 쾌락을 최대화하는 것이 행복의 관건이라고 주장하였다. 이후 에피쿠로스(Epicurus, 342-270 B.C.)는 이러한 주장을 발전시켜 쾌락주의를 제창하게 되었다. 에피쿠로스는 행복을 권력투쟁과 같은 정치적 세계로부터 벗어나 친구들과 어울리며 안락한 상태에서 평온하게 머무를 때 얻을 것이라고 하였다. 오늘날 행복심리학에서 말하는 긍정 정서와 주관적 만족은 그의 이러한 쾌락주의 전통을 이어 받았다고 할 수 있다(Compton, 2005).

둘째, 헤브라이즘 전통의 행복관을 지향하는 자들은 하나님과의 관계를 중시한다. 유대교에서의 행복은 하나님의 절대적 권위에 순종하면서 자기중심적이고 쾌락추구적 행동을 억제하는 삶 속에서 얻게 되는 것으로 본다. 하지만 기독교에서는 하나님을 두려움의 대상이 아닌 인간에게 깊은 애정을 지닌 존재임을 강조한다. 기독교에서 말하는 진정한 행복에 이르는 길은 예수 그리스도의 가르침을 실천하는 것이다. 예수 그리스도 가르침에 대한 핵심은 바로 '하나님 사랑과 이웃 사랑'이다.

(2) 동양의 행복관

동양의 행복관은 동양 3대 종교인 유교, 불교, 힌두교를 통해서 살펴볼 수 있다.

첫째, 공자, 맹자, 노자 등의 성인들이 형성한 유교에서는 행복을 구체적으로 지칭하지는 않지만 행복과 관련된 덕목은 제안하고 있다. 특히 유가(儒家)의 창시자 공자(孔子. 551~479 B.C.)는 인(仁)의 가치를 강조하고 최고의 덕목으로 삼으며, 수신제가치국평천하(修身齊家治國平天下) 실현을 목표로 하였다. 공자가 말하는 인(仁)은 '사람을 사랑하는 것'이다. 나아가 최선의 삶은 긍정적이고 조화로운 인간관계 속에서 평화롭고 행복한 사회와 국가를 위해서 공헌하는 것이다. 그리고 맹자(孟子)가 말하고 있는 인간이 지켜야 할 다섯 가지 덕목인 오상(五常), 즉 인의예지신(仁義禮智信)이나 노자(老子)의 도덕경(道德经)에서 도(道)를 따르는 것이 최선의 삶이요 행복이라는 것이다.

둘째, 불교의 행복관은 고타마 싯다르타(석가모니: 釋迦牟尼, 563?~483?B.C.)의 고집멸도(苦集滅道)로 집약할 수 있다. 고(苦)는 괴로움을 뜻하며 집(集)은 괴로움이 생기는 원인으로 집착을 의미한다. 멸(滅)은 괴로움의 소멸, 도(道)는 괴로움의 소멸에 이르는 길을 말하는데, 이것이 불교의 근본 원리인 4성제(四聖諦)이다. 특히 실천 수행의 길인 도제(道諦)에는 불교 수행의 중도(中道)인 8정도(八正道)가 해당된다. 즉 4성제(四聖諦)와 8정도(八正道)가 불교 전체를 아우르는 거대한 인식과 실천의 틀이라고 할 수 있다. 불교는 무지로부터 인간의 괴로움이 발생하므로 부처의 가르침을 배우고 깨달아 지혜로운 사람이 되어 괴로움에서 벗어나 자유로운 사람이 되는 것이 궁극적인 목표이다. 이것이 곧 불교의 행복론이라 할 수 있다.

셋째, 다른 종교와 달리 창시자가 없는 힌두교는 인도에서 발

생한 모든 종교를 통틀어 가리키는 말이다. '힌두'란 원래 인더
스 강의 산스크리트인 신두(Sindhu: '大河'라는 뜻)의 페르시아 발음
으로서 인디아나 힌두스탄과 같이 인도를 가리키는 말이다. 그
러므로 힌두교를 문자 그대로 풀이하면 '인도의 종교'를 뜻하
며, 인도에서 기원된 모든 종교, 즉 바라문교, 자이나교, 불교
등을 모두 포함하는 말이 될 수 있다. 그러나 일반적으로는 베
다의 권위를 인정하지 않는 불교와 자이나교를 배제한 좁은 의
미로 사용한다. 힌두교는 생명이 죽은 뒤에 세상으로 다시 회
귀한다는 윤회(輪廻)와 현재의 삶은 과거의 행위에 의해서 결정
된다는 업(業: karma)의 사상에 바탕을 둔다. 따라서 힌두교에서
추구하는 행복관은 윤회의 사슬로부터 영원히 벗어나는 이른
바 해탈(解脫)이라고 할 수 있다.

2) 중세의 행복관

기독교가 주도한 서양 중세시대에는 행복을 세속적인 쾌락
과 반대되는 것으로 취급해왔다. 중세시대에는 오로지 신의 구
원을 통해서만 존재하는 종교적인 의미의 하늘의 복(天福)개념
이 존재했다. 중세의 하늘의 복은 개인적인 것이었으나 그 규
칙은 철저히 공동체적이었다.

중세시대에는 세속적인 쾌락의 위험을 경고하기 위해서 7대
죄악(분노, 질투, 나태, 교만, 성욕, 방종, 물욕)을 제시하였다. 이러한 죄
악에 대한 포기의 길로 이끄는 미덕으로 4대 보편적 덕성(신중,
용기, 절제, 정의)과 3대 신학적 덕성(믿음, 소망, 사랑)을 제시하였다.
이 7가지 덕성은 하나님과의 관계 속에서 내세에서의 구원과

영생을 얻기 위해서 살아가는 데 최선의 것으로 보았다.

3) 근대의 행복관

17세기와 18세기 계몽시대는 현세의 삶에서도 행복해질 수 있다는 새로운 기대를 가지게 하였다. 계몽사조는 행복을 이 지상의 삶에서 모든 인간이 열망할 수 있는 무언가로 여기게 만들어 주었다. 그리고 이러한 사조는 초기에 사회적, 지적인 엘리트들만의 영역에서 점차 넓게 퍼져나가게 되었다.

18세기 말에 이르러 행복은 미국과 프랑스에서 일어난 혁명과 더불어 '동기를 부여하는' 궁극적 목적으로써 널리 인정받게 되었다. 토머스 제퍼슨(Thomas Jefferson, 1743-1826)은 독립 선언서를 기초하면서 행복추구권을 '자명한 진실'이라고 했다. 또한 1789년에는 인간과 시민에 대한 인권선언을 했던 프랑스인들도 선언문 서문 마지막 줄에 '모든 이의 행복'이라는 고귀한 목적을 명시했다.

이와 같이 18세기 철학자들은 행복의 개념을 하늘에서 지상으로 내려오게 하였고 근대정치의 존재이유, 즉 사회적이고 공동체적인 행복을 고안해 냈다(Michel Faucheux, 2002)

4) 현대의 행복관

최근에 이르러 행복관련 연구가 활발하게 이루어지면서 행복에 대해 과학적이고 체계적인 접근이 이루어지게 되었다. 이렇게 된 계기는 지난 한 세기 동안 인간의 심리적 현상을 질병

모델로 접근하였던 심리학자들이 21세기에 들어서면서 해결 중심적 패러다임으로 전향하게 되었기 때문이다. 그리고 행복한 삶을 추구하는 인간의 적극적인 자세에 대한 시대적 관심이 증대하게 되면서 행복심리에 대한 연구가 활발하게 이루어지게 되었다고 볼 수 있다. 마이어(Myers)와 디너(Diener)의 조사에 의하면 1990년대까지 이루어진 심리학 연구 중에서 인간의 부정적 측면의 연구가 긍정적 측면의 연구보다 17배나 많았다고 한다. 하지만 1990년부터 최근까지 행복에 관한 연구논문은 수 천편 이상으로 증가되었고 다양한 학술지에 발표되었다(오윤선, 유양숙, 2019)

행복심리학의 과학적 발전은 미국 펜실베이니아 대학교 심리학과 마틴 셀리그만(Martin Seligman,1942-) 교수의 공헌이 컸다. 그는 1998년 미국심리학회 회장에 취임하면서 심리적 결함과 장애에만 편향적인 관심을 기울여왔다는 과거의 연구방향을 반성하였다. 그리고 그가 행복과 같은 인간의 긍정적인 측면을 과학적으로 탐구하는 심리학의 새로운 연구방향을 제시하면서 커다란 변화가 일어나기 시작하였다. 특히 셀리그만이 2002년에 저술한 『진정한 행복』(Authentic Happiness)은 행복심리학을 확산시키는 계기가 되었다. 그리고 몰입(flow) 연구로 유명한 미하이 칙센트미하이(Mihaly Csikszentmihalyi, 1934-)[1]와 주관적 안녕의 대표적 연구자인 애드 디너(Ed Diener, 1946-), 긍정적 특질의 분류체계를 제시한 크리스토퍼 페터슨(Christopher Peterson, 1950-2012)[2], 2002년에 노벨경제학상을 수상한 대니얼 카너먼(Daniel Kahneman) 등에 의해서 행복에 대한 논의가 본격적으로 이루어지게 되었다(Seligman & Csizentmihaly, 2000).

3. 행복의 의미

 최근 행복(幸福)에 대한 논의가 여러 학자에 의해서 활발하게
이루어지고 있지만 아직까지 하나로 일치된 정의는 없다(Selig-
man & Csizentmihaly, 2000). 사전적 의미로서 행복이란 욕구와 욕
망이 충족되어 만족하거나 즐거움을 느끼는 상태, 불안감을 느
끼지 않고 안심하거나 또는 희망을 그리는 상태와 같은 좋은

---

1) 미하이 칙센트미하이는 1960년에 학사과정을 수료하고 1965년의 박사학위를 시카고 대학
   에서 수료하였다. 현 미국 캘리포니아 클레어몬트에 있는 클레어몬트 대학원 대학교 심리학
   교수로 재직 중이며, 미국 시카고 대학에 심리학과 초대학과장(former head of the department
   of psychology), 미국 일리노이 주 레이크 포리스트 대학에 사회학과 인류학 학과장, 시카고
   대학 교수로 40년 동안 재직한 후 현재 피터 드러커 경영대학 교수 및 〈삶의 질 연구소〉 소
   장으로 있으며, 어떻게 하면 사람들의 삶이 좀 더 창의적이고 행복할 수 있을지에 대해서 평
   생 동안 연구해 왔다. 칙센트미하이 교수는 미국 학술·예술원, 미국교육원, 미국여가 학술원
   회원이고, 풀브라이트 재단 선임 연구원이며, 브리태니커 백과사전 고문을 포함한 여러 이사
   직도 겸임하고 있다. 칙센트미하이 교수의 연구에 대한 관심은 관련 학계뿐만 아니라 다른
   분야에서도 꾸준히 증가하고 있다. 그의 연구에 관한 많은 글들이 〈사이콜로 지 투데이〉 〈뉴
   욕 타임스〉 〈워싱턴 포스트〉 〈시카고 트리뷴〉 〈옴니〉 〈뉴스위크〉 등의 언론 매체에 실리고 있
   으며 BBC, RAI(이탈리아 방송), 노바 등 텔레비전 매체에서도 특집으로 다뤘다. 이 책 플로우
   는 1993년도 미국 슈퍼볼 우승 팀인 댈러스 카우보이의 감독 지미 존슨이 팀을 우승으로 이
   끄는 데 많은 영감을 준 책이라고 밝힌 바 있다. 미국 대통령 클린턴은 96년 가을 뉴스위크
   와의 인터뷰에서 칙센트미하이 교수를 그가 가장 좋아하는 작가 중 한 사람으로 꼽았으며, 전
   미 하원 의장 깅그리치도 이 책을 정치기획위원회의 필독 도서 중 하나로 추천하였다. 볼보
   자동차, 시카고 공원 관리팀, 오스트리아 정치인들같이 기업이나 정치인, 여러 나라의 문화
   재단에서도 플로우에 많은 관심을 보이고 있는데 그 이유는 플로우와 관련된 연구 결과들이
   많은 사람들에게 어떻게 최적의 삶을 살아갈 수 있는가에 대한 깊은 통찰을 제공해 주기 때
   문이다.

2) 크리스토퍼 피터슨은 긍정심리학 창시자의 한 사람으로서 1986년부터 미시간 대학에서 심
   리학 교수로 근무해 왔다. 긍정심리학 발전 위원회의 회원이며 긍정심리학회지(Journal of
   Positive Psychology)의 편집장이자 펜실베니아 대학의 긍정 심리센터의 전임 템플턴 수석
   연구원이다. 그는 긍정심리학 관점을 반영한 가장 전도유망 한 연구 중 하나인 성격강점 및
   덕목의 분류(VIA) 연구를 주도해온 바 있다. 《성격강점과 덕목의 분류》의 공저자인 피터슨은
   지난 20년 동안 전 세계에서 가장 많이 인용된 심리학자 100인 중 한명이며 긍정, 건강, 성
   격 그리고 웰빙(well-being)에 대한 지속적인 연구를 진행하고 있다.

감정의 평온한 심리적인 상태 및 이성적 경지를 의미한다. 앨버트 슈바이처(Albert Schweitzer, 1875-1965)는 "행복이란 좋은 건강과 좋지 못한 기억을 빨리 잊을 수 있을 만큼 나쁜 기억력이다."라고 하였다. 몸이 건강하고 과거에 일어났던 이런저런 일에 대한 생각에 얽매이지 않는 것이 행복이라는 것이다. 예술가인 레오나르도 다빈치(Leonardo da Vinci, 1452-1519)는 "충실하게 보낸 하루가 행복한 잠을 가져다 주듯이 충실하게 보낸 삶은 행복한 죽음을 가져다준다."라고 하면서 하루하루를 충실하게 살면 행복해진다고 믿었다. 원칙을 좋아하는 철학자 임마누엘 칸트(Immanuel Kant, 1724-1804)는 행복의 원칙 3가지로 "첫째, 어떤 일을 할 것 둘째, 어떤 사람을 사랑할 것 셋째, 어떤 일에 희망을 가질 것"을 제시하였다. 이는 일을 하면 생계를 유지할 수도 있고 그 일을 통해 자아실현을 할 수도 있다는 것을 의미한다. 그리고 다른 사람을 사랑하는 관계를 통해 행복을 느끼고 긍정적 사고와 미래에 대한 희망을 가질 때 행복해질 수 있다는 것이다. 그리고 러시아 작가인 막심 고리키(Maksim Gorkii, 1868-1936)는 "손에 잡고 있는 동안에는 행복이 작게 보이지만 놓치고 나면 얼마나 크고 귀중한지 알게 된다."라고 하면서 현재 소박하게 느끼는 것이 바로 행복이라고 강조했다.

행복심리학의 창시자인 마틴 셀리그만(Martin Seligman)은 행복이라는 개념을 긍정적 정서(positive emotion), 적극적인 삶(engagement life), 의미 있는 삶(meaning life)이라는 세 가지 요소로 정립하였다. 긍정적 정서는 즐거운 삶과 밀접하게 관련 있는 개념으로 과거, 현재, 미래에 대한 많은 긍정적 정서의 경험과 이러한 정서의 강도와 기간을 확장시키는 기술을 배우는 것과 관련이 있다. 그리고 적극적인 삶이란 직업, 현재의 관계, 여가에 열중하고 몰두하는 삶을 말한다. 의미 있는 삶이란 자신이 더 중요하다고 생각하는 신념을 추구하거나 그 신념을 위해 자신의 강점이나 재능들을 사용하는 것을 말한다.

행복에 대한 셀리그만의 개념 정의 외에 현재까지 사용되고 있는 용어만 해도 주관적 행복감, 삶의 만족도, 행복감, 심리적 안녕상태, 적응, 사기(士氣) 등의 용어와 혼용되어 쓰이고 있다 (Seligman, Steen, Park, & Peterson, 2005). 행복감에 관한 국내연구에서도 심리적 안녕감, 주관적 안녕감, 생활만족도, 행복감, 긍정적·부정적 정서, 삶의 조건에 대한 주관적인 만족상태로 정의되는 등 연구자마다 개념적인 혼동이 있다(김명소, 김혜원, 차경호, 2001).

여러 연구들에 나타난 행복의 정의를 살펴보면 크게 인구통계학적 변인들인 나이, 성, 민족, 수입, 주거 밀집성, 환경적 공해수준과 같은 경제사회적 지표들이 대표적으로 제시된 외적가치의 관점(Cameron, 1995)과 개인의 내적인 가치 체계인 주관적인 기준을 중시하는 인지적 관점(Diener & Biswas-Diener, 2002) 그리고 일상생활의 다양한 경험으로부터 표출될 수 있는 상황적 정서반응을 중시하는 정서적 관점(Andrews & Withey, 1976)으로 구별할 수 있다.

이와 같은 관점들을 종합해 보면, 행복이란 일상 전반에 대한 지속적이고 통합적인 판단에 의해 결정된다고 할 수 있고, 행복감은 전반적인 삶의 만족도라고 규정할 수 있을 것이다.

4. 행복의 구성요소

행복에 대해서 동서고금의 수많은 철학자와 종교인들이 나름대로 각자의 주장을 펼쳐왔기에 행복의 구성요소에 대한 의견 또한 다양하다. 위키백과에서 말하는 행복의 요소에는 만족, 기쁨, 즐거움, 재미, 웃음, 보람, 가치감, 평온감, 안정, 의욕, 희망의 그림 등 여러 요소가 포함된다.

2012년 10월 22일자 타임지에 소개된 행복의 9가지 구성요소(The nine components of happiness)를 살펴보면 첫째, 심리적 행복(Psychological well-being) 둘째, 건강(Health) 셋째, 적절한 시간 사용(Time use) 넷째, 교육(Education) 다섯째, 문화의 다양성과 문화 충격에 대한 탄력성(Cultural diversity and resilience) 여섯째, 좋은 정부(Good Governance) 일곱째, 활력적인 지역사회(Community vitality) 여덟째, 생태계의 다양성과 회복력(Ecological diversity and resilience) 아홉째, 적절한 생활수준(Living standards)이라고 하고 있다. 철학자 앤소니 케니(Anthony Kenny, 1931-)는 『행복의 발견』(The Discovery of Time)이라는 책에서 행복의 구성요소를 만족, 복지, 인간의 존엄성이라고 하였다. 그가 말하는 만족이란 즐거운 기분의 지속에 대한 개인적이고 주관적인 자기평가를 의미하며 복지는 건강, 영양상태, 기대수명, 위생과 청결수준, 의료시설, 경제력 등과 같은 객관적인 요소를 말한다. 그리고 인간의 존엄성은 종교 선택의 자유, 언어 선택의 자유, 직업 선택의 자유, 배우자 선택의 자유, 정치적 대표자 선출의 자유, 국적 선택의 자유, 보람 있고 가치 있는 일과 여가활동, 사회적 · 인격적으로 존중받는 것이라고 하였다. 그는 "장기적으로 볼 때 행복에 관련된 중요도는 가족, 친구, 일, 여가활동의 순서인데, 이중에서 개인적으로 선택의 자유도가 가장 높은 것은 여가활동이다."라고 하였다.

행복 구성요소에 대한 더 많은 학자들의 주장이 있지만 다양한 관점을 잘 종합한 학자로는 마틴 셀리그만을 말할 수 있다. 그는 행복의 구성요소를 즐거운 삶(pleasant life), 몰입의 삶(engaged life), 의미 있는 삶(meaningful life)이라고 하였다. 첫째, 요소인 즐거운 삶은 긍정적 정서를 최대화하고 부정적 정서를 최소화하는 삶으로써 행복의 쾌락주의적 입장을 반영한 것이라 할 수 있다. 따라서 행복한 사람들은 삶 속에서 편안함, 만족감, 기쁨, 여유로움과 같은 긍정적 정서를 자주 느끼고 즐거움과 기쁨을 충분히 음미하고 만끽하며 향유하게 되는 것이다. 둘째, 몰입의 삶은 자신이 추구하는 활동에 열정으로 참여하여 자신의 강점과 잠재력을 최대한 발휘하며 자기실현을 이루어가는 삶을 의미한다. 셋째, 의미 있는 삶은 다른 것과의 관계 속에서 발견될 수 있다. '나보다 더 큰 어떤 것'과의 관계 속에서 그것을 위해 기여할 때 발견될 수 있는 것이다. 자신이 추구하고 있는 그것을 위해 공헌하고 있다는 믿음은 삶을 가치 있고 의미 있게 만든다.

위의 행복의 세 가지 구성요소가 서로의 조화를 이루어 선순환 구조를 이룰 때 풍성한 행복감을 느끼게 된다. 즐거운 삶을 통해 열심히 일하고, 열심히 일함으로써 타인에게 기여할 수 있으며, 자신이 타인과 공동체를 위해 공헌하는 소중한 존재라고 인식할 때 보람을 느끼며 더욱 행복한 삶을 영위할 수 있기 때문이다. 하지만 행복의 세 구성 요소는 현실 속에서 서로 충

돌하는 경우가 많이 생긴다. 그 이유는 즐거움을 추구하다보면
능력을 충분히 발휘하기 어렵고, 자신의 성취에 몰두하다보면
다른 사람들의 삶에 소홀해지기 쉽기 때문이다. 따라서 나만의
행복이 아닌 너와 내가 함께 행복한 삶을 누리기 위해서는 성
숙한 자세가 필요하다.

나의 행복지수

나는 얼마나 행복한가? 즐거운 삶, 몰입의 삶 그리고 의미 있
는 삶의 세 측면에서 얼마나 행복한 삶을 영위하고 있는가? 다
음은 셀리그만이 개발한 행복지수 검사지이다.

즐거운 삶의 평가 문항	그렇지 않다 1	약간 그렇다 2	상당히 그렇다 3	매우 그렇다 4
1. 나의 생활은 대체로 즐겁다.				
2. 나의 삶은 전반적으로 만족스럽다.				
3. 나의 일상생활에는 유쾌하고 재미 있는 일들이 많다.				
4. 아침에 잠에서 깨어나면 대체로 즐거운 기분을 느낀다.				
5. 나는 요즘 괴로운 일이 별로 없다.				
몰입의 삶의 평가 항목	그렇지 않다 1	약간 그렇다 2	상당히 그렇다 3	매우 그렇다 4
1. 요즘 내가 하는 일에 집중이 잘 된다.				
2. 내가 하는 활동에 의욕과 열정을 느낀다.				
3. 나는 어떤 일이든 적극적으로 임하는 편이다.				
4. 내가 열심히 일하는 만큼 좋은 성과를 얻고 있다.				
5. 내가 해야 하는 일들을 열심히 하며 살고 있다.				

의미 있는 삶의 평가 문항	그렇지 않다 1	약간 그렇다 2	상당히 그렇다 3	매우 그렇다 4
1. 나는 내 나름대로 인생의 목표를 지니고 살아간다.				
2. 요즘 내가 하는 일들이 의미 있는 것이라고 생각한다.				
3. 나는 다른 사람에게 도움이 되는 일을 많이 하고 있다.				
4. 나는 훗날 가족과 사회를 위해서 기여한 사람으로 여겨질 것이다.				
5. 주위 사람들은 나를 소중한 존재로 여긴다.				

각 영역별로 다섯 문항의 점수를 합하면, 각 요소의 총점(5~20점)이 된다. 총점이 5~9점이라면 당신의 행복지수가 낮은 편이다. 10~14점은 보통 수준의 행복에 속하고, 15~20점이라면 행복지수가 상당히 높은 편에 속한다. 세 구성요소의 총점을 비교해 보면서 행복의 세 측면에서 자신의 균형을 살펴 볼 수 있다.

5. 행복의 결정요인

캘리포니아 대학교 심리학과 소냐 류보머스키(Sonja Lyubomirsky) 교수는 행복에 대한 다양한 연구 결과를 통계적으로 처리한 결과 행복은 유전 요인에 의해서 50%가 결정되고, 삶의 환경 10% 그리고 의도적 활동이 나머지 40%를 결정한다고 하였다. 그에 의한 행복방정식은 행복 = 유전적 설정 값 + 삶의 환경 + 의도적 활동인 것이다.

1) 행복과 유전자

행복의 유전자 설정 값을 뒷받침하는 가장 강력한 증거는 일란성과 이란성 쌍둥이를 대상으로 실시한 일련의 흥미진진한 연구로부터 나왔다. 쌍둥이는 유전적인 소인 중 특징적인 부분을 공유하기 때문에 이들 대상의 연구가 행복과 유전자의 관계에 대해서 많은 것을 알려줄 수 있다.

미네소타대학교 교수인 데이비드 라이켄(David Lykken)과 오크 텔레겐(Auke Tellegen)은 중년기에 접어든 쌍둥이 2천 3백여 쌍을 대상으로 그들의 행복수준 일치도를 조사했다. 그 결과 같은 부모에게서 양육된 일란성 쌍둥이의 행복수준 일치도(0.44)는 이란성 쌍둥이(0.13)보다 현저하게 더 높았다. 더욱 놀라운 결과는 여러 가지 이유로 어린 시절에 다른 가정으로 입양되어 성장한 일란성 쌍둥이(75쌍)의 경우, 중년기의 행복수준 일치도가 0.52에 이르렀다는 점이다. 유전자가 동일한 일란성 쌍둥이는 다른 가정에서 양육되고 다른 환경에서 생활하고 있더라도 중년기의 행복수준이 상당히 비슷하게 나타난 것이다. 이러한 연구결과는 유전이 행복에 강력한 영향을 미치고 있다는 사실을 보여주고 있다. 하지만 유전자 회로는 경험과 행동에 따라 큰 영향을 받을 수 있기 때문에 삶의 환경과 의도적인 활동에 따라서 행복을 증진시킬 수 있는 가능성이 많음을 기억해야 한다. 유전자의 완전한 발현은 적당한 환경과 의도적인 활동에 의해서 결정될 수 있기 때문이다. 따라서 타고난 눈동자 색깔을 바꿀 수 없어도 컬러 렌즈를 통해서 눈동자 색깔을 바꿀 수 있듯이 의도적인 활동과 환경을 통해서 얼마든지 행복을 만들어 갈 수 있다.

2) 행복과 삶의 환경

사람의 기본 욕구인 의, 식, 주는 삶에서 중요한 문제이다.
따라서 행복의 구성요소 가운데 경제적인 기반이 일정 부분 필
요하다. 미국의 정치가 벤자민 프랭클린(Benjamin Franklin, 1706–
1790)은 행복의 조건으로 '의식주의 구비'를 꼽았지만 동시에
"만족하지 않은 자 행복하지 않다."라고 했다. 이렇듯 욕망의
분모를 매일매일 키워가는 사람에게는 분자에 어떤 금은보화
를 올려놓더라도 늘 모자라는 진분수이기 마련이다. KBS '생
로병사의 비밀'에서 한국인들은 더 행복해지기 위해서 더 많이
벌고 더 많이 일하고 더 많이 먹는다고 했다. 이렇게 '더 많이'
라는 무한탐욕의 삼색 실로 꼬아 가는 행복은 결국 육체나 정
신이 파탄에 이를 수밖에 없다.

소냐 류보머스키 교수는 행복을 결정하는 데 있어서 환경은
10%에 속한다고 말하고 있다. 그는 오늘날 미국인의 행복지수
가 1940년보다 낮은 것은 환경이 행복을 전적으로 결정하지
않음을 의미한다고 말한다. 1940년에 미국 사람들은 약 3분의
1 정도가 상수도와 실내 화장실, 욕조나 샤워 시설이 없이 살
았고 절반 이상이 중앙난방시설을 갖추지 못하고 살았다고 한
다. 그리고 고등학교 졸업은 25%, 대학 졸업은 5%였으나 삶의
만족도는 10점 만점에 7.5로 매우 행복하다고 대답을 했다. 하
지만 1940년에 비해 모든 면에서 월등해진 오늘날 미국인의
평균 행복지수는 7.2(Lane, 2000)로 그때보다 낮게 나타났다.

오늘날 우리들이 누리는 물질적 안락함의 수준은 반세기 전에 상위 5% 이내에 드는 사람들이 누리던 부의 수준과 같다고 할 수 있다. 1976년 미국 유수대학 신입생 1만 2천명에 대한 삶의 태도 조사를 실시한 후 20년이 지난 다음에 사후 검사를 실시한 결과에서 돈을 버는 것을 자신의 일차 목표로 했던 학생은 20년 후에 자신의 삶의 만족도가 그렇지 않은 사람보다 낮은 것으로 나타났다. 그리고 물질주의자들은 그렇지 않은 사람들보다 각종 정신 질환에 시달릴 가능성이 높았다(Cohen & Cohen, 1996). 물질주의가 행복하지 못한 이유는 자신이 원하는 금전적인 목표에 도달하더라도 그 성취가 행복으로 증진되지 못하기 때문이다. 미국에서 792명의 부자들을 대상으로 실시한 연구에서 응답자의 절반 이상은 부가 자신에게 더 큰 행복을 가져다주지 못한다고 대답했다. 그리고 1천만 달러 이상의 재산을 가지고 있는 부자들 중 3분의 1은 돈이 문제를 해결해 주기 보다는 더 많은 문제를 일으킨다고 말했다(Gollwitzer, 1999).

물질소유는 편리함을 보장해주지만 행복함을 보장해주지는 않는다. 우리가 돈을 벌기 위해서 애쓰지만 돈은 수단적 가치이지 궁극적 가치가 될 수는 없다. 인간의 궁극적 가치는 행복인데 일반적으로 말하는 물질적 기준에 도달했다고 모두 행복하다고는 말할 수 없다.

물질의 소유가 강조되어 온 한국에서의 집 문제는 모든 이들의 관심사이다. 특히 결혼을 앞두고 있는 사람들에게는 더더욱 그렇다. 많은 사람들이 자신들의 명의로 된 집(House)을 되도록 빠른 시일에 마련하기 위해서 자칫 가정(Home)을 소홀히 하는 경우가 생기기도 한다. 하지만 어떤 목적을 성취하기 위해서 서로의 감정을 다치게 하고 관계를 소홀히 하다 보면 정작 안정을 찾을 무렵 행복은 멀리 달아나 버린 것을 볼 수 있다.

가난하게 태어났기 때문에 부자가 되고자 하는 것이 꿈이었던 록펠러(John Davison Rockefeller, 1839-1937)는 누구보다 열심히 노력함으로 30세에 100만 달러를 모았고, 43세에는 미국 최대의 정유회사를 세웠다. 53세에는 세계에서 가장 많은 돈을 가진 대부호(大富豪)가 되었다. 그런데 그때 그는 알로페시아(Alopecia)라는 병에 걸려 음식을 전혀 소화해내지 못했으며, 눈썹과 머리카락이 빠져 몰골이 흉칙했다. 의사진단으로 1년밖에 살 수 없게 된 그는 성공이라는 목표를 향해 달려왔지만 행복한 삶을 누리지 못했다. 어느 날 병원 로비에서 '주는 자가 받는 자보다 복이 있다'는 문구를 읽으면서 생각에 잠겨 있는데 어디선가 소란스러운 소리가 들려 왔다. 들어보니 병원비 문제로 환자의 가족과 병원 측이 다투는 소리였다. 환자의 어머니로 보이는 여인은 눈물을 흘리며 병원 관계자들에게 호소하고 있었다. 이 광경을 목격한 록펠러는 비서를 시켜 그 환자의 병원비를 대신 지급하였다. 물론 누가 지불했는지에 대한 것은 비밀에 부치기로 했다. 얼마 후 록펠러가 병원에 다시 찾아갔을 때 소녀의 회복된 모습을 볼 수 있었다. 이를 본 록펠러는 나중에 자신의 자서전에 이 순간을 그의 생에서 가장 행복했던 순간이었다고 회고하고 있다. 이후 록펠러의 삶은 완전히 바뀌었다. 그리고 정말 뜻밖에도 알로페시아 병에 시달렸던 록펠러는 점차 회복되기 시작했다. 과거에는 자신만을 위해서 물질을 소유했던 삶에서 자신의 소유를 타인 중심으로 나누는 삶으로 전환하면서 행복해졌고 치료의 능력이 그에게 나타난 것이다. 결국 그는 98세까지 행복한 삶을 살며 록펠러 재단을 통해 나눔을 베푸는 삶을 살았다. "살면서 이처럼 행복한 삶이 있다는 것을 미처 몰랐습니다. 내 인생의 55년은 항상 쫓기듯 살았지만, 나머지 43년은 정말 행복한 시간이었습니다."라고 그는 고백했다.

3) 의도적 활동

소냐 류보머스키 교수는 행복은 50%가 유전적 지배를 받으며 10%는 환경, 나머지 40%가 우리의 행동과 사고, 즉 의도적인 활동이라고 했다. 그는 행복을 위해서 사실 불가능한 유전적 성향을 바꾸거나 비현실적인 환경을 바꾸는 것보다 의도적 행동 40% 가능성을 통해서 행복을 만들어 갈 수 있다고 강조한다. 미국인 가운데 2차 세계대전과 한국전에 참전했던 건강한 사람 2천명을 대상으로 22년간 연구를 진행한 결과, 이들의 삶의 만족도는 점진적으로 증가하여 65세에서 정점에 이르고 75세까지도 그다지 감소하지 않은 것으로 나타났다. 이들은 가만히 앉아있지 않고 무엇인가를 새롭게 이해하고 성취하려고 애쓰며 자신의 생각과 느낌을 통제하는 삶을 사는 자들이었다(Mroczek & Spiro, 2005). 이들을 통해서 알 수 있었던 것은 노력을 기울이는 의도적인 활동이 유전적 설정 값과 주변의 환경을 능가하여 행복에 막강한 영향력을 행사할 수 있다는 사실이다.

우리의 삶에는 변화시킬 수 있는 것들과 없는 것들이 있다. 변화시킬 수 없는 것을 변화시키려는 어리석음을 경계해야 할 뿐만 아니라 바꿀 수 있는 것을 바꾸려 하지 않는 소극적인 태도 역시 경계해야 한다.

이와 관련하여 신학자 라인홀드 니이버(Reinhold Niebuhr, 1892-1971)가 소개하고 있는 기도문을 음미해 볼 필요가 있다.

"신이시여! 바꿀 수 없는 것에 대해서는 그것을 겸허히 수용할 수
있는 평안을 주시고, 바꿀 수 있는 것에 대해서는 그것을 과감히
변화시킬 수 있는 용기를 주소서. 그리고 바꿀 수 있는 것과 없는
것을 냉철히 구별할 수 있는 지혜를 주소서."

그러므로 자신의 행복 설정이나 어떤 환경에 압도당해 멈추는 것이 아니라 지속적으로 진정한 행복을 만들기 위해서 의도적인 활동을 꾸준히 펼쳐나가야 한다.

6. 행복의 심리학적 이론

행복에 대한 이론적 설명은 과거 그리스 철학자들이 여러 주장을 한 이래로 그다지 큰 진전이 이루어지지 못하였으나, 최근 주관적 안녕에 대한 심리학적 연구가 진전되면서 행복의 심리적학 이해가 증진되고 있다.

행복은 어떤 심리적 과정을 통해서 경험되는 것인지에 대해서 다양한 주장들이 제기되어 왔지만 그 대표적인 이론을 살펴보면 다음과 같다.

1) 욕망충족이론(desire sufficiency theory)

인간이 추구하는 욕망(desire)은 '부족을 느껴 무엇을 가지거나 누리고자 탐하는 것 그리고 그것을 향한 마음'을 말한다. 욕망충족이론을 주장하는 학자들은 인간은 식욕, 성욕, 재물욕, 권력욕, 명예욕 등과 같은 다양한 욕망을 지니게 되고 이러한 욕망이 충분히 충족되었을 때 행복감을 느낀다고 주장한다.

스피노자(Spinosa, 1632-1677)는 욕망을 인간의 현실적 본질로 자기 보존의 힘이라고 하였고, 프로이트(Freud, 1856-1939)는 성욕을 인간의 가장 기본적인 욕망이라고 말하며, 이러한 욕망은 인간에게 있어서 삶을 유지하고 지속하게 하는 동력이라고 설명했다. 욕망충족이론은 인간의 행복 정도가 욕망을 충족시킬 수 있는 외부적 또는 상황적 조건(예: 의식주, 재산, 계층, 사회적 지위, 교육수준 등)에 비례한다고 본다. 하지만 '욕망이론'이란 저서를 남긴 라캉(Jacques Lacan, 1901-1981)은, 인간은 욕망하는 주체이지만 욕망은 채워지지 않는 대상이라고 설명한다.

다양한 욕망을 충족시킬 수 있는 외부적 조건과 행복수준의 상관관계는 상당히 미미하다. 인간은 욕망이 충족되면 곧 그러한 상태에 익숙해져 행복감을 느끼지 못하는 경향이 있다. 그래서 개인적 욕망이 충분히 충족되어도 자신보다 더 풍요로운 상태에 있는 사람을 보게 되면 행복감이 저하된다.

여러 연구 결과에 의하면 삶의 환경을 바꿈으로 행복을 추구함에도 큰 효과가 없는 가장 큰 이유는 '쾌락 적응(hedonic adaptation)' 원리 때문이다. 쾌락적응이 일어난 이유는 높아지는 기대감과 사회적 비교의식이 생기기 때문이다. 그래서 욕망의 충족은 자신만의 문제가 아니라 타인과의 관계 문제로 볼 수 있다. 동물과 달리 사람들 사이에는 많은 물질이 시장을 통해 매매의 형태로 교환되어 욕망충족에 사용되므로 서로 조화를 이룬다. 따라서 타인의 의사에 반하면서까지 자신의 욕망을 충족시키는 것은 마치 타인의 행복을 빼앗아서 자신의 행복을 만들어내는 것과 같다. 대개 이러한 행복은 육체적·물질적 행복을 얻게 되지만 절대적으로 정신적 행복은 얻을 수 없게 된다.

2) 목표이론(goal theory)

인간은 자신이 추구하는 목표를 달성하거나 목표를 향해 진전되고 있다고 믿을 때 행복을 느낀다는 것이 목표이론이다 (Austin & Vancouver, 1996). 이 이론에 의하면 행복은 개인이 지향하는 목표의 유형과 구조, 목표를 성취할 수 있는 성공 가능성과 목표를 향한 진전 속도에 의해 결정된다는 것이다(Austin & Vancouver, 1996). 목표는 개인이 행동을 통해 성취하고자 하는 구체적인 지향점을 의미하며 미래에 대한 기대와 희망을 가져다준다. 따라서 목표를 향해 매진하는 것은 삶의 의욕과 생동감을 주게 되며 일상적 삶의 의미와 체계를 제공한다. 또한 목표이론에 의하면 목표와 성취 간의 격차가 적을수록 더욱 행복해지며 목표의 설정과 성취는 주관적 안녕과 긍정 정서를 증가시킨다고 한다(Wilson, 1967). 일반적으로 추구하는 목표가 인간의 내재적 동기와 잘 부합할 때 행복이 증가하며 자기수용, 긍정적 인간관계, 다른 사람을 돕는 것과 관련된 목표를 추구하는 사람들이 물질적 성공, 신체적 매력, 사회적 명성을 추구하는 사람들보다 행복수준이 더 높게 나타났다(Cantor & Sanderson, 1999). 그 이유는 외적 가치(예: 재물, 미모, 지위, 명성)보다는 인간의 근본적 욕구를 충족시키는 목표를 달성하는 것이 더 큰 행복감을 주기 때문이다. 한편 추구하는 목표가 많은 사람은 삶의 만족도, 자존감, 긍정적 정서가 높지만 불안감도 높다. 여러 가지 목표를 추구하는 사람은 성취의 즐거움도 많지만 이러한 목표를 성취해야 하는 부담감 때문에 스트레스도 많이 경험하기 때문이다.

행복감은 추상적인 목표보다 구체적인 목표를 추구할수록 행복감이 높아지는데 그 이유는 구체적인 목표는 그 성취여부를 즉각적으로 알 수 있기 때문이다. 그러나 구체적인 목표만 추구한다면 장기적인 방향감각이 없어 방황할 수 있다. 따라서 행복을 증진시키기 위해서는 의미 있는 추상적 장기 목표와 구체적 목표를 함께 세우는 것이 가장 좋은 방법이다(Sheldon & Kasser, 1995).

또한 추구하는 목표들 간 일관성과 통합된 정도가 행복에 중요하다(Sheldon & Kasser, 1995). 양립되기 어려운 갈등적인 목표들을 추구하는 사람일수록 부정감정을 많이 느낀다. 그래서 조화롭게 서로 연관된 목표를 선택하여 추구하는 것이 중요하며 개인이 처해 있는 상황에서 달성 가능한 목표를 지니는 것이 중요하다. 예를들어 죄수의 경우 뚜렷한 목표가 없이 시간을 보내거나 교도소 밖에 있는 사람과의 친밀 관계만을 중시하는 사람은 현재 처한 상황에서 체력단련의 목표를 두고 실행해나가는 사람보다 삶의 만족도가 현저하게 낮을 수밖에 없을 것이다.

그리고 목표 선택에 중요한 영향을 미치는 또 다른 중요요소 중 하나가 바로 문화이다. 특히 개인주의 문화와 집단주의 문화는 그 강조점과 가치가 서로 다르다. 사회적 조화를 중요시하는 집단주의 문화에서는 개인의 성취나 만족보다는 타인과의 조화로운 관계나 소속집단의 전체적 이익을 위한 목표가 더 많은 보상을 받게 되고 더 큰 행복감을 주게 된다. 이처럼 목표가 행복에 미치는 영향은 다양하고 복잡하다. 목표이론은 행복을 이해하는 이론적 체계를 제공하였지만 좀 더 정교한 작업이 필요하다고 하겠다(권석만, 2011).

3) 격차이론(discrepancy theory)

격차이론에 따르면 인간은 자신의 현재 상태를 어떤 기준과 비교하여 그 기준보다 우월한 방향으로 격차가 클수록 행복을 많이 느낀다는 것이다(Michalos, 1985). 인간은 자기 자신을 다양한 기준 즉 타인, 과거의 삶, 이상적 기준, 지향하는 목표 등과 비교하면서 행복을 추구하는 경향을 가지고 있다. 다시 말해서 개인이 처해 있는 현재의 상태 그 자체보다는 현재의 상태를 평가하기 위한 기준의 속성이 행복감에 영향을 미친다는 주장이다.

다른 사람과의 비교에는 수평적 비교(lateral comparison), 상향적 비교(upward comparison), 하향적 비교(downward comparison)가 있다. 어떤 비교방식을 선택하느냐에 따라 주관적 안녕은 커다란 영향을 받게 된다. 격차이론에 따르면 행복한 사람들은 상향적 비교보다 하향적 비교를 더 많이 하는 것으로 보고되고 있다

(Lyubomirsky & Ross, 1997).

그리고 실제적 자기(really self)와 이상적 자기(ideal self)의 격차가 클수록 불행감이 증대되고 둘의 격차가 작을수록 주관적 안녕이 증가한다. 이는 이상적 자기상이 너무 높은 사람은 행복감을 느끼기 어렵다는 것이다.

경험연구 결과에 따르면, 기대수준이 과도하게 높거나 낮은 사람들은 불안과 우울 지수가 높게 측정되었으며 행복도가 낮은 것으로 나타났다(Morretti & Higgins, 1990). 특히 낮은 기대수준은 과거의 실패경험을 반영하는 것으로써 행복의 예언변인이 되기 어렵다. 기대수준 그 자체보다는 기대수준이 얼마나 현실적이고 개인의 능력에 일치하느냐가 중요하다. 즉, 기대수준에 도달할 수 있다는 성공가능성의 평가가 중요하다는 말이다. 그리고 목표 성취의 최종 상태보다는 목표를 향해 진전되고 있는 과정이 중요하다. 높은 기대수준과 낮은 성취상태에 있더라도 목표를 향해 적절한 진전이 있다고 느낀다면 행복감을 느끼게 된다.

또한 격차이론에 따르면, 주변의 비교대상이 어려운 상황에 처해 있을수록 개인은 더 행복감을 느낀다고 한다. 그러나 암환자의 경우 다른 암환자가 자신보다 상태가 더 나쁘다고 해서 행복감을 느끼지는 않는다. 타인의 건강악화는 자신의 건강악화를 의미하기 때문이다. 그리고 사람들에게 인기가 있는 친구를 둔 사람은 그렇지 않은 사람보다 더 행복감을 느끼며, 낮은 성적을 얻은 학생은 다른 학생과 비교하지 않는 경향이 있다는 보고도 있다. 이러한 연구결과들은 사회적 비교를 통한 격차에 의해 행복을 느낀다는 격차이론의 한계를 보여주는 것이다.

4) 적응이론(adaptation theory)

인간은 새로운 변화에 적응하여 곧 익숙해진다. 그래서 지속되는 긍정적 상태에 대해서는 습관화(habituation)가 되어 특별한 행복감을 느끼지 못하게 된다. 적응(adaptation)이란 지속적인 반복적 자극에 대해서 반응이 감소되는 경향을 의미한다. 이러한 적응과정이 행복을 이해하는데 중요하게 여겨지고 있다. 주관적 안녕과 행복감은 최근에 발생한 새로운 사건에 대한 반응으로 경험 된다. 따라서 항상 주어지는 자극이나 상황보다는 최근에 일어난 사건이 행복에 커다란 영향을 미치게 된다. 그러나 그러한 변화에 대한 적응은 상당히 빠른 시간 내에 이루어진다.

브릭만(Brikman, 1976)의 연구에 따르면, 복권 당첨자들이 일반인 보다 더 행복하지 않았으며, 사고로 인해 척추손상을 당한 환자가 예상한 것처럼 그다지 불행하지 않았다는 것이다. 이는 그러한 긍정적 또는 부정적 변화에 적응하여 익숙해졌기 때문이다. 오히려 최근에 신체적 손상을 당한 사람이 오래 전에 동일한 손상을 당한 사람보다 불행감이 높게 나타났다. 이러한 연구결과는 환경 변화에 어떻게 적응하고 대처하느냐가 행복에 중요한 영향을 미친다는 점을 의미한다. 그러나 어떤 상황은 적응하는데 많은 시간이 걸리기도 한다. 배우자를 잃은 사람은 시간이 흐름에 따라 우울감이 감소하기는 하지만 몇년 후에도 여전히 상당한 우울감을 지닌다는 보고가 있다. 인도나 나이지리아와 같은 나라의 국민은 수십 년간 유사한 생활조건에서 살고 있지만 부유한 나라의 사람보다 주관적 안녕이 현저하게 낮다. 이러한 결과는 빠른 시간 내에 적응이 가능한 조건이 있는 반면, 오랜 시간이 걸리는 조건도 있다는 것을 의미한다(권석만, 2011).

1. 코칭(Coaching)의 기원

오늘날처럼 코칭이라는 용어가 다양한 분야에서 흔하게 사용된 적은 일찍이 없었다. 코칭은 학자마다 바라보는 기본 철학이 다르고 활동 분야별로 다소 차이가 있음을 볼 수 있다. 본래 '코치(Coach)'의 어원은 1500년경 헝가리의 도시 '코치(Kocs)'에서 개발된 네 마리의 말이 끄는 '마차'에서 유래되었다. 당시 유럽 전역으로 퍼진 마차는 코치(kocsi) 또는 코트드지(kotdzi)라는 명칭으로 불렸는데 영국에서는 코치(coach)라고 불리었다. 마차(코치, coach)는 승객을 출발지에서 목적지까지 데려다 주는 개별 서비스를 의미한데 반해, 기차(train)는 승객들이 역에서 승차하여 정해진 속도와 경로로 정해진 역까지 데려다준다는 의미에서 'training(집체교육)'의 어원이 된 것이다.

코치의 기원을 살펴보면, 1840년대에 영국 대학에서 학생의 수험지도를 하는 개인교사를 '코치'라고 부르기도 했지만, 오늘날 가장 잘 알려진 스포츠 분야에 코치라는 용어가 사용되기 시작한 것은 40년 뒤인 1880년대였다. 그리고 1950년대에 이르러 경영분야에서도 '코치'라는 용어가 사용되기 시작하였다.

현대적 의미에서 코칭은 1980년대 초반 미국의 토마스 레너드(Thomas J. Leonard)라는 재무 설계사(Financial Planner)로부터 시작되었다. 그는 재무 설계사로 여피족의 재무 컨설팅을 하면서 아무것도 부족함이 없어 보이는 사람들에게도 도움이 필요하다는 것을 알게되었다. 그래서 그는 고객들의 재무관리뿐만 아니라 다양한 분야에서 폭넓은 대화를 나누며 고객이 무엇을 선택할지 망설이고 있을 때 올바른 결정을 하도록 도와주고 때론 진정한 파트너가 되기도 하였다. 래너드의 이러한 활동에 대해서 한 고객이 그와 자신의 관계를 운동선수와 코치의 관계에 비유하면서 래너드의 활동을 코칭이라고 부르기 시작했다. 1980년대 중·후반에 이르러서 미국의 많은 기업들이 코칭을 도입하게 되면서 전문적인 코칭 비즈니스가 탄생되었고, 1992년에는 미국에 코치양성전문기관(Coach University)이 생기면서 코치의 육성프로그램을 제공하게 되었다. 그리고 1996년에는 국제 코치연맹(International Coach Federation, ICF)이 창설되어 코치의 질을 유지하기 위한 다채로운 활동을 전개하게 되었다. 2018년 기준으로 ICF회원은 140개 국가에 약 3만 명인 것으로 알려져 있다.

한국에서의 코칭은 2000년대 초반에 도입되어 오늘날 리더십과 인재육성, 개인의 경력, 인생에 걸친 코칭 등 여러 영역으로 발전해가고 있다. 2003년에는 한국코치협회가 설립되었고,

2004년부터는 '대한민국 코치대회'가 해마다 열리고 있다. 또한 코치들의 역량 향상과 자격 검증을 위해 현재 KAC(Korea associate Coach), KPC(Korea Professional Coach), KSC(Korea Supervisor Coach) 등 세 가지 종류의 자격증을 수여하고 있다.

2. 코칭의 현대적 개념이해

현대적 의미로서 코칭은 무엇인가? 오늘날 코칭에 대한 정의는 연구자마다 다양하다. 그 가운데서 공통점을 중심으로 정리하면 다음과 같다.

첫째, 코칭은 피드백, 동기부여, 지원 등 다양한 기법을 가진 활동이라고 할 수 있다. 이러한 주장을 하는 사람들에게 있어서 코칭은 수행을 향상시키는 방법, 명확한 수행 기대, 수행 결과와 관련된 건설적인 피드백을 제공하고 스스로 문제를 해결하고 수행을 향상시킬 수 있는 방법을 찾을 수 있도록 돕고 그들의 가능성을 깨닫도록 하며 또 그것을 발휘하도록 돕는 것이다(Heslin, Vandewalle & Larham, 2006).

둘째, 조직 장면에서 바라보는 사람들은 코칭을 성장과 학습을 지원하고 가치를 부여하며 실질적인 경영을 통하여 높은 수행 작업 환경의 개발을 강조하는 조직적인 현상이라고 정의하였다(Ellinger & Keller, 2003).

셋째, 코칭을 하나의 과정(process)으로 정의한 연구자들도 있다(Stowell, 1986; Fournies, 1987). 이들은 코칭을 리더가 토의나 대화로 개입 또는 중재하는 것으로 구체적인 기능이나 행동을 포함하며 방향을 제시(direction)해 주고 성과 향상을 위해 개발(de-velopment)을 도와주고, 수행한 것을 평가(accountability)하고 피드백을 해주며 고객과 지속적인 관계(relationship)를 갖는 일련의 과정이라고 정의한다.

넷째, 코칭을 기본적으로 일대일로 상호작용하는 과정이라고 정의한 연구자들도 있다(Garman, Whiston, & Zlatoper, 2002). 이들은 코칭을 조직과의 연계가 없는 외부인이 조직의 맥락에서 내담자의 수행에 대한 일대일 자문을 제공하는 것이라고 주장한다. 국내 코칭 연구자인 오인경(2003)은 코칭을 '학습성과 향상을 목표로 코칭 과정을 수시로 모니터링하고 동기유발을 하며 고객의 심신(心身)을 가장 가까운 위치에서 지원하는 역할'이라고 정의하였다. 김현수(2007)는 코칭을 개인이나 조직의 '현재성과 수준'과 '목표 성과 수준'의 차이를 줄이는 과정이라고 정의하였다. 그리고 이희경(2007)은 임원코칭에 초점을 두고 코칭을 임원 및 핵심 인재의 역량을 개발하여 조직의 중·장기 목표를 달성하고자 하는 실제적이고 개별적인 과정 중심의 성장 프로그램이라고 정의하였다.

국제코치연맹 ICF(2008)에서는 '코칭이란 일정 기준을 갖춘 코치와 고객 간의 전문적인 파트너십으로서 코치는 고객의 개인적· 직업적 잠재력을 최대화시켜 그들의 성과와 삶의 질을 향상시킬 수 있도록 돕는 사람이다.'라고 한다.

이상 살펴 본 연구자별 코칭의 정의를 통합하여 정리해 보면, 코칭이란 다양한 기법을 사용하여 고객이 스스로 그들의 잠재된 직무수행능력을 최대화시키기 위해 코치와 고객과의 일대일로 상호작용하는 하나의 과정을 통해 목표에 도달하게 하는 것이라고 정의할 수 있다.

3. 코칭의 유사개념과 차별성

코칭에 대한 다양한 정의가 있듯이 코칭과 유사개념들이 많기 때문에 혼동되는 경우가 많다. 가장 유사한 개념으로는 멘토링(mentoring), 컨설팅(consulting), 카운슬링(counseling) 등이 있다.

1) 코칭과 멘토링(Mentoring)

멘토(Mentor)란 말의 유래는 고대 그리스의 시인 호머(Homer)의 서사시 오디세이(Odyssey)에 나오는 이타카(Ithaca) 왕 오디세우스의 친구 이름에서 비롯되었다. 왕이 트로이(Troy) 전쟁에 나갈 때 아들 텔레마쿠스(Telemachus)를 멘토에게 맡기고 지도를 부탁하게 된다. 10년에 걸친 전쟁은 동맹군의 승리로 끝났고 오디세우스왕은 10년 더 오기아섬에서 휴양을 취한 후 이미 장성하여 왕이 된 아들 텔레마쿠스의 안내를 받아 귀국하게 된다. 20년 후 왕이 전쟁에서 돌아왔을 때 텔레마쿠스는 멘토의 지도를 통해서 왕의 자질을 갖춘 지혜롭고 현명한 사람으로 성장해 있었다.

이후로 멘토(Mentor)라는 이름은 지혜와 신뢰로 한 사람의 인생을 이끌어 주는 스승이자 안내자, 본을 보이는 선배, 비밀까지 공유할 수 있는 친구 등의 의미로 사용되기 시작하였다(김상균, 1997).

멘토링은 두 사람 사이에 이루어지는 긍정적이고 전진적(前進的)인 인격교류(人格交流)의 관계로써, 인간관계에서 있을 수 있는 사적(私的)이거나 공적인 베일을 벗고 서로 자신을 솔직하고 진솔하게 드러낸 상태에서 이루어지는 인격적인 교제이며 삶을 배우는 양식이다.

멘토링에는 멘토링 관계에서 그 주체(主體)가 되는 멘토 외에 멘토의 지도와 도움을 받는 피교육자인 객체가 있는데, 그 대상을 멘티(Mentee), 멘토리(Mentoree) 혹은 프로테제(Protege)라고 한다. 멘토링은 이상적으로는 평생 혹은 장·단기간 지속되는 인간관계로써 그 관계 속에서 멘토는 멘티의 특성과 잠재력을 발견하고 격려와 도움으로 멘티 인생(人生)의 발전을 돕는 것이다.

그럼 멘토링과 코칭의 차이점은 무엇인가? 멘토링은 멘토와 멘티의 관계에 있어서 수직적이며 상호작용의 인격적 개입이 더 깊이 일어나지만, 코칭은 수평적 파트너십이며 깊숙한 개입보다(한국코치협회, 2006) 특정한 업무를 지원하며 정서적인 격려를 제공하고 최고 의사결정자를 소개해주는 등 도움을 제공해주는 것이다(Northouse, 2000).

2) 코칭과 컨설팅(Consulting)

컨설팅은 1960년대 선진국에서 시작되어 우리나라에는 1970년대 후반에 도입되었다. 컨설팅은 넓은 의미로 '과제의 내용, 과정, 구조에 대한 책임을 맡고 이를 수행하는 사람들에게 과제수행에 대한 실제적인 책임을 갖지 않은 컨설턴트가 이들의 과제수행에 어떤 형태로든 도움을 제공하는 것'이라고 정의할 수 있다(Steele, 1975).

좀 더 구체적으로 살펴보면 컨설팅이란 특별한 훈련을 통해 일정한 자격을 갖춘 사람들이 고객과의 계약에 따라 독립적이고 객관적인 태도로 고객 조직의 경영상 문제를 확인·분석하는 것을 도와주고 발견된 문제의 해결안을 고객에게 추천함으로써 고객이 해결안의 실행에 대해 도움을 요청했을 때 이를 제공하는 어드바이스 서비스이다.'라고 볼 수 있다(Greiner & Metzger, 1983).

한국코치협회(2006)에서 코칭은 그 해결책을 스스로 발견하게 하고 추후 스스로 재생산할 수 있도록 프로세스를 공유하고 그 능력을 갖도록 하는 것에 목적을 두고 있다. 반면에 컨설팅은 전문전인 컨설턴트가 특정 문제점이나 현상을 분석하고 평가하여 해결책을 제시해 주는 데 목적이 있다. 따라서 컨설팅 회사나 컨설턴트의 능력에 따라 성과에 큰 차이가 나기도 한다(김현수, 유동수, 한상진, 2008).

이상의 내용을 종합해보면 컨설팅은 고객이 추구하고 목표를 달성할 수 있도록 도와주기 위해 분석 및 진단을 통해 고객에게 전문적 어드바이스를 해주는 서비스이다. 그러므로 자신의 문제에 대해 자기 스스로 최선의 해결책을 찾아내어 실천할 수 있도록 지원하는 코칭과는 다른 개념이다.

3) 코칭과 상담(Counselling)

상담은 내담자와 상담자 간에 수용적이고 구조화된 관계를 형성한 후, 이 관계 속에서 내담자가 자기 자신과 환경에 의미 있는 이해를 증진하도록 함으로써 내담자 스스로가 효율적으로 의사결정을 하고 여러 심리적인 특성을 긍정적인 방향으로 변화시키도록 원조하는 과정을 뜻한다. 그러므로 상담의 목표는 궁극적으로 인간의 성장과 발달을 촉진하는 것이다. 즉 개인이 행복한 생활을 하는 데 방해가 되는 행동을 감소·제거시켜 행동변화를 일으키고 보다 적극적으로 정신질환을 예방함으로써 정신건강에 조력한다. 또한 내담자 문제해결에 도움을 주고 상담하는 동안 개인은 다양한 문제 상황에 대처하는 능력을 기른다.

비즈니스 코칭 핸드북(Business Coaching Handbook: NASA, 2006)에 따르면 상담은 전문 상담자나 심리치료자가 내담자의 삶에 부정적인 영향을 주는 경험을 해결하기 위하여 지원해주는 것으로 과거 혹은 현재의 문제점에 초점을 두고 문제를 해결하고 심리적 안정을 위한 해답을 찾도록 도와주는 것을 말한다. 하지만 코칭은 과거 혹은 현재의 고객이 당면한 문제점들을 깨달을 수 있도록 도와주며, 개인적·직업적 목표들을 달성할 수 있도록 도와주는 것으로 상담이 과거 지향적인 면이 있는 반면, 코칭은 철저히 미래 지향적인 특성을 지닌다(한국코치협회, 2006). 구체적으로 상담은 상담이나 심리치료 전문가들이 심리적으로 어려움을 겪고 있는 사람들을 과거부터 현재까지 자신의 내면을 탐구할 수 있도록 도와주며 이를 해결할 수 있도록 적절한 조언이나 해결책을 제시하는 반면에 코칭은 고객의 현재 시점에서 미래에 관심을 가지고 심리적인 측면보다는 고객의 잠재성이나 행동의 변화를 지원하는 활동이라고 할 수 있다.

4) 코칭의 현재와 당면과제

현대사회에서 코칭의 실제적 역사는 전 세계적으로 20여 년 밖에 되지 않았지만 코칭 산업의 성장 속도는 매우 빠르며 대중적 관심도도 크게 증가하고 있다. 코칭이 이처럼 빠르게 발전할 수 있게 된 계기는 무엇보다 대상자들이 상담과 심리치료와 같은 전문적 조력 분야에 비해서 심리적으로 느끼는 부담감이나 거부감이 상대적으로 적어 접근성이 높기 때문이다. 또한 특정 증상이나 이슈에 따라 특화된 전문기법을 활용하기보다는 다양한 이슈에 공통적으로 활용 가능한 접근과 기법을 사용한다는 측면에서 적용 가능한 범위의 확장성이 용이하기 때문이라고 할 수 있다.

이처럼 코칭의 접근성과 적용 가능한 범위의 확장성이 용이하게 됨으로 인해서 코칭 활용 가능한 영역은 현재 명확하게 한정 짓기가 어려울 정도로 확대되고 있다. 현재로서는 코칭의 목적과 접근 방식에 따라서 기술코칭, 수행코칭 그리고 개발코칭으로 구분하고 있으며, 주요 주제와 초점 그리고 맥락에 따라서는 라이프 코칭, 커리어 코칭, 기업 코칭 정도로 큰 범주에서 구분되고 있다. 그런데 문제는 코칭 시장이 10여 년 동안 기대 이상으로 활성화되고 전문코치가 되고자 하는 사람이 급증하였으나 이론적 근거와 틀 그리고 효과성 창출을 위한 객관적 연구가 부족하다는 점이다. 이러한 현상이 발생하게 된 이유는 코칭이 실무중심으로 발전해온 조력 분야, 즉 이미 확립된 이론의 토대 위에 구축한 것이 아니고 실무적 경험에 따라서 독자적으로 검증된 방법과 기법이 사용되기 때문이다. 그리고 아직 일관된 기준과 틀에 따라 교육하고 전문성을 검증하기 위한 제도 또한 부족하며, 코칭이 다양한 학문 분야와 연계되어 진행된 단일 코칭 전문 집단이 없기 때문이다. 따라서 코칭은 인간의 잠재능력을 최대한 발휘하도록 돕고 개개인의 가치에 부합하는 방향으로 변화를 돕는 과정이므로 코칭의 학문적 토대를 마련하는데 있어서 심리학이 어떤 학문분야보다 크게 기여하게 될 것이다(김은정, 2018).

chapter 3 코칭심리학

1. 코칭심리학의 정의

코칭심리학은 코칭 과정에서 일어나는 변화의 과정을 심리학으로 연구하는 학문이다. 코칭심리학은 2000년대 들어와서 연구가 시작된 신생 학문으로 아직까지 이론과 지식 체계를 수립하는 과정에 있고, 여러 모형과 방향성들이 논의되고 있는 시점에 있다. 따라서 코칭심리학의 정의 또한 학자들의 관점에 따라서 다양하게 제시되고 있다. 초창기에 코칭심리학의 정의를 내린 알랜 그랜트와 스티븐 팔머(Alan Grant & Stephen Palmer, 2002)는 "코칭심리는 정상적인 사람을 대상으로 기존의 치료적 접근방법에 근거해 다양한 코칭모형들을 토대로 일과 일상생활에서 이들의 웰빙과 수행을 증진시키기 위한 것"이라고 하였다. 하지만 스티븐 팔머와 앨리슨 와이브로(Stephen Palmer & Alison Whybrow, 2006)는 정상적인 사람을 대상으로 한다는 내용을 삭제하고 "코칭심리는 성인학습과 심리학적 접근법에 기반한 코칭모델에 의해 뒷받침되며, 사람들의 삶과 일에서 안녕과 성과를 높인다는 목표를 가지고 있다."라고 정의하였다.

팔머와 와이브로(2006)가 정상적인 사람을 대상으로 한다는 내용을 삭제한 이유는 코칭심리학을 전공으로 할 경우 정상인뿐 아니라 상담이나 임상에서 치료 대상이 되는 사람들도 코칭을 진행할 수 있기 때문이다. 이는 코칭심리학이 그 대상에서 코칭과 차별화된다는 점을 분명히 한 것으로서 코칭심리학이 심리학의 한 분야에 속한다는 점을 의미하는 것이다(탁진국, 2019).

따라서 한국 코칭심리학회 초대회장인 탁진국(2019)은 "코칭심리학은 일반인뿐 아니라 심리적 어려움이 있는 사람들을 대상으로 심리학 이론과 모형을 적용하여 코치가 피코치와 동반자적 관계를 유지하면서 피코치의 자기인식을 바탕으로 자신이 설정한 목표를 달성하기 위한 방법을 찾고 이를 지속적으로 실행해 나가도록 도우며 궁극적으로 피코치의 성장을 돕는 것을 목적으로 하는 과정이다"라고 정의하였다.

결과적으로 코칭심리학은 심리학에 대한 지식과 실무경험을 통해 일반 코칭에서는 다루지 않았던 심리적으로 문제가 있는 피코치들도 대상으로 할 수 있고, 정신역동과 같은 다양한 접근방법을 통해 코칭을 진행할 수 있으며, 성격변화와 같은 다양한 심리적 이슈들도 코칭을 통해 해결방법을 찾아 간다고 하겠다.

2. 코칭심리학의 역사

코칭에 대한 심리학적 연구는 콜먼 그리피스(Coleman Griffith, 1921-1938)가 1926년 『코칭의 심리학』을 쓰면서부터 시작되었다. 그는 북미 스포츠 심리학의 아버지로서 1918년부터 야구와 축구팀에서 심리학적 관찰을 한 결과를 토대로 책을 쓰게 되었는데, 책에서 관람객, 스타 선수 및 징크스를 가진 선수, 코치 팀의 문제, 학습의 원리와 법칙을 다루었다. 그리고 그는 1919년부터 1931년까지 이와 관련된 40여 편의 논문을 저술했다. 그 후 로터(Lawther, 1951)는 『코칭의 심리학』이라는 책에서 스포츠 분야의 코칭을 다루었으며, 게일로드(Gaylord, 1967)는 『현대 코칭심리학』에서 코칭심리학이란 용어를 처음 사용하였고, 코치는 피코치자의 건강을 지켜 주는 교사 역할을 한다고 피력했다. 이후에 운동선수의 코칭심리학, 동기 부여와 코칭심리학, 코칭심리의 이론과 실제에 관한 책들이 출간되었다.

코칭심리학이 학문으로서 자리 잡고 활성화 될 수 있었던 이면에는 호주와 영국에서 학위과정이 개설되면서 부터라고 할 수 있다.

특히 그랜트 교수가 2000년에 호주 시드니 대학교 심리학과에 세계 최초로 코칭심리(Coaching psychology) 석사 과정을 개설하면서 코칭심리학이라는 학문 분야가 등장하기 시작하였다. 그랜트 교수는 시드니 대학교 심리학과에서 코칭을 주제로 박사학위를 받은 후 당 대학교 심리학과 교수로 발탁되었고 자신의 전문성을 살려서 코칭심리 전공 학위과정을 만들게 되었다. 호주심리학회는 9개의 분과학회와 26개의 연구회(Interest Group)

로 구성되어 있는데, 코칭심리는 현재 26개 연구회 가운데 하나로 등록되어 활동하고 있다. 호주의 심리학회의 분과학회인 코칭심리학회는 2002년 최초로 연차대회를 실시하고, 2003년 전 국가 범위의 위원회를 열었으며 여기에는 600여명이 참가했다. 이들 학회에서는 심리학적 이론과 응용 분야에 근거하여 코칭심리학의 이론적이고 전문적인 발달을 촉진하고 있으며, 심리학의 전문성 내에서 최상의 코칭심리학 실행 전문가를 양성하고 있다.

그리고 영국에서는 2002년 영국심리학회 상담심리분과 연차 학술대회에서 영국의 팔머교수가 코칭심리의 필요성을 역설하고 코칭심리 관련 워크숍을 개최하면서 많은 관심을 받게 되었다. 영국에서는 2005년에 City University 심리학과 대학원에 코칭심리 전공이 개설되어 석사와 박사학위를 수여하게 되었다.

팔머와 와이브로(Palmer & Whybrow, 2006)에 따르면 영국에서는 2000년 초반에 코칭심리학 연구가 시작된 이래 코칭심리 분야가 매우 빠르게 성장하였다고 한다. 2002년에는 코칭심리포럼(Coaching Psychology Forum)이 개최되었고, 2004년에는 영국심리학회 산하에 코칭심리연구회(Special Group of Coaching Psychology)가 조직되었다. 그리고 이 연구회에서는 코칭심리학에 관심 있는 전 세계 코칭심리학자들의 네트워크 형성과 연구 결과 공유를 위해 국제코칭심리학회(International Society for Coaching Psychology: www.isfcp.net)를 설립하였다. 그리하여 2010년 겨울 제1회 국제코칭심리학회가 런던에서 개최된 후 지금까지 매년 1회씩 영국을 비롯한 다른 유럽 국가에서 개최되고 있다. 현재 영국

심리학회에서 코칭심리 분야의 회원은 2,000여 명이며 이 중 절반은 심리학 분야 자격을 가진 사람들로 구성되어 있다.

국내에서의 코칭심리학은 2009년 탁진국과 이희경이 주도적으로 코칭심리연구회를 만들면서 시작되었다. 그리고 2011년 1월 심리학회 이사회에서 코칭심리학회가 한국심리학회 14번째 분과학회로 승인을 받았고, 2011년 8월 전북대학교에서 열린 한국심리학회 총회에서 최종 인준을 받게 되었다. 그리하여 2011년 10월 15일 광운대학교에서 코칭심리학회 창립 총회를 개최하였으며 초대회장으로 탁진국 교수가 선출되었다. 한국코칭심리학학회는 빠른 성장을 보여서 2019년 현재 약 1000여명의 회원을 구성하게 되었고 광운대, 백석대, 강원대 등에서 코칭심리학 전공이 개설되었다.

3. 코칭심리학에 따른 행복 코칭심리학

코칭과 심리학의 만남은 코칭에 이론적 근거를 마련해 주고 탄탄한 이론을 토대로 코칭의 발전 과정을 이끌어 낼 수 있다는 기대를 가지게 하였다. 하지만 코칭심리학은 아직까지 새로운 학문분야로서 이론의 틀과 합의된 내용을 포함한 교재가 매우 부족한 형편에 있다. 코칭심리학에서는 내담자를 치료적 대상으로만 그치지 않고 초기 처치 목표가 달성된 뒤에도 현재보다 더 나은 성장과 변화, 행복, 목표 달성 그리고 안녕에 초점을 두고 지속적인 작업이 이루어져야 하기 때문에 이론적 틀과 내용구성이 쉽지 않음을 볼 수 있다. 따라서 최근 코칭심리학

분야에서 다루는 방법들을 살펴보면 다른 심리학 분야, 즉 임상, 상담, 학교 심리학 분야 등에서 이미 다룬 훈련 프로그램과 크게 차별성을 보이지 못하고 있다.

시드니 대학교에서 세계 최초로 코칭심리 석사과정을 개설하여 지도하고 있는 그랜트(Alan Grant, 2011)는 코칭심리학에 포함되어야 할 핵심 내용 10가지를 다음과 같이 제시하였다. ①근거기반 접근 방법 ②윤리지침 ③전문가 모형에 대한 이해 ④정신건강 이슈 ⑤인지행동이론 ⑥목표이론 ⑦변화이론 ⑧시스템이론 ⑨핵심 코칭스킬 ⑩코칭심리의 특정영역(임원코칭, 건강코칭, 라이프코칭 등)에 대한 적용이다(탁진국, 2019).

필자는 아직까지 국내외적으로 코칭심리학의 이론적 틀이 확고하게 정리되지 않았지만, 그랜트가 제시한 10가지 핵심내용을 기반으로 하여 행복에 주안점을 두고 행복 코칭심리학을 통해서 행복지수 높이기 코칭과 불행지수 낮추기 코칭 그리고 인간관계 의사소통 프로그램과 실제를 제시하고 한다.

PART 2
행복 코칭심리 프로그램 적용

4 행복지수 높이기(UP) 코칭

1. 의미지수 및 목표지수 높이기 코칭

1) 의미란?

빅터 프랭클(Viktor Frankl, 1905-1997)은 "본능은 유전자를 통해 전달되고 가치는 전통을 통해 전달되지만, 의미는 특이하게도 개인적인 발견의 문제다."라고 하였다. 그리고 그는 삶의 의미란 정신 분석학파에서 주장하는 '쾌락에의 의지(the will to pleasure)'나 개인 심리학파가 주장하는 '권력에의 의지(the will to power)'에 의하여 지배되는 것이 아니며 '의미에의 의지(the will to meaning)'에 의하여 지배되는 것이라고 하였다. 우리가 행복으로 가는 길은 자신의 행위에 대해 순간순간 의미를 발견할 때 가능하다는 말이다.

삶의 의미란 무엇인가? 삶에 대한 통일감, 목적 지향성 또는 목적의식, 개인적인 중요성, 사건이 일어난 이유에 대한 귀인 과정, 경험에서 부정적인 면들을 초월할 수 있는 특징을 발견하는 대처 행동 등으로 다양하게 정의할 수 있다(Bulman & Wortman, 1997). 많은 연구결과에 의하면 삶의 의미가 충만할수록 개인의 적응뿐 아니라 정신건강, 안녕감에도 긍정적인 영향을 준다는 결과들이 일관되게 나타나고 있다(King & Napa, 1998).

삶의 의미는 우리에게 삶에 대한 만족감을 준다. 따라서 삶에 대한 만족감이 큰 사람이 '행복'을 느낀다. 임상 심리학자 마틴 셀리그만은 수많은 관찰과 상담사례에서 사람들은 '사랑, 일, 놀이'를 통해 삶을 채우며 살아가는 의미를 찾는다고 하였다. 하지만 우리의 삶 속에서 사랑, 일, 놀이 자체가 직접적인 삶의 의미를 주는 것이 아니라 능력, 자율, 관계라는 욕구를 충족시켜 줌으로써 그 의미가 부여 되는 것이다. 욕구의 충족은 근본적으로 삶의 목표와 관련이 있고 삶의 목표는 다시금 행복과 관련이 있음을 알 수 있다. 따라서 행복지수를 높이기 위해서는 삶의 목표를 가져야 한다.

2) 삶의 목표

삶의 목표는 내면 속의 자신감과 능력을 자각하게 하여 자존감을 강화시켜주고 삶의 틀과 가치를 더해준다. 그리고 목표에 헌신하게 될 때 시간을 잘 활용하는 방법을 터득하게 된다. 왜냐하면 더 높은 목표를 파악하고 하위 목표들을 나누어서 스케줄을 짜야 하기 때문이다. 그뿐만 아니라 목표를 추구하다보면 다른 사람들과 교제할 기회를 가지게 되고 사회적 관계망을 통해서도 행복을 불러올 수 있게 된다.

소냐 류보머스키(Sonja Lyubomirsky, 2008)는 삶의 목표를 본질적인 목표, 진정한 목표, 접근지향적 목표, 조화로운 목표, 융통성 있는 적절한 목표, 활동 목표로 나누고 있다.

첫째, 본질적 목표(intrinsic goals)는 각 개인에게 만족스럽고 의미가 있어서 인간적으로 성장할 수 있게 해주고 정서적으로 성숙하며 공동체에 공헌할 수 있게 해 주는 목표이다. 이러한 목표를 위해서는 휴가를 내거나 우선적으로 시간을 활용해서 추구해야 한다. 사회봉사를 위해서 사랑의 집짓기 운동(Habitat for Humanity)에 참여하거나 건강 상태를 더 향상시키고 다른 사람과 교류하기 위해서 마라톤 대회에 참여하는 것 등이 여기에 속한다. 본질적인 목표를 추구하게 되면 스스로에게 보상을 받고 즐거움과 의미를 찾게 된다. 본질적인 목표와 대조를 이루는 목표는 외부적인 목표로 이는 다른 사람들에게 인정을 받거나 자신이 바라는 것들을 이루기 위한 목표이다. 이 목표는 대부분 돈, 미모, 명성 추구를 위한 것이다. 때로는 본질적인 목표를 추구할 여건을 조성해 주는 자원과 기회를 얻기 위해서 외부적인 목표를 추구할 때도 있지만 본질적인 목표를 추구할 때가 외부적 목표를 추구할 때보다 즐겁고 행복감을 느끼게 된다.

둘째, 진정한 목표(authentic goals)는 자신이 가치 있게 여기고 추구하는 목표를 의미한다. 의외로 많은 이들 가운데 자신의 목표를 부모, 배우자 또는 이웃이 좋아하는 목표로 설정하는 경우가 있다. 예로 한국 자녀들 중 부모의 요구로 자신이 원하지 않는 진로를 선택하는 경우를 많이 볼 수 있다. 하지만 사람은 자신이 추구하는 진정한 목표를 향해 나갈 때 행복이 더욱 증진된다. 그리고 진정한 목표를 실현하면 가치 기준과 요구가 만족되며 강력한 정서적 유익을 얻게 된다.

셋째, 접근지향적 목표(approach goals)는 목표를 지향하며 적극적으로 추진하는 것으로 이들은 회피적으로 목표를 추구하거나 해석하려는 사람보다 더 행복하고 덜 불안하여 건강한 것으로 나타났다(Elliot, A. J & Sheldon, K.M, 1998). 왜냐하면 목표를 회피에 집중하면 지나치게 부정적인 시각으로 사물을 보게 되며 실패나 위협에 민감해지기 때문이다.

넷째, 서로 모순된 목표를 동시에 추구하는 일은 어려운 일이다. 따라서 조화로운 목표(harmonious goals)를 이루는 것이 매우 중요하다. 만약 조화가 불가능하다고 판단될 때에는 목표 중에서 하나를 포기하는 것이 두 가지 목표를 모두 희생시키는 것보다 지혜로운 일이 될 것이다.

다섯째, 융통성 있는 적절한 목표(flexible and appropriate goals)를 세워야 하는 이유는 세월이 흐르고 나이가 들수록 목표가 바뀌기 때문이다. 젊은 사람들은 새로운 정보를 추구하고 지식을 습득하며 새로운 체험을 하는 일과 관련된 목표를 가지는 경향이 높지만 나이든 사람들은 정보의 지평보다는 긍정적인 감정을 극대화하고 불쾌 감정을 피하는 등 정서적으로 의미 있는 목표에 더 관심을 가지게 된다. 시간이 흐르면서 자신들이 지향하는 목표의 우선순위는 바뀌지만 모든 연령대에 공통적으로 적용할 수 있는 것은 각 연령대에 목표를 추구하는 삶이 목표를 포기하는 삶보다 더 행복하다는 사실이다.

여섯째, 우리가 어떤 상황을 개선하는 것과 새로운 활동을 시작 하는 것 중에서 어떤 목표가 더 행복을 가져오는가? 어떤 환경을 개선시키기 위해 노력하게 될 경우 목표를 설정하고 성취하면서 이전보다 더 행복해질 수 있지만 쾌락적응의 원리에 의해서 점점 더 효과는 떨어질 수 있다. 하지만 새로운 활동 목표(activity goals)를 추구하는 과정에서는 끊임없이 새로운 도전을 겪고 새로운 기회를 접하며 다양한 경험을 할 수 있게 된다. 따라서 상황 개선 보다도 새로운 활동 목표를 지향하는 것이 행복을 더 유발할 수 있게 된다.

3) 행복을 위한 삶의 의미와 목표 성취하기

(1) 삶의 목표 발견 및 성취해 나가기

목표를 선택해서 시간과 노력, 열정을 통해 아름다운 삶의 열매를 맺기 위해서는 현명하게 목표를 찾고 자기의 것으로 소유해야 한다. 진실한 목표를 소유한 사람은 지속적으로 성장하고 발전할 수 있지만 목표를 소유하지 못한 사람은 성장이 지연되고 정체되는 것을 볼 수 있다. 그런데 본질적인 동기에 기초한 목표를 추구한다고 할지라도 많은 어려움이 따르게 된다. 따라서 목표를 위해서 열정을 가지고 열심히 헌신할 때 자신의 삶을 주도하며 자신에 대한 통찰도 얻게 된다.

그리고 자기실현적 예언(self-fulfilling prophecy)을 통해서 자기 스스로 할 수 있다는 것을 암시할 때 자신의 결심을 유지할 가능성이 더 커지게 됨으로 '나는 할 수 있어'라는 자기 외침을 꾸준히 할 필요가 있다.

그뿐만 아니라 즐겁고 의미 있는 목표를 발견했을 때는 본질적 동기를 해치는 일을 하지 않도록 주의하되, 늘 새로운 전망과 가능성에 눈과 귀를 열어두고 융통성을 발휘할 수 있어야 한다. 그리고 더 높은 수준의 목표를 향해 전진하기 위해서 낮은 수준의 구체적인 하위 목표를 나누어 작성할 필요가 있다.

(2) 자신보다 더 큰 존재와 하나 됨을 통한 목표 성취하기

긍정심리학의 창시자 마틴 셀리그만은 무신론자이다. 하지만 그가 제로섬 게임(원제: logic of human destiny)의 저자 저널리스트 라이트(Wright Robert)와의 만남을 통해 의식 전환이 일어나게 되면서 그의 저서 긍정심리학의 마지막 장에 "의미 있는 사람이란 자신보다 더 큰 존재와 하나 되는 삶"이라고 말하고 있다. 이 땅에 자신보다 더 큰 존재는 많다. 광대무변(廣大無邊)한 우주에서 인간 세상은 한 낱 티끌과 같다. 중국 시인 백거이(白居易, 766-826)의 '달팽이 뿔 위에서 무엇을 두고 다투겠는가(蝸牛角上爭何事)'라는 시구처럼 이 땅에서 유한성을 가진 자들이 이성의 범위 내에서 추구하고자 하는 삶의 목표 역시 제한적일 수밖에 없다. 그리고 성숙에 이르는 길 역시 한계점이 있을 수밖에 없다.

데이비슨과 캐들(Davidson & Caddell, 1994)은 "우리 모두는 지금 하고 있는 일을 하도록 부름을 받았기 때문에 그 일을 하는데 얼마나 많은 시간이 소요되고 얼마나 적은 돈을 버는지와 상관없이 그 일은 특별한 의미를 지닌다"고 하였다. 또한 "우리는 그 일을 하기 위해 이 땅에 태어났다"고 말했다. 따라서 우리들의 궁극적인 삶의 의미와 목표가 우리에게 주어진 소명에 대한 응답자로서의 삶을 살 때 진정으로 행복한 사람이 될 수 있다는 것이다. 소명을 따라서 살게 되면 환경의 변화와 관계없이 매일의 삶이 소중하고 희망적이며 감사의 마음을 품고 살게 될 것이기 때문이다.

【 삶의 의미지수 검사 】

본 삶의 의미(태도) 검사는 각 개인이 가지고 있는 내면의 잠재능력에 대하여 자기 스스로 얼마만큼 자각하고 있는 지를 알아보기 위한 것이다. 가장 가깝다고 생각되는 번호에 체크하기 바란다.

즐거운 삶의 평가 문항	매우 아니다 1	아니다 2	그렇다 3	매우 그렇다 4
1. 나는 매일의 삶이 소중하다고 느낀다.				
2. 내 삶의 매 순간마다 희망이 있다고 느낀다.				
3. 나는 매일 매일의 순간이 즐겁다고 느낀다.				
4. 나는, 내 삶에 긍정적인 영향을 줄 수 있는 집단(예: 가족, 친구, 학급 등)에 포함되어 있다.				
5. 나는 매 순간 감사하는 마음을 가진다.				
6. 희망이 없는 것처럼 보이는 상황에서도, 나는 상황이 좋아질 수 있다는 믿음을 가진다.				
7. 내가 경험하는 것이 나에게 주는 의미가 무엇인지 생각하고 이를 내 삶에 반영하려고 한다.				
8. 내가 매일 하는 행동을 통해서 나 자신을 더욱 잘 알게 된다.				
9. 내 자신에 대해 많이 알면 알수록 다른 사람과 더욱 많이 공유해야 한다.				
10. 나는 나의 인생이 잘 될 것이라고 믿는다.				
11. 나는 어떤 일에 전념(집중) 하는 것이 어렵지 않다.				

즐거운 삶의 평가 문항	매우 아니다 1	아니다 2	그렇다 3	매우 그렇다 4
12. 나는 내 자신을 충분히 이해한다고 느끼는 순간이 자주 있다.				
13. 나는 매일의 생활이 나에게 의미가 있다고 느낀다.				
14. 나는 현실 속의 어떤 집단에도 그 구성원으로 속해 있다고 느낀다.				
15. 나는 나의 삶이나 내 삶의 의미에 대해서 궁금증을 가진다.				
16. 나는 타인에 대해 공감하는 마음을 자주 가진다.				
17. 나는 살면서 생겨나는 의문점에 대해 곰곰이 생각하는 편이다.				

출처: Mi Seo, Christopher A. Sink, Han-Ik Cho(2011), Korean Version of the Life Per-spectives Inventory : Psychometric Properties and Implications for High School Counseling, Professional School Counseling 15(1) 15-33.

전체 총점을 기준으로 다음의 결과를 확인하기 바란다.

60점 이상 당신은 현재 삶 속에서 자신이 누구인지 잘 이해하고, 자신이 경험하고 느끼는 것에 대한 통찰이 높은 수준으로 이루어지고 있다. 자신이 순간순간 느끼는 감정과 그것이 자신의 삶 속에서 어떤 의미를 주는지를 충분히 이해하고 있다고 할 수 있다. 또한 자신의 삶에 감사하는 태도를 가지며, 앞으로의 삶에 대한 호기심을 가지고 생활하고 있다고 할 수 있다.

59~44점 당신은 현재 자신의 삶이 가지는 의미에 대하여 평균 수준으로 이해하고 있다. 자신이 경험하는 것들에 대하여 관심을 기울이는 그것이 주는 의미를 스스로 이해할 수 있다. 때때로 불확실한 미래와 자신에 대하여 불안감을 경험한다면 지금 현재 자신이 무엇을 경험하고 있고, 무엇을 느끼는지에 대하여 되돌아보는 시간을 가져보는 것을 권한다. 또한 자신이 가지고 있는 잠재능력을 믿고 자신감을 북돋아 준다면 삶에서 경험하는 불안감을 미래에 대한 희망적인 에너지로 바꿀 수 있을 것이다.

43점 이하 당신은 현재 자신의 삶 속에서 자신이 누구이고, 자신이 경험하고 느끼는 것이 스스로에게 어떤 의미를 가지는지에 대해 좀 더 관심을 기울일 필요가 있다. 종종 불확실한 미래에 대한 불안감이나 자신에 대한 혼란스러움을 경험하게 된다면 자신의 내면의 생각을 알아보기 위한 노력이 도움이 될 수 있다. 부정적인 경험이나 감정에 대해서도 그것을 통해 배울 점을 찾고 삶에 반영할 수 있는 힘이 자기 안에 있다는 것을 믿는 것을 시작으로 자신의 삶 속의 긍정적인 면을 발견할 수 있을 것이다.

2. 몰입지수 높이기 코칭

1) 몰입의 의미

몰입경험(flow experience)의 연구에 평생을 바쳐 온 미하이 칙센트미하이(Mihaly Csikszentmihalyi, 1975)에 의하면, 행복한 사람들의 특징 중 하나는 자신이 하는 일에 몰두하며 즐거움을 느낀다는 것이다. 몰입이란 '무언가에 흠뻑 빠져 있는 심리적 상태로써 현재 하는 일에 심취하고 있는 무아지경의 상태'라고 하였다. 이러한 몰입상태에서는 평소와 다른 독특한 심리적 특성이 일어난다. 현재의 과제에 강렬한 주의집중을 포함한 모든 심리적 에너지가 현재의 일에 투여되기 때문에 다른 일이나 주변 환경에 대한 인식이 약해진다. 이러한 주의집중은 애쓴다고 되는 것이 아니라 과제에 대한 흥미와 즐거움으로 인해 자발적으로 일어난다.

미하이 칙센트미하이는 처음부터 몰입이라는 개념을 쓰지 않고 매슬로우(Abraham H. maslow, 1908-1970)의 '절정경험'과 같은 유사 개념으로 '최적경험'이라는 용어를 사용하다가 후에 몰입이라는 개념을 추가하였다. 몰입과 최적경험을 구분하여 사용하고 있지만 이 용어에 대한 명료한 구분은 쉽지 않다. 그는 최적경험을 '의식이 질서 있게 구성되고 또한 자아를 방어해야 하는 외적 위협이 없기 때문에 우리의 주의가 목표만을 위해서 자유롭게 사용될 때를 말하는 것'이라고 설명하였다. 여기서 '의식이 질서 있게 구성되어 있다는 말'은 작업이 일어나는 과정에 대한 고민과 혼란이 없는 것을 뜻하며, 작업하는 시간 동안 의식을 통제할 수 있다는 신념을 가지고 있다는 의미이다. 또한 '외적인 위협이 없다'는 말은 실패를 두려워하면서 심리적 에너지를 분산시키지 않고 오직 그 자체에만 전념하는 것을 의미한다. 이러한 상태는 자연스럽게 빠져들고 흐르듯이 들어간다는 의미의 flow와 매우 유사하다고 주장하면서 flow라는 용어를 사용하기 시작했다. 이러한 최적경험, 몰입, 절정경험이라고 불리는 경험은 사람들의 주관적인 삶의 질을 개선하고 전문성을 신장하는 데 도움이 된다.

권석만(2013)은 몰입에 대해 "무언가에 깊이 빠져서 다른 모든 것을 잊은 채 시간이 흘러가는 줄도 몰랐던 경험이 있습니까?"라는 물음에 약 20%의 사람들이 유사경험을 했다고 한다. 그리고 몰입도가 높은 사람은 매사에 적극적이고 열정적으로 외부적 보상 보다는 일 그 자체를 즐기며 열심히 끈기 있게 일한다고 보고했다. 각 분야에서 탁월한 능력을 발휘하는 사람들에 관한 연구에 의하면, 이들은 자신의 직업을 즐기기 때문에 열심히 수련을 거듭하고 그 과정에서 전문성이 깊어지면서 유능하게 되며(박경애, 1997; 유현실, 1998), 그 결과 이들은 일을 하면서 즐거움과 유능감을 동시에 경험한다고 하였다.

우리가 몰입상태에 있을 때 모든 의식과 신체의 각 기관은 하나의 목표로 초점을 맞추고, 몰입과정을 통해 즐거움과 자기충족감을 맛보게 되기 때문에 일상생활에서 몰입경험을 통해 유능감과 행복감을 경험하게 되면 목표지향적인 수련을 열심히 하게 된다(박영례, 2006).

2) 몰입의 조건 및 특징

몰입은 목표가 모호하거나 장기적인 것보다는 단기적이면서 분명한 활동을 할 때와 순간순간 즉각적인 피드백이 주어질 때 잘 된다. 그리고 몰입상태를 촉발하기 위해서는 개인의 기술수준과 과제의 난이도가 적절한 균형을 이루는 것이 중요하다. 왜냐하면 너무 쉬운 과제는 몰입하기 어렵고 너무 어려운 과제는 실패의 불안을 유발하여 흥미를 상실하게 만들기 때문이다. 이밖에도 몰입이 잘 되게 하기 위해서는 개인의 흥미와 과제의 특성이 일치되도록 하고 산만한 자극을 제거하고 집중할 수 있는 상황을 조성하는 것이 중요하다.

미하이 칙센트미하이(Csikszentmihalyi, 1990)는 다음과 같이 몰입현상의 아홉 가지 특징을 제시하였다. 이 특징들은 몰입현상이 촉진되는 조건과 몰입된 상태에서 경험하는 현상으로 구분된다. 우선 몰입상태가 촉진되는 조건으로는 ①과제의 난이도가 개인의 기술과 능력수준에 적절하고 ②뚜렷한 목표가 있으며 ③피드백이 분명하고 즉각적으로 주어질 때 몰입상태가

촉진된다. 그리고 몰입상태에서 한 개인이 경험하는 현상으로
는 ④행동하는 것과 자각이 분리되지 않고 통합되며 ⑤자신과
과제에 대해 통제감과 자신감을 느끼고 ⑥자의식이 사라져서
과제수행에 두려움이 사라질 뿐 아니라 자기경계가 한결 넓어
지며 ⑦과제에 대한 집중력이 높아지고 ⑧시간이 빨리 흐르는
것처럼 느껴지며 ⑨자기목적성, 즉 활동 그 자체가 목적을 가
지게 되는 특징을 띤다.

3) 몰입을 통한 행복

몰입경험을 통해서 얻을 수 있는 긍정적인 감정은 보통 '즐거
움'으로 표현된다. 여기서 말하는 '즐거움'은 일반적인 '행복감'
이나 '쾌감'과는 달리 몇 가지 특성이 있다. 우선 '행복감'이나
'쾌감'은 개인의 신체적·심리적 욕구의 만족을 통해서 얻을 수
있는 것이라면 몰입경험으로부터 얻는 '즐거움'은 성취를 통한
자기존중감이나 창조성과 밀접하게 관련되어 있다(Csikszentmi-
halyi, 1997b; Wells, 1988).

웰즈(Wells, 1988)의 연구에 따르면 몰입을 자주 경험하는 사람
들이 높은 수준의 자기존중감을 갖고 있으며 보다 많은 행복감
을 느낀다고 했다. 그러나 몰입하고 있는 상태 자체에서는 행
복감을 느끼기가 쉽지 않다. 행복감을 느끼기 위해서는 자신에
게 주의를 기울일 수 있어야 하는데, 몰입상태 즉 몸과 마음을
모두 어떤 활동에 헌신하고 있는 상태에서는 행복감을 느낄만
한 여지가 없는 것이다. 따라서 몰입경험을 통해서 얻는 '즐거
움'은 어떤 일을 마무리 한 후에야 비로소 느끼게 되는 감정이

다(Csikszentmihalyi, 1997a).

이러한 종류의 행복감이나 만족감은 편안한 휴식상태에서 느낄 수 있는 행복감과는 질적으로 구분된다. 왜냐하면 강한 몰입상태를 이끄는 활동을 마친 후의 행복감은 무엇을 이루었다는 성취감과 자기 스스로 뭔가를 해냈다는 자기존중감이 연관되어 있기 때문이다(Csikszentmihalyi, 1997a). 이때의 만족감과 행복감은 나른한 휴식과는 달리 즐거움과 성취감을 동시에 경험하는 강한 정서의 질을 가지고 있으며, 한 개인이 일단 몰입경험을 하게 되면 더 높은 자기존중감과 행복감을 성취하기 위해 새로운 수준의 과제를 찾게 한다. 그리고 그 과제를 완수하는 과정에서 개인의 기술이 더욱 우수해지게 되고 자기존중감과 성취감은 다시 높게 상승한다(김창대, 2002). 이런 점에서 점차 높은 수준의 성취로 유도하는 몰입경험은 '즐거움'이라는 긍정적인 정서뿐만 아니라 재능의 발달이나 창조성의 발현과도 깊은 관련을 맺고 있다(Nakamura, 1988; Rathunde, Whalen, & Csikszentmihalyi, 1993).

칙센트미하이(Csikszentmihalyi, 1990)는 그의 저서 '몰입'을 통해 사람들이 스스로 주인의식을 갖고 기분이 고양되고 행복감을 맛보는 순간을 몰입이라 정의하고 몰입과 창의성의 힘에 대해 이야기했다. 그는 몰입이야말로 삶을 훌륭하게 가꿔주는 것이며, 개인을 각성시켜 성장시키고 행복감을 느끼도록 한다는 것이다. 행복은 사람들이 느끼기 어려운 감정으로 몰입을 통해 행복감을 느끼며, 어떤 과업에 몰입한 상태에서는 정작 행복이나 불행을 느끼지 못하지만 과업이 끝나고 이에 대한 피드백을 받으면 자신의 잠재력이 확장되는 느낌을 받는다고 했다(윤민용, 2007). 이와 같이 몰입은 삶을 훌륭하게 가꿔주며 개인을 각성시켜 성장시키고 행복감을 느끼도록 하는 것이라고 말할 수 있다.

【 다차원적 몰입경험 검사 】

본 몰입경험 검사지는 사회영역, 능력영역, 학문영역, 가족영역, 신체영역, 창의영역, 영적영역의 12문항으로 이루어져 있다. 각 문항에서 자신의 몰입 정도에 따라서 1~5에 체크 하면 된다.

즐거운 삶의 평가 문항	매우 아니다 1	아니다 2	그렇다 3	매우 그렇다 4	매우 많이 그렇다 5
1. 여럿이 함께 일할 때					
2. 나에게 맡겨진 일을 할 때					
3. 공부와 관련된 새로운 것을 배울 때					
4. 가족들과 어울릴 때					
5. 운동을 하거나 춤을 출 때					
6. 창의성이 요구되는 일을 할 때 (예: 예술작품, 실험, 창작 등)					
7. 새로운 일을 배울 때					
8. 종교활동(예: 예배, 명상 등)을 할 때					
9. 다른 사람과 어울릴 때					
10. 특정 목표를 향해 일할 때					
11. 공부에 집중할 때					
12. 가족행사에 참여할 때 (예: 생일, 기념일, 가족여행)					

출처: Schenkel(2001)이 구성한 몰입경험 검사지

총점: 점
(30점 이하): 몰입경험 낮음   (30점~ 40점): 몰입경험 보통
(40점 ~ 50점): 몰입경험 높음   (50점 이상): 몰입경험 매우 높음

---

3. 낙관지수 높이기 코칭

1) 낙관성의 의미

낙관성(Optimism)은 미래에 대한 일반적 기대로써의 성향적 낙관성(dispositional optimism)과 낙관적 설명 양식(optimistic explanatory style)으로써의 낙관성으로 설명할 수 있다. 샤이어와 카버(Carver & Scheier, 1985)는 낙관성을 미래에 나쁜것 보다는 좀 더 나은 것들이 일어날 것이라는 일반적인 기대라고 정의하고, 이러한 낙관성을 성향적 낙관성(dispositional optimism)이라고 하였다. 이들은 낙관성이 사람들로 하여금 자신의 목표를 달성하기 위해 더 노력하게 하거나, 반대로 그러한 노력을 철회하고 수동적이게 하는 중요한 결정인자로서 자기조절행동(behavioral self-regulation)이라고 하였다.

마틴 셀리그만(Seligman)과 그의 동료들은 낙관성을 설명양식으로 개념화하였는데, 그들에 따르면 낙관성이란 "자신이 겪는 실패는 일시적인 것이며 역경에 맞서서 견뎌내며 다음 행동에 의해 극복될 수 있는 믿음이다."라고 주장하며 지금-현재 어떠한 관점으로 살고 있는지가 미래의 낙관성으로 연결된다고 주장한다. 즉 긍정적 · 희망적인 자세를 가지고 비관적 · 파괴적인 생각과 말을 하는 언어습관이나 태도를 바꾸어 나가는 것을 통해 낙관적 사고를 습득하고 자세를 확립해 나간다는 것을 의미한다.

두 이론을 접목한 낙관성의 개념을 정리해 보면, 낙관성은 희망적인 미래를 기대하며(Scheier & Carver, 1992) 역경에 처했을 때 긍정적 사고와 효율적이고 적극적인 대처행동에 의해 극복될 수 있다는 믿음이다(Seligman, 1996). 즉, 일상의 삶에서 시련이나 역경, 어려운 일에 직면하였을 때 자신이 처한 현실을 긍정적으로 인식하며 미래에 대한 긍정적 기대를 갖고 적극적이고 효율적인 대응책을 찾는 것이라고 말할 수 있다(Scheier & Carver, 1992; Seligman, 1996). 따라서 낙관주의는 미래에 시련이 닥쳐올 때 포기 하지 않고 굳게 버틸 수 있는 힘이 되고 업무 능력을 향상시키며, 새로운 일에 도전 정신을 갖게 할 뿐만 아니라 신체적 건강을 유지하는 데 도움이 된다고 볼 수 있다.

2) 낙관주의가 삶에 미치는 영향

마틴 셀리그만(Martin Seligman, 1995)이 지난 20년 동안 비관주의에 대해 50만 명이 넘는 아이와 어른들을 대상으로 진행된 천 가지 이상의 연구 결과를 토대로 다음 세 가지 면에서 비관적인 사람들이 낙관적인 사람들보다 더 행복하지 못하다는 결론을 얻었다고 한다.

첫째, 비관주의자들은 훨씬 더 자주 우울함에 빠져든다. 둘째, 비관주의자들은 학업, 직업 그리고 운동장에서 자신이 가진 재능에 훨씬 못미치는 낮은 성취도를 보였다. 셋째, 비관주의자들은 낙관주의자들보다 육체적인 건강면에서 훨씬 더 나쁜 것으로 나타났다.

낙관주의자들은 비관주의자들에 비해 학교에서 더 우수한 수행을 보일 뿐만 아니라 직장과 스포츠 활동에서도 더 좋은 수행을 나타낸다. 낙관주의자들은 어려운 과제를 수행하면서 더 강한 끈기를 나타내고(Dweck, 1975), 불쾌한 사건에 대해 보다 적응적인 방식으로 대처한다. 또 낙관적인 청소년들은 불쾌한 사건에 대해서 덜 분노하며 약물남용에 덜 빠져든다(Scheier & Carver, 1993).

그리고 낙관주의는 행복과 정신건강에 긍정적 영향을 미치는 강력한 특질로 알려져 있다. 한국 대학생을 대상으로 이루어진 연구(권석만 외 2010)에 따르면, 낙관성은 24개의 성격강점 중에서 삶의 만족도와 높은 상관(r=.61)을 나타냈다.

그러나 낙관성의 유일한 부정적 측면이 있는데, 그것은 위험을 경시하는 경향이다(Weinstein, 1989). 예를 들어, 낙관적 귀인 양식을 지닌 사람들은 암이나 심장마비와 같은 심각한 신체적 질병이 자신에게 발생할 가능성을 평균 이하로 과소평가 한다(Peterson & Vaidya, 2001). 이러한 편향성은 예방적 또는 치료적 대응을 소홀하게 함으로써 여러문제를 야기시킬 수 있다. 그러나 이러한 사람들이 위험의 가능성을 인정하게 될 경우에는 매우 효과적으로 대처를 잘한다.

3) 낙관주의 실천하기

(1) 낙관적인 글쓰기

도달할 수 있는 자신의 최고 목표에 대해 글쓰기 훈련을 통해서 낙관적인 근육을 키울 수 있다. 자신의 미래와 목표에 대해서 글을 쓰는 동안 자신에 대해서 새로운 통찰을 얻게 되고 더 밝은 미래를 생각하게 될 수 있다. 그리고 글을 쓰는데 있어서는 장기적인 목표뿐만 아니라 과정목표와 하위목표에 대해서도 생각하는 것이 중요하다.

(2) 장애가 되는 생각 파악과 낙관주의 습관화

낙관적인 사고를 많이 하기 위해서는 자동적으로 떠오르는 부정적인 생각들을 파악해서 좀 더 관대하고 호의적인 관점으로 바꾸려는 노력이 필요하다. 그리고 긍정적이고 너그러운 관점으로 세상을 해석하는 훈련도 필요하다. 천성적으로 타고나는 낙관주의자들도 있지만 연습을 통해서 만들어지는 낙관주의자들도 많기 때문이다. 그러므로 누구든지 낙관주의에 대한 목표를 정하고 실천한다면 낙관주의자가 될 수 있다. 낙관적인 생각을 더 많이 할수록 그것이 자연스럽게 몸에 밸 것이고 시간이 흐르면서 낙관적인 사고가 자신의 일부로 자리 잡고 자신을 완전히 다른 사람으로 변모하게 할 것이다.

(3) 반박기법을 통한 낙관주의 기르기

내면에 비롯된 비관적인 생각을 반박하는 비결은 먼저 비관적인 실체를 파악하고 ABCDE 기법을 통해서 반박하는 것이다. 여기서 A는 자신에게 생기는 불행 사건(Adversity), B는 그 불행한 사건을 당연하게 여기는 왜곡된 믿음(Belief), C는 그 왜곡된 믿음을 바탕으로 내린 잘못된 결론(Consequence), D는 자신의 왜곡된 믿음에 대한 반박(Disputation), E는 자신의 왜곡된 믿음을 정확하게 반박한 뒤에 얻은 활력(Energization)을 뜻한다. 불행한 일을 겪게 되면 왜곡된 믿음이 생기고 잘못된 결론에 이를 수 있는데, 효과적인 반복을 통해서 활력을 얻을 수 있게 된다는 것이다. 여기서 자기 자신을 설득력 있게 반박하기 위해서는 부정적인 믿음을 반박할 수 있는 명백한 증거를 찾는 일과 왜곡된 믿음이 생길 모든 가능성을 조사해서 대안을 찾아가야 한다. 그리고 설령 자신에 대한 부정적인 믿음이 사실일지라도 그 믿음 안에 깃들여 있는 의미가 무엇인지를 찾아 숨은 진실을 찾아가고 실질적인 도움이 되는 접근을 시도할 필요가 있다.

〈ABCDE 기법 그림〉

ABCDE를 통한 반박연습에 대한 기록을 시도해 보라.

A. 불행한 사건

B. 왜곡된 믿음

C. 잘못된 결론

D. 반박

E. 활력 얻기

---

(4) 낙관주의적 태도로 자기만의 환기법 기르기

행복한 사람이 되기 위해서는 부정적인 생각이나 언어 표현이 아닌 긍정적이고 낙관적인 생각과 언어를 사용해야 한다. 사람의 삶의 방향은 생각과 표현하는 대로 흘러가고 잠재의식도 그 쪽으로 몰아간다.

인간의 뇌는 하루 평균 1만 가지 생각이 스쳐가는데 어떤 생각을 많이 하느냐에 따라서 운명이 결정된다. 현대인들은 부정적인 생각을 많이 하기에 부정적인 행동을 많이 하는 것이다. 보통 사람이 대화를 할 때 1분에 150-200단어를 말하는데, 자신과 대화할 때는 이보다 훨씬 많은 1분에 1300단어를 말한다. 그러므로 부정적인 생각을 많이 할수록 낙심, 절망, 우울, 극단적 선택을 더 많이 하게 된다. 우리 몸 속의 면역성을 강화시키는 N.K세포(natural killer cell)의 활성화 여부도, 몸이 건강하고 행복해지는 것도 어떤 생각을 많이 하느냐가 중요한 변수로 작용 한다.

우리의 의식과 무의식은 생각의 지배를 받는다. 그러므로 긍정적이고 낙관주의적인 생각을 품으면 그 사람의 인생은 긍정적이고 낙관적인 방향으로 흘러가게 된다. 하지만 부정적인 생각과·패배, 실패에 사로잡혀 있으면 잠재의식도 우리를 그쪽으로 몰아가게 된다. 따라서 우리가 행복한 삶을 살아가려면 가장 먼저 해야 할 것이 생각을 '부정보다 긍정에 바탕을 두는 변화'이다.

그러므로 환경과 여건이 어떠하더라도 자기긍정과 낙관주의적 태도를 선택하는 사람은 행복의 주인공이 될 수 있다. 행복하게 살 것인가, 불행하게 살 것인가는 자신이 선택한 결과이며 자신의 노력 여하에 달려 있다고 볼 수 있다.

행복은 결코 누군가가 가져다주는 쉽게 얻을 수 있는 선물이 아니라 자신이 몸소 만들어 가는 창작품이며 진솔하게 배워가야 하는 고급기술이다. 이때 자기긍정을 위한 노력이 가장 중요하다. 미국의 일리노이드 대학교 에드 디에너(Ed. Diener) 교수의 연구결과에 따르면 대학입학 당시 성격의 긍정도와 대학졸업 19년 후의 개인 수입에 관한 상관관계를 분석한 결과 긍정적인 학생과 부정적인 학생 간의 연봉차이가 평균 15,000달러나 되었다고 한다.

미국의 조엘 소넨버그(Joel Sonnenberg)의 삶에서 긍정적이고 낙관적인 생각이 어려운 역경을 극복하는 행복의 원인이 될 수 있다는 것을 찾아 볼 수 있다. 조엘은 생후 20개월 되던 때 트럭의 연쇄추돌로 전신 3도의 중화상을 입게 되었다. 화상으로 일그러진 얼굴을 또래 아이들은 외계인이라고 놀려댔다. 조엘은 친구들로부터 놀림 받을 때마다 그가 입은 화상보다도 더 큰 상처를 받게 되었다. 조엘은 질식할 것 같은 타인의 냉대와 따가운 멸시의 시선, 모진 말들로 시련을 겪던 중 '나는 어떻게 해야 살 수 있는가?'라는 혼자만의 고민 속에서 '자기 긍정'이라는 해답을 찾게 된다. 더 이상 잃을 것이 없을 정도로 많은 것들을 잃어버린 과정에서도 오히려 자신에게 남아 있는 것이 더욱 많다는 '자기 긍정'의 결론에 이르게 된 것이다. 그리고 사람들에게 '있는 그대로의 자신'을 보여주게 된다. 손과 발가락이 없지만 농구와 축구 선수로 열심히 활약했고, 수많은 사람과 사귀면서 학생회장에 당선되기도 했다. 모든 세상이 자신을 버렸던 힘든 여건속에서도 '자기 긍정'의 에너지를 발견하고 이를 통해 자신의 삶을 아름답고 가치 있게 일구어 냈던 조엘의 이야기는 우리들에게 '긍정의 놀라운 힘'을 다시 한 번 깨닫게 해주고 있다.

어떤 문제가 생기면 자연스럽게 부정적인 생각이 올라온다. 그때마다 적절하게 마음으로 중단 즉, STOP 버튼을 눌러 '그만!'하고 정지신호를 보내는 것이 중요하다. 그리고 자기만의 부정감정을 처리하기 위한 환기법을 가져야 한다. 그뿐만 아니라 부정감정을 줄이기 위해서 의미 있는 타자와 이야기를 나누거나 좋아하는 운동을 하는 것도 좋은 환기법이 될 수 있다. 또한 심호흡법, 심상법, 명상법을 이용할 수도 있다. 파괴적인 방법으로 부정감정을 처리하게 되면 문제는 더 크게 야기되므로 긍정적이고 낙관주의적인 감정을 갖기 위한 훈련과 노력이 필요하다.

낙관지수 검사

본 낙관지수 검사 도구는 각 문항에 A나 B중에서 자신의 생각과 더 가깝다고 여기는 것 한 가지씩 골라 표시하면 된다. 설령 주어진 답이 못마땅하더라도 바람직한 답을 고르지 말고 실제로 당신이 그럴 것 같은 답을 골라야 한다. A는 0점, B는 1점으로 계산한다. 소요시간은 10분이다.

【 낙관지수 검사 】

1) 당신과 배우자(혹은 애인)가 싸움을 한 뒤 화해를 한다(PmB).
   A. 나는 배우자 (혹은 애인)를 용서했다.
   B. 나는 대개 용서하려고 한다.

2) 당신이 배우자(혹은 애인)의 생일을 깜박 잊었다(PmB).
   A. 나는 생일을 잘 기억하지 못한다.
   B. 나는 다른 일 때문에 정신이 없었다.

3) 당신이 당신을 좋아하는 누군가에게 꽃을 받았다(PvG).
   A. 나는 그 사람에게 매력적인 사람이다.
   B. 나는 인기가 많은 사람이다.

4) 당신이 지역 선거에 출마해서 당선되었다(PvG).
   A. 나는 많은 시간을 들여 선거운동에 최선을 다했다.
   B. 나는 무엇이든 아주 열심히 한다.

5) 당신이 중요한 약속을 어겼다(PvB).
   A. 나는 가끔 약속을 잊어버린다.
   B. 나는 가끔 약속을 확인하는 것을 잊어버린다.

6) 당신이 주최한 만찬을 성공리에 마쳤다(PmG).
   A. 내가 그날따라 매력적으로 보였다.
   B. 나는 언제나 손님 대접을 잘한다.

7) 당신이 도서 반납 기한을 넘겨 연체료를 물어야 한다(PmB).
   A. 나는 책 읽는데 몰두하다 반납 기한을 놓치기도 한다.
   B. 나는 보고서를 쓰느라 반납하는 것을 잊었다.

8) 당신이 주식으로 많은 돈을 벌었다(PmG).
   A. 내 주식중개인이 위험을 무릅쓰고 도전을 했다.
   B. 내 주식중개인은 일류 투자전문가이다.

9) 당신이 운동 시합에서 이겼다(PmG).
   A. 내가 꼭 이길 것 같은 기분이 들었다.
   B. 나는 늘 열심히 연습한다.

10) 당신이 중요한 시험에서 떨어졌다(PmG).
   A. 나는 같이 시험을 본 다른 사람들보다 덜 똑똑하다.
   B. 나는 시험 준비를 제대로 하지 않았다.

11) 당신이 친구를 위해 정성껏 음식을 만들었지만 친구는 그 음식에 거의 손대지 않았다.(PvB)
   A. 나는 요리를 잘 못한다.
   B. 내가 음식을 만드는데 너무 서둘렀다.

12) 당신이 오랫동안 대비해 온 운동 경기에서 졌다(PvB).
   A. 나는 운동에는 소질이 없다.
   B. 나는 그 경기를 잘 못한다.

13) 당신이 친구에게 화를 냈다(PmB).
   A. 그 친구는 항상 나를 들볶는다.
   B. 그 친구는 나를 기분 나쁘게 했다.

14) 당신이 소득세 신고를 제때에 하지 않아 벌금을 내야 한다(PmB).
   A. 나는 언제나 소득세 신고를 소홀히 한다.
   B. 올해 나는 소득세를 신고하는데 늑장을 부렸다.

15) 당신이 데이트를 신청했다가 거절당했다(PvB).
   A. 나는 그날 너무나 비참했다.
   B. 나는 데이트 신청을 할 때 더듬거렸다.

16) 당신은 파티에서 함께 춤을 추자는 제안을 자주 받았다(PmG).
   A. 나는 파티에 참석할 때마다 뭇 시선을 끈다.
   B. 나는 그날 완벽한 동작으로 춤을 췄다.

17) 당신이 취업 면접시험을 유난히 잘 보았다(PmB).
   A. 나는 그 면접시험을 볼 때 유달리 자신감이 넘쳤다.
   B. 나는 면접시험을 잘 본다.

18) 상사가 턱없이 짧은 시간을 주며 기한 내에 프로젝트를 완성하라고 했는데도 당신은 기어코 해냈다(PvG).
   A. 나는 내 업무에 익숙하다.
   B. 나는 유능한 사람이다.

19) 당신은 요즘 몹시 피곤하다(PmB).
    A. 나는 휴식을 취할 시간이 전혀 없다.
    B. 나는 이번 주에 유난히 바빴다.

20) 당신이 질식해 죽을 뻔한 사람을 살렸다(PvG).
    A. 나는 생활응급처치법을 알고 있다.
    B. 나는 위기 상황에 대처하는 능력이 뛰어나다.

21) 당신의 애인이 잠시 둘의 관계에 대해 냉정하게 돌아볼 시간을
    갖자고 한다(PvB).
    A. 나는 너무 자기중심적이다.
    B. 나는 그 사람과 함께 지내는 시간이 적다.

22) 한 친구가 당신에게 언짢은 말을 한다(PmB).
    A. 그 친구는 늘 상대방을 배려하지 않고 함부로 말한다.
    B. 내 친구가 기분이 나빠서 내게 화풀이한 것이다.

23) 당신의 직원이 찾아와 조언을 구한다(PvG).
    A. 나는 직원이 조언을 구한 분야의 전문가이다.
    B. 나는 유용한 조언을 잘해준다.

24) 한 친구가 어려울 때 자신을 도와준 당신에게 고마움을 표한다
    (PvG).
    A. 내가 그 친구에게 도움이 되어서 기쁘다.
    B. 나는 사람들을 잘 돕는다.

25) 당신의 주치의가 당신의 건강이 좋다고 말한다(PvG).
    A. 나는 확실히 운동을 자주 한다.
    B. 나는 내가 아주 건강하다는 것을 알고 있다.

26) 당신의 배우자(혹은 애인)가 낭만적인 주말을 보내자며 당신을
    근교로 데리고 간다(PmG).
    A. 그 사람은 며칠간 휴식이 필요하다.
    B. 그 사람은 새로운 장소를 찾아다니는 게 취미다.

27) 당신은 중요한 프로젝트의 책임자가 되어 달라는 제안을 받았다(PmG).
A. 나는 이와 비슷한 프로젝트를 성공적으로 완수한 적이 있다.
B. 나는 탁월한 관리자이다.

28) 당신이 스키를 타다가 넘어져 크게 다쳤다(PmB).
A. 스키는 어렵다.
B. 스키 코스가 얼어붙어 미끄러웠다.

29) 당신이 권위 있는 상을 받았다(PvG).
A. 내가 중대한 문제를 해결했다.
B. 나는 아주 유능한 사람이다.

30) 당신이 산 주식은 언제나 주가가 낮다(PvB).
A. 내가 주식을 살 때 그 회사의 기업환경을 잘 몰랐다.
B. 나는 주식을 선택하는 능력이 부족하다.

31) 휴가 기간에 불어난 당신의 몸무게가 좀처럼 줄지 않는다(PmB).
A. 다이어트는 결국 아무 소용이 없다.
B. 내가 해본 다이어트는 효과가 없었다.

32) 당신의 신용카드가 지불 정지되었다고 한다(PvB).
A. 나는 가끔 통장 잔액이 실제보다 많다고 착각한다.
B. 나는 종종 신용카드 이용대금 결제를 잊어버린다.

【 점수표 】

A는 0점, B는 1점으로 계산한다.

PmB (   )   PmG (   )   PvB (   )   PvG (   )

HoB (   )   HoG (   )   HoG − HoB = (   )

PmB (Permanent Bad: 영원히 나쁨)
PmG (Permanent Good: 영원히 좋음)
PvB (Pervasiveness Bad: 나쁜 일의 파급성)
PvG (Pervasiveness Good: 좋은 일의 파급성)
HoB (Hopeful Bad: 나쁜 일의 희망성)
HoG (Hopeful Good: 좋은 일의 희망성)
HoG−HoB (좋은 일의 희망성 – 나쁜 일의 희망성)

【 해석 】

영속성(시간)
PmB: 0~1 아주 낙관적   2~3 대체로 낙관적   4 보통
　　　5~6 조금 비관적   7~8 몹시 비관적
PmG: 0~2 아주 비관적   3 조금 비관적   　4~5 보통
　　　6 대체로 낙관적   7~8 대단히 낙관적

파급성(공간)
PvB: 0~1 아주 낙관적   2~3 대체로 낙관적   4 보통
　　　5~6 조금 비관적   7~8 아주 비관적
PvG: 0~2 아주 비관적   3 조금 비관적   　4~5 보통
　　　6 대체로 낙관적   7~8 아주 낙관적

희망성
HoB: PvB와 PmB를 더한 총계
HoG: PvG와 PmG를 더한 총계
HoG−HoB = 10~16 대단히 희망적   6~9 대체로 희망적
　　　　　　1~5 보통   　　　　　0~−5 다소 절망적
　　　　　　−5이하 몹시 절망적

출처: Martin E. P. Seligman, Authentic happinessing

4. 관계지수 높이기 코칭

1) 인간관계의 의미

인간은 사회적 동물로 타인과의 지속적인 교류를 통해서만
살아갈 수 있는 존재이다. 사람을 뜻하는 한자 '人'은 '사람과
사람의 사이'를 나타내는 개념으로써 그 자체가 관계를 포함하
고 있으므로 인간관계를 무시하고는 인간 그 자체도 존재할 수
없게 된다. 다시 말해서 인생은 나와 나 이외의 타인과 서로 의
지하고 조화하며 살아가는 것이다(이수용, 2002). 인간은 출생과
동시에 가족의 일원이 되고 자기가 속한 사회의 구성원이 되
며, 국가의 국민이 됨과 동시에 더 크게는 지구촌의 가족이 된
다. 이렇게 어떠한 집단의 구성원이 된다는 것은 구성원 한 명
한 명이 집단이나 다른 구성원들로부터 완전히 독립될 수 없으
며 필연적으로 서로 영향을 미친다는 것을 말한다. 우리가 다
른 구성원과 어떤 형태의 인간관계를 형성하느냐에 따라서 구
성원들의 삶의 질은 물론 그 집단의 형태도 결정된다. 인간관
계 (human relations)는 타인과의 상호작용 즉, 사회적 상호작용
(social interaction)으로 한 사람이 다른 사람을 상대로 하는 의도적
행위와 이에 대한 다른 사람의 반응으로 이루어지는 사회 과정
으로써 인간의 모든 사회적 행위와 사회생활의 핵심을 이루는
사회적 현상이다(전병재, 1997).

인간관계는 상황과 대상에 따라서 교우관계, 부부관계, 이성
관계, 직장내 인간관계, 나 자신과의 관계 등으로 나눌 수도 있
다. 그리고 사회적 상호작용에 따른 구분으로는 비형식적이고

자발적이며, 정서적 욕구 및 심리적 욕구를 충족시켜주는 정의적 상호작용과 어떤 목적 달성을 위한 수단적 상호작용이 있다. 그뿐만 아니라 사회적 지위와 위치에 따른 상호작용으로 종적 상호작용과 횡적 상호작용이 있고, 상호작용의 깊이에 따라서 스침의 관계와 참 만남의 관계가 있다. 동서양의 관점에 따라서는 사람과 사람 사이의 윤리를 강조하는 문화적 규범으로써 사회적 인간관계를 근본으로 하는 유교적 관점과 하나님 관계와 이웃과의 관계에서 사랑을 강조한 기독교적 관점이 있다.

2) 행복과 인간관계

행복한 삶을 영위하기 위해서는 인간관계(human relations)가 원만해야 한다. 인간관계를 어떻게 하느냐에 따라서 삶의 질이 좌우된다고 할 수 있다.

미국의 카네기 재단의 조사에 의하면 "직무 수행상의 성공에 기술적인 지식은 15%밖에 공헌하지 못하지만 인간관계 기능은 85% 공헌을 한다."는 통계가 나왔다. 보통 사람들이 직장생활에 실패하는 이유는 기술적인 영역보다 인간관계 어려움이 더 큰 비중을 차지하기 때문이다. 이런 이유에서 IBM 회사는 40시간 직원 교육훈련 중에 32시간을 인간관계 훈련에 투자하고 있다고 한다. 인간은 다른 사람과 상호작용을 통해서 인간다워지고 가치 있는 존재가 된다. 또한 자신의 정체성을 발달시키고 원만한 관계형성을 위한 방법을 습득해나간다. 따라서 개인의 인간관계 형성 능력은 자아실현과 삶의 질을 높여주고 행복한 삶을 영위하는데 중요한 요소가 된다고 하겠다.

조지 베일런트(George E. Vaillant) 미국 하버드대 교수가 하버드
대 2학년생 268명의 생애를 72년간 추적 조사해 하버드 공부
벌레들의 인생보고서인『행복의 조건, 2011』(aging well)을 내놓
았다. 이 보고서에서 수재들의 삶을 행복과 불행으로 갈라서게
한 요인이 무엇인지를 집중 분석했는데 결과는 의외였다. 그들
의 운명을 좌우한 것은 타고난 부(富)나 학벌, 명예가 아니라 바
로 47세 무렵까지 형성한 인간관계가 이후 생애를 결정하는 중
요한 변수였기 때문이다. 행복하고 건강한 인생을 결정짓는 것
은 지적인 뛰어남이나 계급이 아니라 따뜻한 인간관계라는 이
야기이다.

3) 행복을 위한 관계지수 높이기

(1) 자존감을 높여라
'인간관계'하면 가장 먼저 어떻게 하면 타인과 원만한 관계를
이룰 수 있을까? 하는 기술적인 문제를 생각한다. 하지만 건강
하고 행복한 인간관계를 맺으려면 무엇보다 자기이해(self-un-
derstanding), 자기수용(self-acceptance), 자기개방(selfdisclosure), 자아
개념(self-concept), 자존감(self-esteem) 등 자신을 이해하는 것이 우
선되어야 한다. 나의 참 모습을 인식하고 이해할 때 비로소 남
을 이해하고 나아가 세상을 올바르게 지각할 수 있기 때문이다.
스스로를 부정적으로 평가하는 사람들은 타인을 신뢰하기도
쉽지않다. 이런 사람은 상대의 호의를 겉치레라고 생각한다.
그뿐만 아니라 상대에게 불편을 느껴도 적절하게 표현하지 못
한다. 상대방이 어떻게 반응할지 예측할 수 없기 때문이다. 반

면 스스로를 존중하고 긍정적으로 받아들이는 사람은 타인에게 불편을 느꼈을 때 적절한 방식으로 자신의 생각을 전달할 수 있다. 스스로를 믿듯 상대방도 믿기 때문이다. 또한 자신을 긍정적으로 바라보는 만큼 상대도 그렇게 바라보기 때문에 행복한 관계를 충분히 즐긴다. 그래서 높은 자존감은 행복한 인간관계의 필수요소라고 할 수 있다.

자존감을 높이기 위해서는 과거에 얽매이지 말고 현재에 충실해야 한다. 인간이 과거의 영향을 완전히 제거할 수는 없다. 그렇다고 과거의 영향 아래 무기력하게 놓여있을 필요도 없다. 그러므로 먼저 낮은 자존감을 가질 수밖에 없었던 과거의 경험을 딛고 일어나겠다고 결심하는 것이 중요하다. 그럼에도 불구하고 마음이 자꾸 과거의 경험으로 돌아가려 할 때 끊임없이 현재가 중요하다는 다짐을 하면서 현실에 충실해야 한다. 그리고 현실에 근거한 긍정적 자기대화(self-talk)를 하는 것이 중요하다. 타인과 비교하지 않고 자신의 장점을 찾을 필요가 있다. 그리고 자신을 있는 그대로 인정해야 한다.

행복한 삶을 살려면 행복한 인간관계가 필요하고, 행복한 인간관계를 맺으려면 건강한 자존감이 필요하다. 지금 자신의 자존감은 어떠한가? 행복한 인간관계를 맺을 준비가 되었는가? 이는 자신에게 달려 있다.

(2) 타인을 배려하는 태도를 가져라

어떤 사람은 다른 사람과 좋은 관계를 맺는가하면, 어떤 사람은 타인과 사귀고 싶어도 미숙한 행동 때문에 어려움을 겪기도 한다. 따라서 행복한 인간관계를 위해서는 대인지각, 대인

사고, 대인감정 그리고 대인행동 등이 긍정적이어야 한다. 타인을 배려하고 공감하며 수용하는 태도야말로 행복한 인간관계 형성을 위한 중요한 요소이다.

어떤 맹인이 스승에게 밤늦도록 가르침을 받다가 집을 나서자 스승은 맹인에게 등불을 들려주면서 조심해서 가라고 당부했다. 맹인은 어이가 없다는 생각이 들어서 "맹인에게 등불이 무슨 소용이 있느냐"고 스승에게 물었다. 그러자 스승은 "자네는 보지 못하지만 다른 사람이 자네가 든 등불을 보고 피해갈 것이 아닌가?"하고 일러주었다. 맹인은 스승의 깊은 마음에 감복하면서 등불을 들고 자기 집으로 향했다. 한참 길을 가다가 맹인은 어떤 사람과 심하게 충돌하였다. 맹인의 손에 등은 들려 있었지만 불이 꺼져 있었기 때문이다.

이야기 속에서 스승은 타인을 먼저 생각함으로써 자신을 지키는 지혜의 등불을 맹인에게 들려준 것이다.

행복한 인간관계, 즉 바람직한 인간관계란 인격적인 관계여야 하며 나보다 남을 먼저 생각할 때 이루어지는 것이다. 선인장처럼 자기보호를 위한 가시를 곤두세우고 타인의 삶을 지켜보기만 한다면 우리는 사회 속에서 언제까지나 이방인으로 머물게 될 것이며 더군다나 서로를 감싸 안는 따스한 관계를 유지할 수가 없게 된다. 원만한 인간관계나 바람직한 인간관계는 마음에서 우러나오는 상호존중에 그 바탕을 두기 때문이다. 따라서 우리는 자신을 위한 등불보다 타인을 위한 등불을 드는 것을 선택하고 살아감으로 바람직한 인간관계를 정립해야 한다.

(3) 최대한 관대해지고 남의 뒷이야기를 하지말라

'나 자신을 행복하게 만드는 최고의 방법은 다른 사람을 행복하게 만드는 것이고, 다른 사람을 행복하게 만드는 최고의 방법은 나 자신이 행복해지는 것이다.'라는 말이 있다. 사람들은 도움을 받을 때보다 누군가를 도울 때 더 큰 행복을 느낀다. 그래서 남에 대한 따뜻한 마음을 가지고 상대방의 말을 끝까지 들어주는 아량이 필요하다. 그리고 내가 하는 이야기가 사실이라 할지라도 남에게 해가 되는 이야기나 도움이 되지 않는 민감한 얘기라면 하지 말아야 한다. 또한 "요즘 그 애가 기분이 안 좋은 것 같아."라는 추측성 걱정의 표현조차도 일종의 소문을 만들어 낼 수 있다.

(4) 적극적으로 새로운 친구 만들기

사람은 자주 보게 될수록 그 사람이 더 매력적이라고 느끼게 될 가능성이 커진다고 한다. 그리고 오래된 친구와의 익숙한 관계도 좋지만 새로운 친구의 신선함도 자아를 확장시켜 주기에 새로운 친구도 적극적으로 만들어가야 할 것이다. 그뿐만 아니라 시공간을 초월한 온라인 친구도 사귀면서 일반적 삶의 단상을 공유하고 새로운 삶의 지평을 열수 있는 기회를 얻을 수 있다. 따라서 '인(人)테크'나 '우(友)테크'는 단순히 친구 몇 명을 더 만드는 것이 아니라 행복의 공동체를 만드는 기술이다.

* 자신의 인간관계유형에 대해서 체크해 보세요.

번호	내 용	매우 수단적	조금 수단적	중간	조금 정의적	매우 정의적
1	아버지와의 관계					
2	어머니와의 관계					
3	형제자매 중 ( ) 와의 관계					
4	친구들 중 ( ) 와의 관계					
5	직장에서 ( )와의 관계					

5. 강점지수 높이기 코칭

1) 강점의 의미

강점의 사전적 의미는 남보다 뛰어나거나 유리한 점이다. 즉 강점은 각각 자신만의 독특한 천성, 기질 또는 재능 등을 잘 살려서 성과를 내도록 하는 것을 말한다.

강점이론은 네브라스카 대학의 교육심리학 교수를 역임한 도널드 클리프턴(Donald Clifton) 박사가 인간의 강점을 최대로 활용하기 위한 고민을 하게 되면서 부터 시작된 이론이다. 클리프턴은 1969년에 SRI(Socially Responsible Investment: 사회책임투자) 펀드 컨설팅사를 설립하여 포춘(Fortune) 500대 기업과 학교, 정부기관, 스포츠 팀에 경영 컨설팅 서비스를 제공하기 시작했다. 1988년 SRI가 세계적인 여론조사기관 갤럽(Gallup)을 인수한 후에는 SRI 갤럽의 사장으로 취임하여 연구 범위를 전 세계로 넓혔다.

갤럽의 학자들은 클리프턴 박사의 주도로 패더럴 익스프레스

(federal express)와 볼보(volvo), 푸르덴셜 증권(Prudential Financial), 펩시콜라, 브리티시 에어웨이, 알래스카 에어라인, 타코벨, 매리엇 호텔, 켄터키 프라이드 치킨, 골든 코랄, 시티은행, 메르크, 스프링 메이드 등 미국에서만도 수 백 개의 회사와 천개가 넘는 학교를 대상으로 강점이론을 적용하고 그 효과를 검증했다. 한 사람의 학문적 고민으로 시작된 연구가 40년에 걸쳐서 25만 명 이상의 경영자와 판매원, 교사, 의사, 조종사, 운동선수 등 다양한 대상의 대규모 연구 조사 프로젝트로 확대된 것이다.

이러한 연구를 통해서 우리가 강점에 집중하면 다음 세 가지 혜택을 얻을 수 있다는 사실이 확인되었다.

첫째, 새로운 눈으로 사람을 보게 된다. 즉, 주위 사람의 문제점이나 약점보다는 그들의 강점에 주목하게 된다. 둘째, 좋음(very good)과 위대함(great)의 차이를 알게 된다. 셋째, 탁월한 성공을 얻는다.

2) 강점의 극대화

오늘날 많은 영역에서 SWOT(강점 Strength, 약점 Weakness, 기회 Opportunity, 위협 Threat) 분석을 통해 강점은 부각시키고 약점을 보완하며 기회를 얻어 위협을 억제하는 방안을 찾는 노력들을 많이 한다. 이 중에서 가장 중요한 것은 강점자원의 극대화라고 할 수 있을 것이다. 벤자민 프랭클린(Benjamin Franklin)은 '인생의 진정한 비극은 우리가 충분한 강점을 갖고 있지 않다는 데 있는 것이 아니라 갖고 있는 강점을 충분히 활용하지 못하는 데 있다'라고 하였다.

많은 사람들은 성공을 위해서 자신이 가지고 있는 강점을 활용하기 보다는 약점을 보완하는 데 대부분의 노력과 시간을 투자해야 한다고 믿고 있다. 그러나 이것은 매우 어리석은 일이다. 왜냐하면 약점에 대한 관심은 우리를 성공의 길로 안내하는 하는 것이 아니라 단지 실패하지 않는 삶을 살도록 도와줄 뿐이기 때문이다.

세계 탁구를 주름잡고 있는 중국팀 코치에게 어떤 기자가 최강의 전력을 유지하는 비결을 물었다. 그러자 이 코치는 하루에 여덟 시간씩 강점 강화 훈련을 하는 것이 비결이라고 답했다. 중국팀 에이스를 보면 포핸드(forehand)는 강하고 백핸드(backhand)는 약한데 이때 약한 쪽을 보강하는 훈련을 하기 보다는 강한 포핸드 훈련에 주력하고 있다고 한다. 상대방은 이 선수의 약점을 아주 잘 알고 있지만, 포핸드가 너무 강력하다 보니 백핸드를 공략할 기회조차 잡지 못한다는 것이다.

경영의 구루로 통하는 피터 퍼디낸드 드러커(Peter Ferdinand Drucker, 1909-2005)도 "성과는 약점 보완보다는 강점을 강화시킬 때 산출된다"고 주장한 바 있다. 자신의 강점을 더욱 갈고 닦아 다른 사람이나 회사와는 비교할 수 없는 수준에 도달하게 되면 이것이 바로 경쟁력이다.

따라서 자신의 행복지수를 높이기 위해서는 관점을 바꾸어야 한다. 즉 자신의 약점을 보완하는 데 투입했던 모든 역량을 이제는 강점을 찾아내고 개발하는 데 집중해야 한다. 우리가 탁월한 성공자들로 알고 있는 아인슈타인, 타이거 우즈, 빌 게이츠 등도 자신들만의 약점을 가지고 있었다. 하지만 이들은 자신의 약점을 보완하는 데 시간을 낭비하지 않았다. 이들은 약점이 그들의 성공을 위한 방해물이 되지 않을 정도로만 관리하고 나머지의 모든 역량은 강점을 활용하는 데 쏟아 부었다. 영국의 대표적인 긍정심리학자인 알렉스 린리(Alex Linley)는 누구나 자신의 강점을 활용하는 것을 좋아하기 때문에 강점 전략은 그것 자체로 활성화되는 특징이 있다고 했다.

어떻게 강점을 발견할 수 있는가? 첫째, 어떤 일을 할 때 힘들게 느껴지지 않고 잘할 수 있는 것, 내가 좋아하고 그 일로 힘들지 않은 것이 나의 강점이다. 둘째, 재미있고 즐겁게 할 수 있는 것이 나의 강점이다. 좋아하는 일은 밤을 새울 수도 있다. 셋째, 다른 사람들로부터 반응이 있는 것이다. 내가 좋아서 하지만 다른 사람들도 계속해주기를 원하는 일이 강점인 것이다.

긍정심리학자인 크리스토퍼 피터슨(Christopher Peterson)과 마틴 셀리그먼(Martin Seligman)은 강점의 범주를 구체화시켰는데 이는 다음과 같다. 첫째, 강점은 사고와 행동, 감정 전반에 걸쳐 명확하게 드러나야 한다. 둘째, 강점은 그것 자체로 혹은 다른 요소를 활성화하면서 성공적인 삶에 기여해야 한다. 셋째, 강점은 바람직한 결과를 이뤄낼 뿐만 아니라 그 자체로도 윤리적인 가치를 지녀야 한다. 넷째, 자신의 강점이 타인의 강점을 방해해서는 안 되고 통합적으로 상승 작용을 해야 한다. 다섯째, 강점을 강화시키는 사회적 제도나 관습 등을 간과해서는 안 된다. 여섯째, 보편적인 합의가 이뤄져야 한다. 우리는 자신의 강점을 극대화하되 그 장점은 타인과 함께하는 윈-윈(Win-Win)이 될 수 있어야 한다.

3) 자신만의 강점 브랜드 가치 높이기

우리 개개인에게는 강점도 있고 약점도 있다. 역도선수와 육상선수는 신체조건이 다르다. 역도는 팔다리가 짧은 사람이 유리하다. 1㎏ 드는데 상완근은 10㎏이 수축된다. 팔다리가 길면 불리하게 되어 있다. 단거리 선수는 팔다리가 길고 근육이 위로 올라붙어야 한다. 그리고 근육과 몸무게가 어느 정도 있어야 가속도가 붙는다. 하지만 마라톤 선수는 단거리 선수의 신체 구조를 가지고는 불가능하다.

우리 각 개인은 많은 잠재력을 가지고 태어났음에도 불구하고 자신의 잠재력과 강점을 모르고 사용하지 않는 경우가 많다. 자신의 강점과 잠재력을 알아서 거기에 집중한다면 상상을 초월하는 결과를 얻고 기쁨을 맛볼 수 있게 된다.

우리 각자는 이 세상에 단 하나밖에 없는 귀한 인격체들이다. 그리고 이 땅에서 가장 존귀한 잠재적 브랜드 가치를 지닌 자들이다.

반신불수, 언어장애를 가진 빌(Bill)이라는 한 소년이 있었다. 아이들은 그를 늘 놀리고 왕따시켰다. 그가 어느 여름 캠프에 참여한 프로그램 가운데 그룹별 나눔의 시간이 있었다. 빌의 차례가 돌아오자 그를 알고 있었던 아이들은 웃을 준비하고 있었다. 그런데 이 아이가 예수님이 자기를 사랑하고, 자기도 예수님을 사랑한다는 말을 하는데 5분이 걸렸다. 온몸을 뒤틀면서 말한 것이다. 그때 그의 말이 끝나기도 전에 여기저기서 흐느끼는 소리가 들렸다. 그날 밤 약한 빌을 통해서 공동체에 큰 변화와 회복의 시간이 주어진 것이다. 그 캠프를 이끌었던 컴

폴로(comepolo) 교수는 세계 여러 나라에서 "박사님 저를 기억하십니까? 저가 그 캠프에서 빌의 간증을 듣고 변한 사람입니다."라고 고백한 사람을 여럿 만났다고 말했다. 소명과 사명으로 사는 사람은 약점과 장애까지도 능력의 도구가 되는 것을 볼 수 있다.

1936년 뮌헨 올림픽에서 세계 신기록을 갱신하여 금메달을 목에 건 사람은 껑충다리 흑인 제시 오웬즈(Jesse Owens, 1913-1980)였다. 제시 오웬즈가 금메달을 목에 걸고 고향에 돌아왔을 때 열렬히 환영하던 그날 껑충 다리를 한 한 흑인 소년이 군중을 제치고 나와 제시에게 "나도 커서 언젠가 꼭 올림픽에 출전하는 선수가 되고 싶습니다."라고 하자 제시는 자신의 옛날 일을 떠올리며 소년의 손을 꼭 잡고 "얘야 꿈을 가지고 진력질주(盡力疾走)하라"고 하였다. 소년은 오웬즈를 롤 모델하여 최선을 다했다. 그가 바로 1948년 올림픽에서 금메달을 목에건 해리슨 딜라드(Harrison Dillard)이다.

이 땅에 태어나면서부터 완전한 사람은 없다. 좋은 롤 모델, 코치, 멘토를 만나고 자신의 장점을 최대한 개발한다면 얼마든지 브랜드 가치를 높일 수 있다.

필자는 어린 시절 심리적, 물리적 환경이 좋지 못했음에도 불구하고 비교적 밝게 살 수 있었던 것은 좋은 멘토들을 많이 만날 수 있었기 때문이다. 특히 중학교 3학년 때 수학 선생님은 내 삶의 롤 모델이 되어주셨다. 선생님은 오랜 지병으로 힘든 상황임에도 불구하고 늘 해맑게 웃으시며 매사가 긍정적이셨다. 항상 위로와 격려를 아끼지 않으시며 내 가슴에 꿈을 심어주셨고 행복할 수 있는 동기를 부여해 주셨다.

그리고 책을 통하여 위대한 위인들을 만날 수 있었다. 그때 나는 시대를 움직인 위대한 위인들은 하나같이 고난의 터널을 통과한 자들이라는 것을 알게 되었고, 자기 운명을 탓하는 것이 아니라 개척해 가는 사람들임을 또한 알게 되었다. 그래서 기회가 주어지는 대로 긍정적인 감정을 추구하는 사람, 강점 자원을 활용하는 사람, 의미있는 삶을 추구하는 사람들을 만나기를 애썼고, 직접 못 만나면 간접적으로라도 만나기를 소원하며 살았다. 그래서 지금도 매일의 삶을 감사하며 더욱 성숙해질 미래의 내 자신의 모습을 기대하면서 살고 있다.

【 강점지수 검사지 】

강점지수 검사는 셀리그만(Seligman)과 피터슨(Peterson)이 개발한 24 강점척도 VI(VIA–IS: Values in Action Inventory of Strengths, 2004)이다.[3]

- 다음의 진술을 읽고 당신을 가장 잘 표현하고 있다고 생각하는 번호를 보기에서 찾아 적어 주시기 바랍니다.

  ① 나와 매우 다르다　　② 나와 다르다
  ③ 보통이다　　　　　　④ 나와 비슷하다
  ⑤ 나와 매우 비슷하다

---

3) VIA(virtues in action) 강점 분류 체계는 1999년 돈 클리프톤(Don Clifton)에 의해 시작되고 피터슨(Peterson)과 셀리그만(Seligman)이 확장한 것으로 행복과 자아실현에 영향을 미치는 강점들로 구성되어 있으며, 여섯 가지의 핵심 덕목(지혜, 용기, 인간애, 정의, 절제, 초월성)과 각각 두 개에서 일곱 개의 하위 요소들로 구성되어있다(권석만, 2008). VIA 강점 분류 체계는 인간의 강점과 덕성 연구에 이론적 체계를 제공하게 되었고 이것을 바탕으로 하여 피터슨과 셀리그만(2004)은 VIA 강점척도(VIA–IS: Values in Action Inventory of Strengths)를 개발하였다.

1. 호기심, 세상에 대한 관심
   a) 언제나 세상에 대해 호기심이 많다. (   )
   b) 쉽게 싫증을 낸다. (   )

   ▶▶ 위 두 문항의 답을 더하여 여기에 적으시오. (   )

2. 학구열
   a) 새로운 것을 배울 때 전율을 느낀다. (   )
   b) 박물관이나 다른 교육적 장소에 한 번도 가본 적이 없다. (   )

   ▶▶ 위 두 문항의 답을 더하여 여기에 적으시오. (   )

3. 판단력, 비판적 사고, 열린 마음
   a) 판단력이 필요한 주제가 있을 때면, 아주 이성적으로 사고한
      다. (   )
   b) 성급하게 판단하는 경향이 있다. (   )

   ▶▶ 위 두 문항의 답을 더하여 여기에 적으시오. (   )

4. 창의성, 독창성, 실천적 지능, 세상을 보는 안목
   a) 어떤 일을 하는데 필요한 새로운 방법을 찾는 것을 좋아한다.
      (   )
   b) 내 친구들은 대부분 나보다 상상력이 뛰어나다. (   )

   ▶▶ 위 두 문항의 답을 더하여 여기에 적으시오. (   )

5. 사회성 지능, 인간관계 지능, 정서 지능
   a) 어떤 성격의 단체에 가도 잘 적응할 수 있다. (   )
   b) 다른 사람들의 감정에 아주 둔하다. (   )

   ▶▶ 위 두 문항의 답을 더하여 여기에 적으시오. (   )

6. 예견력
   a) 항상 꼼꼼히 생각하고 더 큰 것을 볼 줄 안다. (   )
   b) 내게 조언을 구하러 오는 사람은 거의 없다. (   )

   ▶ 위 두 문항의 답을 더하여 여기에 적으시오. (   )

7. 호연지기(浩然之氣)와 용감함
   a) 강력한 반대에도 무릅쓰고 내 주장을 고수할 때가 많다. (   )
   b) 고통과 좌절 때문에 내 의지를 굽힐 때가 많다. (   )

   ▶ 위 두 문항의 답을 더하여 여기에 적으시오. (   )

8. 끈기, 성실, 근면
   a) 한번 시작한 일을 끝까지 해낸다. (   )
   b) 일을 할 때면 딴전을 피운다. (   )

   ▶ 위 두 문항의 답을 더하여 여기에 적으시오. (   )

9. 지조, 진실, 정직
   a) 약속을 반드시 지킨다. (   )
   b) 친구들은 내게 솔직히 말하는 법이 없다. (   )

   ▶ 위 두 문항의 답을 더하여 여기에 적으시오. (   )

10. 친절과 아량
   a) 자발적으로 이웃을 도와준다. (   )
   b) 다른 사람들의 행운을 내 일처럼 좋아한 적이 거의 없다. (   )

   ▶ 위 두 문항의 답을 더하여 여기에 적으시오. (   )

11. 사랑할 능력과 사랑받을 줄 아는 능력
    a) 본인의 기분과 행복 못지않게 내 기분과 행복에 관심을 기울이는 사람이 있다. (   )
    b) 다른 사람들이 베푸는 사랑을 제대로 받아들이지 못한다. (   )
    ▶▶ 위 두 문항의 답을 더하여 여기에 적으시오. (   )

12. 시민 정신, 의무감, 협동 정신, 충성심
    a) 어떤 단체에 가입하면 최선을 다한다. (   )
    b) 소속 집단의 이익을 위해 내 개인적인 이익을 희생시킬 생각은 없다. (   )
    ▶▶ 위 두 문항의 답을 더하여 여기에 적으시오. (   )

13. 공정성과 평등 정신
    a) 어떤 사람에게든 똑같이 대한다. (   )
    b) 내가 싫어하는 사람을 공정하게 대하기가 힘들다. (   )
    ▶▶ 위 두 문항의 답을 더하여 여기에 적으시오. (   )

14. 지도력
    a) 일일이 참견하지 않고도 사람들이 단합해 일하도록 이끌어준다. (   )
    b) 단체 활동을 조직하는 데는 소질이 없다. (   )
    ▶▶ 위 두 문항의 답을 더하여 여기에 적으시오. (   )

15. 자기 통제력
    a) 내 정서를 다스릴 줄 안다. (   )
    b) 다이어트를 오래하지 못한다. (   )
    ▶▶ 위 두 문항의 답을 더하여 여기에 적으시오. (   )

16. 사려, 신중함, 조심성

   a) 다칠 위험이 있는 일은 하지 않는다. (　　)

   b) 나쁜 친구를 사귀거나 나쁜 사람을 만나는 경우가 있다. (　　)

   ▶ 위 두 문항의 답을 더하여 여기에 적으시오. (　　)

17. 겸손과 겸양

   a) 다른 사람들이 나를 칭찬할 때면 슬그머니 화제를 돌린다.
   (　　)

   b) 스스로 한 일을 추켜세우는 편이다. (　　)

   ▶ 위 두 문항의 답을 더하여 여기에 적으시오. (　　)

18. 감상력

   a) 음악, 미술, 연극, 영화, 스포츠, 과학, 수학의 아름다움과 경
   이로움을 보고 전율한적이 있다. (　　)

   b) 평소에 아름다움과는 전혀 무관하게 지낸다. (　　)

   ▶ 위 두 문항의 답을 더하여 여기에 적으시오. (　　)

19. 감사

   a) 아무리 하찮은 일이라도 항상 고맙다고 말한다. (　　)

   b) 내가 받은 은혜에 대해 거의 생각하지 않는다. (　　)

   ▶ 위 두 문항의 답을 더하여 여기에 적으시오. (　　)

20. 희망, 낙관주의, 미래지향성

   a) 항상 긍정적인 면만 본다. (　　)

   b) 내가 하고 싶은 일을 하기 위해 철저하게 계획한 적이 거의
   없다. (　　)

   ▶ 위 두 문항의 답을 더하여 여기에 적으시오. (　　)

21. 영성, 목적의식, 신념, 신앙심
    a) 삶의 목적이 뚜렷하다. (   )
    b) 사명감이 없다. (   )

    ▶▶ 위 두 문항의 답을 더하여 여기에 적으시오. (   )

22. 용서와 연민
    a) 과거의 것을 문제 삼지 않는다. (   )
    b) 기어코 복수하려고 애쓴다. (   )

    ▶▶ 위 두 문항의 답을 더하여 여기에 적으시오. (   )

23. 명랑함과 유머 감각
    a) 되도록 일과 놀이를 잘 배합한다. (   )
    b) 우스갯소리를 거의 할 줄 모른다. (   )

    ▶▶ 위 두 문항의 답을 더하여 여기에 적으시오. (   )

24. 신명, 열정, 열광
    a) 무슨 일을 하든 전력투구한다. (   )
    b) 의기소침할 때가 많다. (   )

    ▶▶ 위 두 문항의 답을 더하여 여기에 적으시오. (   )

■ 각 강점의 점수를 쓴 다음 1위에서 24위까지 순위를 매겨 보시오.

지혜와 지식   1. 호기심 (   )
                        2. 학구열 (   )
                        3. 판단력 (   )
                        4. 창의성 (   )
                        5. 사회성 지능 (   )
                        6. 예견력 (   )

용기	7. 호연지기 (　)
	8. 끈기 (　)
	9. 지조 (　)

| 사랑과 인간애 | 10. 친절 (　) |
| | 11. 사랑 (　) |

정의감	12. 시민 정신 (　)
	13. 공정성 (　)
	14. 지도력 (　)

절제력	15. 자기 통제력 (　)
	16. 신중함 (　)
	17. 겸손 (　)

영성과 초월성	18. 감상력 (　)
	19. 감사 (　)
	20. 희망 (　)
	21. 영성 (　)
	22. 용서 (　)
	23. 유머 감각 (　)
	24. 열정 (　)

대체로 9점에서 10점을 받은 강점이 다섯개 이하인데 이것이 당신의 최고 강점이다. 또 4점에서 6점 정도의 낮은 점수는 약점에 속한다. 강점 중 상위 다섯 가지를 눈여겨 보자.

6. 웃음지수 및 유머지수 높이기 코칭

1) 웃음지수의 의미

웃음은 무엇인가? 브리태니커(Britannica) 백과사전에 의하면 웃음(laughter)은 정해진 형태에 따라 15개 안면근육이 동시에 수축할 때 발생하는 운동반사이다. 웃음의 종류에는 미소, 고소, 냉소, 실소, 가소, 비소, 홍소, 파안대소, 박장대소, 요졸복통, 포복 졸도, 폭소 등이 있다. 웃음에는 다양한 인간적 내용이 담겨 있으며 그것을 야기시키는 요인으로는 신체적, 생리적, 심리적 원인 그리고 타인과의 관계 등이라고 할 수 있다.

인크루트가 운영하는 인맥관리사이트 '인크루트 인맥'(nugu.incruit.com)과 리서치 전문기관 엠브레인(www.embrain.com)의 공동 설문조사 결과에 따르면 엔큐(EnQ), 곧 엔터테인먼트 지수(Entertainment Quotient)가 직장인이 갖춰야 할 새로운 자격 요건으로 꼽혔다고 한다. 이 조사에서 대다수 직장인들이 유머가 직장생활의 성공에 영향을 끼친다고 생각하고 있으며, 실제로 유머러스한 사람이 대우를 받고 주변에 두고자 하는 추세 또한 두드러지고 있다고 응답하였다.

아버지 부시라고 불리는 미국의 제41대 대통령 조지 H.W. 부시(George Herbert Walker Bush)의 부인인 바버라(Barbara Pierce Bush) 여사는 남편을 배우자로 택하게 된 이유를 묻는 질문에 "그가 나를 웃겼기 때문"이라고 답한 적이 있다. 일생일대의 선택인 결혼의 조건으로 다른 무엇보다 유머 감각을 우선시 하였다는 일화이다.

프랑스의 유명한 패션 디자이너였던 크리스찬 디오르(Christian Dior, 1905-1957)는 "재미야말로 모든 아름다움의 비결이다. 재미 없이 매력있는 아름다움은 없다."라고 했다. 아무리 뛰어난 아름다움의 소유자라 하더라도 유머가 없는 사람이라면 말 그대로 2% 부족한 사람임을 강조한 것이라 할 수 있다. 영국의 수필가이자 저널리스트인 로버트 린드(Rovert Lynd, 1879-1949)는 "웃음은 이 세상의 죄와 어리석음을 따뜻하게 묵인해주는 것이기도 하다."라고 말했다. 때로는 웃음이 다른 모든 악덕을 덮어줄 수 있을 만큼 위력을 발휘할 수도 있음을 시사한 말이다. "행복해서 웃는 것이 아니라 웃기 때문에 행복하다."라고 한 어느 심리학자의 선언이 오늘의 우리에게도 절실히 필요하다.

2) 웃음지수 높이기

(1) 행복지수를 높이기 위해 웃음을 선택해야 한다.

웃음을 선택했을 때 왜 우리는 행복해질 수 있고 삶이 재미있게 되는 것일까? 미국 캘리포니아 주립대 이츠하크 프리드(Itzhak Fried) 박사의 실험에서 찾을 수 있다. 그는 인간의 두뇌에서 웃음보를 발견하고 이 웃음보를 대상으로 실험을 했다. 일반적으로 재미있는 생각을 하면 웃게 된다고 알고 있지만 실험 결과 놀랍게도 일단 웃고 나면 신바람 나고 재미있는 생각이 드는 경우가 더 많은 것으로 나타났다. 웃음을 선택하는 순간 머릿속이 긍정적이고 재미있는 생각으로 넘쳐나게 된다는 것을 증명한 것이다. 웃음을 선택하지 않을 때 우리는 부정적인 생각의 늪에 빠지게 된다.

미국의 유명한 심리학자이며 동기부여자인 셰드 헴스테더(Shad Heimstetter)는 "인간은 하루에 약 5-6만 가지 생각을 하며, 이 생각 중에서 75%인 3-4만 가지는 저절로 부정적으로 흐른다."고 지적한다. 그래서 우리는 행복보다는 불행을 더 생각하며, 또한 긍정적이기보다는 부정적인 시각으로 자기를 바라보며 세상을 평가하게 된다. 때로 상황이 심각해지면 심한 스트레스와 우울증에 빠지기도 한다. 웃음은 이렇게 부정적으로 흐를 가능성이 있는 3-4만 가지 생각을 긍정적으로 변화시키며 기쁜 생각을 하도록 만들어주는 기능을 한다. 그래서 웃음은 선택의 문제인 동시에 의무인 것이다.

(2) 웃음은 최고의 대체의학이다.

우리 옛말에 일소일소(一笑一少), 일노일노(一怒一老)라는 말이 있다. 이는 한 번 웃으면 한 번 젊어지고 한 번 화내면 한 번 늙어진다는 말이다. 또한 웃으면 복이 온다는 소문만복래(笑門萬福來)라는 말도 있다.

최근 기술의 발전으로 인해 웃음이 가진 의학적 효과들이 하나씩 밝혀지고 있다. 이러한 과학적이며 의학적인 접근은 노먼 커즌스(Norman Cousins)에 의해 시도되었다. 그는 '새터데이 리뷰(Saturday Review)'의 편집장으로 근무할 때 뼈가 굳는 강직성 척수염에 걸려서 서서히 굳어져가는 뼈와 근육 때문에 엄청난 고통을 겪게 되었다. 그런데 코미디를 보며 유쾌하게 웃을 때 통증이 덜 하다는 것을 알고 점차 웃음에 매료되었다. 15분 웃으면 2시간 동안 통증이 없어진다는 사실을 발견한 그는 결국 웃음을 통해 완치됐다. 그 이후 그는 캘리포니아대 부속병원에서 웃음이 지닌 의학적 효과를 본격적으로 연구하기 시작하였다. 그리고 그는 "웃음은 해로운 감정이 스며들어 병을 일으키는 것을 막아주는 방탄조끼"라고 주장하면서 웃음의 탁월한 효과를 전파했다. 그의 노력이 디딤돌이 되어 웃음의 건강효과에 대한 연구가 지속되고 있다.

이러한 연구 중에서 가장 획기적인 접근은 면역체계의 강화에 있을 것이다. 미국의 로마린다 의과대학의 리버크(Lee Burke) 교수는 1996년 심리신경면역학 연구학회에서 웃으면 면역기능이 강화된다는 연구결과를 발표해 전 세계 의학계의 관심을 모았다. 그는 폭소 비디오를 보고 난 뒤 혈액을 뽑아 항체를 조사하는 실험을 통해 병균을 막는 항체인 인터페론 감마호르몬의 양이 200배 늘어났음을 밝혀냈다. 또한 백혈구와 면역 글로블린이 많아지고 면역을 억제하는 코르티졸과 에프네피린이 줄어드는 현상을 발견했다. 또 2001년에 발표한 논문에서 리버크 박사팀은 암을 잡아먹는 N.K세포(Natural Killer Cell)가 웃음에 의해 활성화된다는 사실을 실험으로 증명했다. 그는 웃음에 대한 연구를 종합하면서 '웃음은 대체의학이 아니라 참 의학'이라고 강조했다.

웃음은 알레르기 치료에도 효과가 있음이 증명되었다. 일본 교토(京都) 우니티카 중앙병원의 기마타 하지메(木俣肇) 박사팀은 최근 미국의학협회저널(JAMA)에 발표한 논문에서 알레르기 환자가 찰리 채플린의 희극영화를 본 뒤 증상이 개선된 사례를 소개했다. 기마타 박사팀은 남녀 알레르기 환자 26명을 두 그룹으로 나눠 각각 찰리 채플린(Sir Charles Spencer Chaplin, 1889-1977)의 희극영화 '모던타임스(Modern Times)'와 일반 비디오를 보여준 뒤 이들의 상태를 관찰했다. 알레르기를 가진 환자에겐 조사에 앞서 알레르기 유발물질을 주사했으며 90여 분간 비디오를 시청한 뒤 피부상태에 대한 검사를 실시했다. 조사 결과 채플린 영화를 본 환자들은 알레르기로 인한 피부 태흔(苔痕)이 줄어든데 반해, 일반 비디오를 시청한 환자에게서는 아무런 변화도 나타나지 않았다.

그뿐만 아니라 독일인 정신과 의사인 미하엘 티체(Michael Tietze) 박사는 웃음이 스트레스를 진정시키고 혈압을 낮추며, 혈액순환을 개선할 뿐만 아니라 면역체계와 소화기관을 안정시킨다고 하였다. 그 이유는 웃을 때 통증을 진정시키는 호르몬이 분비되기 때문이다. 실제로 장수하는 사람들을 보면 대부분 많이 웃으면서 삶을 즐겁게 살아온 사람들이다. 인간이 웃을 수 있는 것은 미래의 불안을 예상할 수 있는 능력과 그것이 해소되었다는 것을 인식할 수 있는 능력이 있기 때문에 가능하다. 인간은 고도의 정신능력 때문에 부산물로 발생하는 엄청난 스트레스를 어떤 방법으로든 풀어주지 않으면 건강하게 살 수 없다. 따라서 웃음은 스트레스를 해소할 수 있는 여러 가지 방법 중에 인류가 개발한 가장 오래 된 그리고 가장 건강한 방법이다.

어떤 종류의 웃음이든 모든 웃음은 부분적으로 스트레스를 해소해주고 면역기능을 활성화시키는 긍정적 측면이 있지만, 자세히 살펴보면 상대적으로 더 건강한 웃음과 덜 건강한 웃음이 있다. 그러면 어떤 웃음이 더 건강한 웃음인가? 혼자 웃는 웃음보다는 함께 웃는 웃음이, 타인을 비웃거나 조롱하는 웃음보다는 서로가 하나 되어 일체감을 느끼면서 웃는 웃음이 더 건강하다. 즉 서로 간 허물없이 함께 즐겁게 웃는 웃음이 가장 건강한 웃음이라고 할 수 있다. 혼자 웃을 때 보다 여럿이 함께 웃으면 33배 효과가 있고 우리가 하루에 10초만 웃어도 2일을 더 살 수 있으며 계속 잘 웃고 살면 8년을 더 살 수 있다는 연구결과가 있다.

여자가 남자보다 평균적으로 7.1년 오래 사는 이유는 자주 웃기 때문이다. 서양 속담에 웃음은 내면의 조깅이라는 말이 있다. 우리가 크게 웃으면 엔돌핀(Endorphin)과 엔케팔린(enkephalins)이 나오는데 이를 돈으로 환산하면 2백만원의 가치가 있다고 한다. 이처럼 웃음은 돈을 버는 것이며 장수의 비결이 될 수 있다. 그럼에도 성인들의 하루 웃음 횟수는 15회(어린이들은 하루 400회를 웃음)에 지나지 않는다고 한다.

백 년 전에는 새의 깃털로 환자를 간지럼 태워 치료했다고 한다. 아무리 '명의'라 하더라도 의사가 고칠 수 있는 병은 20%에 지나지 않는다. 그러나 이러한 대체의학, 대안의학, 통합의학이라고 할 수 있는 웃음을 치료의 방법으로 활용한다면 치료에 큰 도움이 될 것이다.

따라서 웃음을 유발할 수 있는 맛, 소리, 그림, 글, 공연, 관람, 상상, 체험, 댄스, 노래, 관광, 레포츠, 레크리에이션, 유머, 퀴즈, 억지웃음 등 통합적인 활동을 응용하여 접근하는 웃음치료는 현대인들의 행복지수를 높이는 데 강력한 기법이 된다.

(3) 웃음은 최고의 운동이다.

미국의 플라이 교수는 웃으면 심장기능을 활발하게 해주는 힘이 생기고 10초 동안 배꼽을 잡고 깔깔 웃으면 3분 동안 힘차게 보트의 노를 젓는 것과 같은 운동효과가 있다고 한다. 나아가 한 번 웃을 때마다 231개의 근육이 운동을 하고 얼굴 근육만도 15개가 운동을 한다고 말한다. 그리고 어떤 학자들은 한 번 웃을 때의 운동효과는 5분 동안 에어로빅한 효과와 비슷하며 1분 정도 웃으면 10분간 조깅한 것과 비슷한 효과가 있다고 말한다.

미국 밴더빌트대 심리학과 조안 바초로프스키(Jo-Anne Bachorowski) 교수는 건강에 도움을 주는 웃음은 얼굴에 미소를 띠는 정도가 아니다. 얼굴 근육, 배, 성대까지 동원되는 웃음운동을 할 때 효과가 있다고 한다. 그리고 정기적으로 웃음 운동을 할 때 큰 효과를 얻을 수 있다고 한다. 요즘 활용되고 있는 웃음 운동법에는 미친 듯이 최소한 15초 정도 배가 출렁거리도록 크게 웃는 크레이지(crazy) 웃음 운동법이 있다. 그리고 자신이 좋아하는 한 마디를 외치면서(예를 들어 "앗~~싸", "나는 할 수 있어" 등) 온몸을 역동적으로 움직이면서 웃는 바디 피드백(Body Feedback)과 크게 웃을 수 없는 환경에 처했을때, 마음의 여유가 생기지도 않고 일이 손에 잡히지 않을 때 사용하는 방법인 볼펜을 입에 물고 웃음을 짓다가 나중에는 볼펜을 입에서 빼고 더 큰 미소를 짓는 펜테크닉(pen technique) 기법이 있다. 또한 웃음운동법 중에서 가장 효과가 큰 박장대소 웃음법도 있다. 박장대소 웃음법은 숨을 멈췄다가 뱃속에서부터 한 번에 내뿜듯이 '파~하'한 다음 박수를 빠르게 치면서 최대한 큰 동작으로 온몸을 움직이며 의식적으로 큰 소리를 내면서 웃는 방법이다. 억지로 웃는 것도 90% 효과가 있으므로 의도적으로 웃음 운동을 하는 것이 중요하다. UCLA대학교 통증 치료소의 데이빗 브레슬로우(David Breslow) 박사는 통증이 심한 환우들에게 1시간에

2회씩 거울을 보고 웃게 했더니 억지로 가식적 웃음을 지었던 환우들까지도 치료효과를 크게 보았다고 한다.

3) 유머지수 높이기

인간의 정신건강을 연구하고 정신장애를 치료하는 많은 심리학자들은 유머(humor)를 건강한 마음의 지표로 꼽는다. 유머를 사용할 줄 안다면 정신장애로 고통받을 확률이 적어질뿐더러 정신장애로 고통을 받더라도 그로 인한 충격과 괴로움을 상당히 경감시킬 수 있기 때문이다. 유머가 무엇인지 사람마다 생각이 다를 수 있다. 하지만 심리학자들이 말하는 건강한 마음의 지표인 유머는 분명 단순한 농담(joke)과는 다르다. 유머와 농담은 모두 웃음을 유발하지만 목적과 결과는 전혀 다르다. 유머가 빛을 발하는 순간 자신이 위기에 처했을 때 그 상황을 웃음으로 넘길 수 있게 된다. 따라서 유머를 잘 사용하면 위기상황에 빠진 자신도 살리고, 자신을 위기에 빠뜨린 타인도 살리는 결과를 초래한다. 반면 농담은 보통 상대방을 제압하기 위해 난처한 상황에 빠뜨리려는 목적을 가진다. 이처럼 상대방을 향해 공격의 수단으로 사용되는 농담은 타인을 죽이고 결국 자신도 죽게 된다.

당연히 유머를 잘 사용하는 사람들은 주변에 사람이 모이게 되지만 농담을 잘하는 사람 주변에는 사람이 없다. 유머와 농담은 모두 웃게 만들지만 유머의 웃음이 진짜 웃음이라면 농담의 웃음은 억지의 쓴웃음이다.

흔히 유머는 나고난 선천적 요소라고 치부했는데, 최근에는 이러한 인식에서 벗어나 '재미'도 학습이 가능한 일이라고 보는 것으로 바뀌게 되었다. 대학의 평생교육원 등에서 '펀 리더십(Fun Leadership)', '웃음치료', '레크리에이션' 등 재미를 가르치는 강좌들을 다양하게 개설하고 있는 것도 바로 그러한 인식을 반영한 결과이다.

유머지수를 높이고 멋진 유머를 과시하기 위해서는 무엇보다도 그만한 노력이 뒤따라야 한다. 웃음은 별 노력 없이 자연스럽게 외부에 반응할 수 있으나 유머 리더십을 발휘하는 데는 그만한 대가가 요구된다.

유머지수를 개발하는 방법을 유머(Humor)의 이니셜로 풀이하여 제시하면 다음과 같다.

(1) 유머적인 습관(Habit)을 길러나가야 한다.

유머를 존중하고 유머를 사랑하며 유머를 익히는 습관은 유머리더로 성공하는 지름길이다. 여기에는 웃는 습관, 인생을 즐기는 습관이 포함된다. 웃음은 능력이 아니라 습관에 불과하다는 말이 있다. 매사를 긍정적으로 바라보는 습관, 즐겁게 일을 받아들이는 습관, 동료들과 원만한 인간관계를 유지하는 습관, 일을 재미있게 하기 위한 노력 등이 모두가 유머 리더로 가는 길이다.

(2) 언제 어디서든지 사용할 수 있는(Ubiquitous) 유머 실력을 갖추는 일이다.

유머 리더는 언제 어디서든지 시공을 초월하여 유머의 힘을 이용할 수 있는 이른바 유비쿼터스(Ubiquitous) 유머감각을 익혀야 한다. 유머감각만 제대로 갖춘다면 어떤 위기와 난관도 지혜롭게 극복하고 자신의 존재를 귀하게 드러낼 수 있다. 그러기 위해서는 꾸밈이 없는 솔직한 요소를 찾아내어 유머로 각색하고 내 것으로 만들 수 있는 아이디어가 필요하다.

(3) 유머는 도덕적인 내용(Moral)을 담아야 한다.

도덕적이지 못한 유머는 오히려 민망함과 어색함을 연출하고 유머를 꺼낸 사람이 오히려 궁지에 몰리는 경우를 보게 된다. 유머의 소재는 인간적이고 만인이 공감할 수 있는 정서를 담아야 한다. 그것이 유머의 생명이다. 도덕적이고 인간적인 정서를 벗어나는 유머는 훌륭한 유머라 할 수 없다. 특히 리더의 위치에서 단순히 웃음을 이끌어 내기 위하여 소재를 선택한다면 그것은 오히려 리더십을 훼손시키는 일이 된다. 훌륭한 유머 리더십을 발휘하기 위해서는 인간적이고 누구나 무릎을 치며 공감할 수 있는 지극히 일상적이고 정서적으로 위안을 줄 수 있는 소재를 택하여야 한다.

(4) 마음을 열어야(Open) 한다.

마음을 열지 못하면 아무것도 들어가지 못하고 더욱이 아무것도 나올 수 없다. 지금 있는 그대로 살아야 한다. 마음은 나와 세상을 연결하는 통로다. 마음이 닫히면 세상으로부터 고립된다. 유머는 열린 마음에서 나온다. 마음을 연다는 것은 자신을 잘 다스리는 것을 말한다. 탈무드는 "사람의 모든 기관은 마음에 의해서 좌우 된다. 그러므로 세상에서 가장 강한 사람은 자신의 마음을 다스릴 수 있는 사람이다."라고 가르치고 있다.

생텍쥐페리(Saint Exupery)는 "중요한 것은 눈으로 볼 수 없다. 중요한 것은 오직 마음으로만 볼 수 있다."라고 말한 바 있다. 또한 슈바이쳐(Albert Schweitzer, 1875-1965) 박사도 "인간의 미래는 인간의 마음 속에 있다."고 하며 마음을 열고 닦을 것을 권하고 있다.

(5) 책을 많이 읽어야(Reading) 한다.

다른 사람의 마음 속에 잠들어 있는 잠재능력을 자극하고 무뚝뚝한 사람들의 심금을 울려 웃음을 이끌어 내는 데는 그만한 노하우와 아이디어가 필요하다. 유머를 위해서는 다양한 분야의 책을 읽고 신문, 뉴스 등 각종 정보에 대해 항상 주의 깊게 보고 듣고 생각하는 것이 필수적이다.

현대 중국의 대표적인 지성이라고 꼽는 임어당(林語堂)은 주변 사람들을 늘 웃기고 유쾌하게 만드는데 남다른 능력을 가지고 있었다. 그리하여 사람들은 그를 '유머 대사'라고 불렀다. 이 같은 임어당의 능력은 천부적이라기보다 해박한 지식 위에 인생과 자연을 관조하는 높은 철학적 소양에 비롯되었다.

21세기 부자의 개념은 돈을 많이 갖고 있는 사람이 아니라 아이디어를 많이 갖고 있는 사람이다. 유머감각을 기르는 길은 다양한 읽을거리를 통하여 정보를 얻고 결국 아이디어를 짜내는 일이다.

【유머지수 검사】

아래에 있는 문항을 읽고 지난 1년간 실제로 어떠했는지에 근거하여 자신에게 가장 적절한 숫자에 V표시를 하세요.

유머지수 평가 문항	전혀 그렇지 않다 1	그렇지 않다 2	약간 그렇다 3	상당히 그렇다 4	매우 그렇다 5
1. 나는 내가 무슨 일을 하든지 유머를 곁들이려고 노력한다.					
2. 난 다른 사람들을 웃게 하고 즐겁게 하는 것에서 만족을 느낀다.					
3. 대부분의 사람들은 나와 함께 있으면 즐겁다고 한다.					
4. 나는 유머로 다른 사람의 하루를 기쁘게 하는 것을 좋아한다.					
5. 나는 유머감각이 뛰어난 사람으로 알려져 있다.					
6. 나는 평소에 다른 사람을 즐겁게 하거나 웃게 만드는 유머감각이나 장난기가 많은 편이다.					

출처: 권석만, 긍정심리학(2014)

결과 해석

6~9점: 유머능력이 부족한 상태이므로 계발을 위한 적극적 노력이 필요함.

10~20점: 유머능력이 보통 수준이므로 계발을 위한 노력이 필요함.

21~25점: 상당한 유머능력을 지니고 있으므로 강점으로 계발하기 바람.

26~30점: 매우 탁월한 유머능력을 지니고 있으며 대표 강점으로 계발하기 바람.

7. 사랑지수 높이기 코칭

1) 사랑의 의미

사랑은 누구나 경험하는 보편적 감정이지만 각 개인마다 각양각색의 특징을 가진다. 따라서 사랑은 공통된 정의와 개념을 찾아내기 어려우며 사람마다 다르게 느낀다. 국어사전에 의하면 사랑은 '아끼고 위하는 따뜻한 인정을 베푸는 일, 그 마음' 또는 '마음에 드는 이성을 몹시 따르고 그리워하는 일 또는 그러한 마음'이라고 정의되어 있다. 사랑이란 수동적인 감정이 아닌 희생과 헌신이 결부된 능동적 성격을 가질 때 자기 자신 안에 있는 모든 것 즉 기쁨, 흥미, 이해, 지식, 유머, 슬픔 등이 상대방에게 주어지는 것이라고 할 수 있다. 그래서 사랑이란 주는 것이지 받는 것이 아니라고 할 수 있다. 그리고 서로에 대한 관심, 책임감, 존경, 지식의 기본 요소를 갖추고 있어야 하는 것이다. 슬프거나 기쁜 상황과 고통스러운 상황에 같이 참여하고, 상대방의 육체적 생존뿐 아니라 지속적인 성장과 발달에도 관심을 가지며 책임을 느끼는 것이다. 또 상대가 가진 개성과 독특성을 있는 그대로 인정하고 서로 성장하며 발전해 가야 한다. 그래서 사랑은 자신과 상대의 삶을 풍성하게 하며 서로를 보완하고 성숙시켜 주는 것이라고 할 수 있다.

사람은 누구나 사랑받고 사랑하기를 원하지만 사랑하는 방법을 배울 생각은 하지 못하는 경우가 많다. 여기에 대해 프롬(Fromm, 1900-1980)은 그의 유명한 저서 『사랑의 기술(The Art of Love)』에서 그 이유를 다음과 같이 언급하였다.

첫째, 대부분의 사람들은 사랑을 '사랑하는 것이 아니라 사랑받는 것'이라고 생각하는데 이런 경우 어떻게 하면 사랑을 받을 수 있고 사랑스러워질 수 있는가가 중요하다. 그래서 사랑받기 위해 돈을 모으고 성공을 하고 옷치장을 하며 인기와 성적 매력을 추구한다.

둘째, 사랑이란 '능력'의 문제가 아니라 '대상'의 문제라고 가정하는데 즉 신체적 매력, 가정적 배경, 재력, 학력 등이 자신의 조건과 교환가치가 있는 최상의 대상을 찾았을 때에만 사랑을 할 수 있다고 생각한다는 것이다.

셋째, 사랑을 시작하는 최초의 '경험'과 사랑의 관계 속에 머물러 있는 지속 상태를 혼동한다는 것이다. 그래서 처음 만나 성적 매력이나 결합에 의해 시작됐을 때 갑자기 가까워지고 일체감을 느끼는 것이 황홀하고 격앙된 경험일 수는 있으나 이러한 흥분들은 오래 지속될 수 없고 두 사람이 친숙해질수록 친밀감과 기적적인 면은 점점 줄어들다가 적대감, 실망감, 권태가 쌓여 간다는 것이다. 이런 경우는 그들이 만나기 전에 얼마나 외로웠는가를 입증할 뿐이라는 것이다(황문수, 2006).

따라서 진정한 사랑의 의미를 깨닫고 어떻게 사랑해야 되는가를 배우며 노력하지 않는다면 사랑의 관계 유지는 어려울 것이다.

2) 사랑의 이론 모텔

(1) 사랑의 삼각이론

심리학자이면서 교육 이론가인 예일대학의 로버트 스턴버그

(Robert Sternberg, 1986)는 사랑의 삼각형 이론을 통해서 사랑의 기본적 유형을 병렬식으로 분류하려는 기존이론과 다르게 사랑을 보았다. 사실 지능연구의 대가인 스턴버그가 그의 제자 수잔 그레이젝(Susan Grajek)과 함께「사랑의 본질」이라는 논문을 1984년에 발표했을 때, 사랑이 기초심리학자의 관심대상이 될 수 있을 뿐만 아니라 매우 현대적 연구방법을 적용했다는 이유 등으로 세간을 깜짝 놀라게 했다. 그리하여 1993년도의 미국 심리학회 연차대회에서 사랑을 주제로 한 심포지움이 있었을 때 스턴버그가 그 첫 번째 강연자로 나서기도 했다. 스턴버그와 그레이젝은 적어도 한 번 이상 사랑을 해본 경험이 있는 18세에서 70세 사이의 남자 35명과 여자 50명을 대상으로 사랑과 단순히 좋아하는 감정 및 인간관계 형성 능력 등을 중심으로 연구했다. 그 결과 남자들은 자기 애인을 가장 좋아하고 사랑하며 자기 형제를 가장 적게 사랑하거나 좋아하는 것으로 나타났다. 한편 여자들은 자기애인 및 가장 친한 친구를 비슷하게 사랑하지만 좋아하는 감정에 있어서는 애인보다 가장 친한 친구를 더 좋아하는 것으로 밝혀졌다. 그 이유에 대하여 스턴버그는 여자들은 남자보다 친밀감 형성에 더 능숙할 뿐만 아니라 그것을 더 소중히 여기며 만일 남자와의 관계에서 바라는 친밀감을 얻지 못했을 경우에 동성의 가장 친한 친구에게서 그것을 찾으려 하기 때문이라고 설명했다. 여자들은 친밀한 우정을 매우 소중히 여길 뿐만 아니라 남자에게 말할 수 없는 것도 다른 동성 친구에게는 말할 수 있다는 것이 스턴버그의 해석이다. 이 연구를 보완하여 1986년에 스턴버그는 그의 유명한『사랑의 삼각이론』을 발표했다. 그는 낭만적인 사랑과 우정, 단순

히 좋아하는 마음, 매혹 및 그밖에 여러 가지 형태의 사랑 간의 차이를 밝히고자 여러 애정관계들을 분석했다. 그 결과 사랑은 다음과 같은 세 가지 요소, 즉 '친밀감 요인', '열정 요인' 그리고' 책임 요인' 등으로 구성된다고 결론지었다.

① 사랑의 구성요소
로버트 스턴버그는 1986년에 발표한 '사랑의 삼각형'이론에서 사랑의 기본적인 세 가지 구성 요소를 친밀감, 열정, 책임감이라고 하였다.

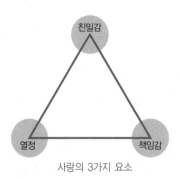
사랑의 3가지 요소

친밀감(intimacy)은 사랑하는 상대와 가깝게 연결되어 있으며 결합되어 있다는 느낌이다. 친밀감을 나타내는 열 가지 징표로는 사랑하는 대상에 대하여 복지증진 열망, 함께 행복경험, 높은 존경심, 필요시 의지함, 이해함, 소유를 공유함, 정서적 지지를 받음, 정서적 지지를 줌, 친밀한 의사소통, 삶에서 높은 가치평가 등이다.

열정(passion)은 사랑하는 관계에서 낭만, 신체적 매력, 성적인 몰입 같은 것으로 이끄는 욕망이다. 성적 욕구가 주요 부분이지만 자아존중감, 상대방과의 친화, 상대방에 대한 지배, 상대방에 대한 복종, 자아실현 같은 욕구들이 열정의 경험에 요소가 되기도 한다.

책임감(commitment)은 단기적으로는 어떤 사람을 사랑하기로 결심하는 것이다. 장기적으로는 그 사랑을 지속시키겠다는 헌신을 말한다. 이런 결심과 헌신이 꼭 함께 가는 것은 아니다. 많은 사람들이 상대를 사랑한다 혹은 사랑에 빠졌다는 것을 인정하지 않은 상태에서 그 사람과의 사랑에 헌신을 한다. 그리고 헌신 이전에 사랑에 대한 결심이 있는 경우가 많다.

② 사랑의 세 가지 구성요소의 속성

사랑의 세 가지 구성요소인 친밀감, 열정, 책임감은 서로 다른 속성을 가지고 있다. 로버트 스턴버그(Robert Sternberg, 1998)는 이 세 구성 요소들이 각기 시간이 경과함에 따라서 다르게 변화하는 과정을 나타낸다고 하였다. 즉 친밀감은 처음에 꾸준히 증가하다가 점차 느린 비율로 증가하고 마지막에는 감소하며, 열정은 빠른 증가 후에 습관화가 나타나고 출발점 이하로 떨어진 후 점차 회복된다고 하였다. 반면에 책임감은 일반적으로 서서히 증가하다가 관계가 더 장기화되면 그 수준이 대체로 감소한다고 하였다. 그러나 이 세 구성 요소의 변화 수준은 개인마다 다르게 나타나며 개인의 사랑 유형은 일생을 통해서 변할 수 있다. 로버트 스턴버그의 사랑의 세 가지 구성요소의 속성을 도표화 하면 다음과 같다.

【사랑의 세 가지 구성요소의 속성】

즐거운 삶의 평가 문항	구성 요소		
	친밀감	열정	책임감
안정성	상당히 높음	낮은	상당히 높음
의식적인 조절 가능성	보통	낮은	높음
단기간 관계에서의 중요성	보통	높음	낮은
장기간 관계에서의 중요성	높음	보통	높음
예정관계에서의 보편성	높음	낮은	보통
심리적·생리적 요소	보통	높음	낮은
의식적 감수성	상당히 낮은	높음	상당히 높음
경험적 특징	불안정함	높음	불안정함

출처: Sternberg, R. J. (1998). Cupid's Arrow: The Course of Love through Time,
Cambridge University Press, 14.

(2) 사랑의 수레바퀴 이론

사랑의 수레바퀴 이론은 사랑의 발달 단계에 대한 이론이다.
사랑은 마치 수레바퀴가 굴러가듯 계속되는 과정으로 처음에
는 친밀과 신뢰(rapport), 자기노출(self-revelation), 상호 의존(mutual
dependency), 개인의 욕구 충족(personality need fulfillment)의 단계를
거치게 된다. 이 이론을 편 사람은 리스와 리(Reiss & Lee, 1988)이
다. 전 단계는 다음 단계 이행에 영향을 미쳐 친밀감이 부족하
면 자기 노출을 덜 하게 되고, 상호의존은 약해지게 되므로 결
국 두 사람이 원하는 욕구 충족도 이루어지지 않게 된다는 것
이다.

첫 번째 단계인 친밀과 신뢰는 상호간의 믿음과 존중을 바탕
으로 생기는 감정이다. 서로 배경이 비슷하거나 종교, 취미, 가
치관이 유사할 때 쉽게 생긴다. 그러나 유사성이 없는 경우에

도 발생할 수 있는데 상이한 점에 대해 흥미가 생기거나 가지지 못한 것에 대한 보완으로 상대를 가까이 하고자 하는 욕구가 생길 수도 있다(김진숙 외, 2017).

두 번째 단계인 자기노출은 자신에 관한 개인적인 정보를 드러내어 함께 나누는 과정을 말하는 것이다. 자존감이 부족한 사람일수록 자기노출을 꺼리는 경향이 있으며 자신의 내부 불안이 많을수록 자기노출이 힘들다.

세 번째 단계인 상호의존은 사랑하는 이들이 같이 있는 시간을 많이 보내게 되면서 서로에 대한 의존도가 점점 높아지게 된다.

네 번째 단계인 욕구 충족에서는 서로의 요구를 들어주고 같이 행동하는 데에 익숙해지면 혼자서 하는 것을 피하고 싶어 하며 무엇을 하더라도 상대방의 생각이나 입장을 많이 따르고 좌우되기도 한다.

3) 사랑의 유형

(1) Lee의 사랑의 유형

사랑에 대한 선구적 연구자인 캐나다 심리학자인 존 리(John Alan Lee, 1973)는 역사, 철학, 소설 등의 문헌에서 연애를 묘사한 구절을 4000개 이상 수집해 정해진 기준에 따라 분류하고 캐나다와 영국 청년들을 대상으로 일반적으로 사람들이 생각하는 연애의 특징을 조사했다. 그런 다음 연애를 주요한 몇 가지 유형으로 분류하고 색상환(色相環)과 같이 원형으로 배치한 다음 '사랑의 색채 이론'이라고 이름 붙였다.

Lee는 사랑이란 자연스럽게 발생하는 것이 아니라 학습되는 것이라고 보고 사랑의 유형을 '기본색'에 해당하는 1차 유형 (primary style)과 '이차색'에 해당하는 2차 유형(secondary style)으로 구분하였다. 1차 유형에는 에로스(Eros), 루두스(Ludus), 스트로게(Storge) 세 유형이 있고, 1차 유형이 조합되어 나타난 2차 유형에는 매니아(Mania), 프래그마(Pragma), 아가페(Agape)의 세 가지 유형이 있다. 이들을 합쳐 사랑을 총 6가지 사유형으로 설명할 수 있다고 주장했다.

Lee에 의하면 사람들은 이 여섯 가지 사랑의 색깔 중 어느 하나의 사랑을 선호하는 타입으로 나타날 수 있다고 했는데, 구체적인 설명은 아래와 같다.

① 1차 유형
첫째, 에로스(Eros): 낭만적 사랑
에로스적인 사랑은 판타지적인 사랑이라고 할 수 있다. 첫 눈에 서로에게 매혹되어 사랑에 빠지면서 느끼게 되는 낭만적이고 강렬한 감정, 벼락을 맞은 듯한 격렬한 열정이 나타나는 사랑이다. 이러한 에로스적 사랑을 하는 사람들은 대부분 자신이 선호하는 이상형이 분명하다. 그래서 그 이상형을 만날 때 주체할 수 없는 에로스가 뿜어져 나온다. 이들은 사랑의 순정을 믿고 낭만적인 사랑을 갈망하는 '사랑 지상주의자'들이다. 대개는 이런 이상형에 대한 낭만과 순정은 기질적이라고 여겨진다. 어릴 때부터 자신에게 뿌리내린 에로스의 이미지나 이상적인 이미지는 잘 바뀌지 않는다고 한다.

둘째, 루두스(Ludus): 유희적 사랑

이 유형에 해당하는 사람들은 이상형에 대한 '에뜨 옴므'(오직 한 사람)적인 순정을 불태우는 에로스 유형과는 달리 다다익선을 추구한다. 이들은 되도록 많은 이성들과 게임을 하듯이 스릴 있고 쾌락적인 사랑을 추구 한다. 게임에 지지 않기 위해 상대에게 몰입하는 것에 저항하며, 피상적이고 거리를 두는 사랑을 하고자 한다. 사랑은 한 때를 즐기기 위한 놀이라고 생각하는 바람둥이들의 사랑이다.

셋째, 스트로게(Storge): 우애적 사랑

스트로게는 편안하고 친밀한 동료애나 형제애와 같은 사랑으로 고대 그리스어 'storgay'에서 비롯되었다. 이 사랑은 오랜 기간의 관계에서 형성되어 친구로 사귀다가 연인으로 발전하는 경우이다. 열정 보다는 친구로서 알아 가는 과정을 소중히 여기므로 서서히 발전해 가는 과정에 근거하며 상호 간의 신뢰감을 기반으로 사랑의 감정을 싹 틔운다. 애정 표현이 유난스럽지 않고 서로 떨어져 있어도 초조해 하지 않으며 비교적 덤덤한 관계를 유지한다. 그러나 결혼한 경우 이혼율은 낮은 편이다. 이 유형은 어린 시절 친구가 많고 격려해 주는 가족 분위기에서 자랐거나 안정적이고 우호적인 공동체에서 성장한 경우가 많다.

② 2차 유형
넷째, 매니아(Mania): 소유적 사랑
'에로스 + 루두스'에서 파생된 매니아적인 사랑은 여러 사람과 게임과 같은 사랑을 즐기다 불현듯 한 사람에게 필이 꽂혀 미친 듯한 열정에 사로잡히는 사랑이다. 이런 사랑을 하는 유형들은 사랑을 게임으로만 여겨왔기 때문에 갑자기 어떤 한 사람에게 빠져드는 자신의 상태를 받아들이지 못하고 당황하면서 스스로 사랑을 의심하고 경멸한다. 하지만 에로스적인 감정을 주체할 수 없어 사랑과 의심 사이를 왔다 갔다 하게 된다. 사랑을 선택하자니 자신이 게임에서 진 것 같아 분노하게 되고, 냉정한 포커페이스로 게임을 하자니 열정이 통제가 안 되고 그야말로 자신도 종잡을 수 없는 '크레이지 러브(crazy love)' 상태라고 할 수 있다.

사랑을 늘 게임으로만 여기던 유희적 유형이 주체할 수 없는 열정에 사로잡히니 제대로 사랑하는 방법을 몰라 그저 상대를 소유하고 통제하며 집착과 같은 사랑만을 하게 된다. 천하의 바람둥이가 어느 날 한 여자에게 빠져 진실한 사랑을 하게 된다는 스토리는 로맨스 영화의 흥미로운 소재가 되지만 실제 현실에서는 진실한 사랑보다는 상대를 소유욕으로 독점하려는 '매니아적인 사랑'을 하기가 쉽다.

다섯째, 프래그마(Pragma): 논리적 사랑

'루두스 + 스트로게'에서 파생된 프래그마 유형은 사랑에 대한 환상이나 낭만을 기대하지 않고 자신의 처지와 조건에 어울리는 사람을 만나서 서로 아껴가며 오래도록 함께 살아가는 것을 목표로 삼는 현실적이고 실용주의적인 사랑이다. 어쩌면 우리 사회에서 가장 많은 사랑 유형이라고 할 수 있고 재미는 없지만 안정감을 유지할 수 있는 평범한 사랑이라고 할 수 있다.

여섯째, 아가페(Agape): 이타적 사랑

'에로스+ 스트로게'에서 파생된 아가페 유형은 말 그대로 모성애와 같이 헌신의 열정에 불타는 사랑이다. 이들은 사랑하는 상대에게 봉사하고 헌신하는 것을 하나의 의무로 생각하며 자신을 버리고 상대를 위해 아낌없이 주는 나무가 된다. 파트너를 아끼고 배려하고 상대방이 원하는 것을 제공하기 위해서 최선을 다하며, 자신을 낮추고 상대를 섬기는 수행자적인 모습을 보인다.

자신을 희생하며 무조건적이고 맹목적 사랑을 퍼부어주지만, 이는 욕심이 아닌 숭고한 이타성으로 자신의 내면은 더 풍요로워진다고 여긴다. 예수님과 같은 성인들의 사랑과 같은 유형이다.

사랑지수 검사

【 존리의 삼원색 6가지 사랑유형 체크리스트 】

여러분의 사랑은 어느 유형과 같은가? 아래의 체크 리스트를 활용해
보라.

- 질문은 50문항이다. 각각 '예' 나 '아니오'로 대답하라.
- 어느 쪽도 해당이 안 될 때도 답을 하길 바란다.
- 도중에 질문을 건너뛰어서는 절대로 안 된다.
- 연인이 함께 체크할 때는 질문에 대해 이야기하거나 사전에 의논
  하지 않도록 주의하라.

1. '한눈에 반한다'는 것은 있을 수 있다. (Yes, No)

2. 나는 한참을 지나서야 내가 사랑하고 있다는 것을 알았다. (Yes,
   No)

3. 연인과의 사랑이 잘 풀리면 소화가 잘 안 된다. (Yes, No)

4. 사랑하는 사람에게 자신의 인생을 맡기기 전에 자신이 먼저 생
   각한다. (Yes, No)

5. 얼마동안 좋아하는 마음이 유지된 후에 비로소 사랑이 생기는
   것이 원칙이다. (Yes, No)

6. 자신이 어느 정도 마음이 끌리고 있는지 상대방이 확실하게 알지
   못하게 하는 것이 좋다. (Yes, No)

7. 첫 키스를 하거나 신체적 접촉이 있었을 때 성기에 뚜렷한 신호
   를 느꼈다. (Yes, No)

8. 예전에 사귀었던 사람들과 지금도 좋은 친구로 지내고 있다.
   (Yes, No)

9. 애인을 선택하기 전에 인생의 계획을 신중하게 세워 둘 필요가
   있다. (Yes, No)

10. 사랑이 깨졌을 때 자살하고 싶을 정도로 낙망한다. (Yes, No)

11. 때때로 사랑하고 있다는 데에 흥분하여 잠 못 이룰 때가 있다. (Yes, No)

12. 애인이 곤란한 일을 당해 그 결과가 잘못된 것이라도 도와주고 싶다. (Yes, No)

13. 애인이 고통을 당하는 것보다 내가 고통당하는 것이 낫다. (Yes, No)

14. 사랑의 재미는 그것을 지속시켜서 바라는 것을 얻는 기술을 시험하는 데 있다. (Yes, No)

15. 애인이 모르는 비밀이 있어도 그것으로 상대방이 상처를 입는다고는 생각하지 않는다. (Yes, No)

16. 자신과 같은 배경을 가진 사람과 연애하는 것이 가장 좋다. (Yes, No)

17. 사귄 지 얼마 되지 않았어도 망설임 없이 키스한다. (Yes, No)

18. 애인이 자기를 위해 마음을 써주지 않을 때는 기분이 나쁘다. (Yes, No)

19. 자신보다 먼저 애인의 행복을 생각한다. (Yes, No)

20. 처음 사귈 때는 먼저 외모를 따진다. (Yes, No)

21. 최고의 사랑은 오랜 친구들과의 사귐에서 생긴다. (Yes, No)

22. 사랑하고 있을 때는 다른 일에 신경을 쓰기 어렵다. (Yes, No)

23. 처음 상대의 손을 잡았을 때, 이 사랑은 반드시 진전한다고 확신했다. (Yes, No)

24. 두 사람의 관계가 끝났을 때도 상대가 옳았다고 자신에게 말한다. (Yes, No)

25. 애인이 다른 사람과 함께 있지나 않을까 하는 생각에 안절부절못한다. (Yes, No)

26. 사귀고 있는 애인 친구와 만나지 않으려고 신경을 쓴 일이 있다. (Yes, No)

27. 끝난 사랑은 쉽게 잊을 수 있다. (Yes, No)

28. 애인을 선택할 때 먼저 상대가 자신의 가족을 어떻게 생각하는
    가를 생각한다. (Yes, No)
29. 사랑의 이상형은 함께 살고 가정을 만들고, 함께 자녀를 기르
    는 것이다. (Yes, No)
30. 애인의 희망이 성취된다면 기꺼이 자신의 희망은 희생한다.
    (Yes, No)
31. 평생 동반자를 선택하면서 좋은 부모가 될 수 있는지를 염두에
    둔다. (Yes, No)
32. 키스나 포옹, 섹스는 친밀도가 높아지면 자연스럽게 이루어지
    는 것이다. (Yes, No)
33. 매력적인 사람과 노닥거리는 것은 즐겁다. (Yes, No)
34. 자기가 다른 사람과 한 일을 지금의 애인이 안다면 깜짝 놀랄
    것이 틀림없다. (Yes, No)
35. 사랑하기 전에는 분명한 이상형을 그리고 있었다. (Yes, No)
36. 애인과 다른 사람 사이에서 태어난 아이일지라도 자신의 아이
    처럼 키우고 사랑할 수 있다. (Yes, No)
37. 언제 사랑에 빠졌는지 정확히 말할 수 없다. (Yes, No)
38. 결혼하기 싫은 사람을 진정으로 사랑할 수는 없다. (Yes, No)
39. 질투하고 싶지 않지만 애인이 다른 사람에게 정신을 팔면 자신
    도 모르게 질투하고 만다. (Yes, No)
40. 애인이 제멋대로인 사람이라면 헤어지는 편이 낫다. (Yes, No)
41. 애인과 똑같은 옷, 모자, 음식, 자전거, 자동차를 가지고 싶다.
    (Yes, No)
42. 사랑하고 싶지 않은 사람과는 데이트도 하고 싶지 않다. (Yes, No)
43. 옛 애인을 만나면 옛날의 그리운 마음이 되살아난다. (Yes, No)
44. 자신의 것은 무엇이든 사용해도 상관없다. (Yes, No)
45. 계속 무시를 당한다면, 관심을 되찾기 위해서 무슨 짓도 할 수
    있다. (Yes, No)

46. 좋아하지 않는 사람과 데이트할 수 있는지 시험해 보는 것은 재미있는 일이다 . (Yes, No)

47. 배우자를 선택할 때 생각해야 할 것은 상대가 자신의 직업을 어떻게 생각하느냐다. (Yes, No)

48. 애인과 잠시 만나지 못했거나 연락이 없어도 그럴 만한 이유가 있을 것으로 생각한다. (Yes, No)

49.상대방에게 깊이 빠지기 전에 아이들에게 미칠 영향을 생각한 다. (Yes, No)

50. 최고의 연애란 오래 계속하는 것이다 . (Yes, No)

※ 자신이 Yes 라고 선택한 번호를 찾아 체크하라.
특히 많이 체크된 유형이 자신의 유형이라고 판단하면 된다.

1. 에로스 (Eros) 낭만적 사랑	2. 루두스 (Ludus) 유희적 사랑	3. 스트로게 (Storge) 우애적 사랑	4. 매니아 (Mania) 소유적 사랑	5. 프래그마 (Pragma) 논리적 사랑	6. 아가페 (Agape) 이타적 사랑
1	6	2	3	4	12
7	14	5	10	9	13
17	15	8	11	16	19
20	26	21	18	28	24
23	27	29	22	31	30
33	33	32	25	38	36
35	34	37	39	42	40
41	46	50	43	47	44
			45	49	48
합계 ( )개	합계 ( )개	합계 ( )개	합계 ( )개	합계 ( )개	합계 ( )개
합계÷8× 100=	합계÷8× 100=		합계÷9× 100=	합계÷9× 100=	합계÷9× 100=

두 체크가 끝났으면 가장 많은 개수의 섹션 순서대로 나열 해보자. 만일 1번이 4개, 6번이 4개라면 당신은 에로스적으로 낭만적인 사랑을 추구하면서 동시에 아가페적인 즉, 이타적이고 무조건적인 절대 사랑을 원하는 유형이라고 판단할 수 있다. 사랑이라는 것이 딱한 가지 유형만 사람에게 나타나는 것이 아니기 때문에 중요한 순서대로 유형이 나타나게 되는데, 이를 상대와 비교해 보면 상대가 어떤 유형으로 나를 대하는지 파악하고 연애를 하는데 도움이 될 것이다.

구체적으로 "얘는 왜 분위기 좋은 곳에서 멋진 말을 하지 않을까?" 라고 생각하는 여자는 1번의 에로스적인 요소가 많은데 비해, 남자는 2번의 루두스적인 경우가 많다.

"얘는 돈 쓰는데 왜 이렇게 따져?"라고 생각이 든다거나, "결혼하기 전에 살아봐야 하지 않아?"라는 생각이 드는 사람은 5번의 프래그마적 요소가 강하다고 이해하고 그에 맞게 대처하고 대화할 수 있을 것이다.

참고로, 어떤 사람은 6개 항목 모두 높게 나올 수도 있고 심지어 어떤 사람은 전체 50개 문항에서 "예"가 매우 낮게 나오는 사람도 있다. 하지만 낮다고 사랑이 낮은 것이 절대로 아님을 알아야 한다.

이 테스트는 사람의 성향을 파악하는 심리도구이므로 그 사람의 성격과 함께 나타나기 때문에, "예"가 많은 사람은 '나는 약간 그런 것 같아'라고만 생각해도 "예"라고 표시하고, 반대로"예"가 별로 없는 사람은 상당히 조심스러운 성격일 수도 있기 때문이다.

그러므로 이 결과지를 보고 두 가지를 판단할 수 있다.

1. "예"의 개수가 아주 많거나 적은 경우
2. 1~6번 섹션으로 보는 사랑의 유형

1번으로는 이 사람이 조금이라도 그렇다는 면이 있다면, "예"라고 하는 성격인지, 그렇지 않으면 상당히 조심스러운 성격인지 파악할 수 있다.
2번으로는 1~6번 섹션의 선택비율로 자신이 추구하는 사랑의 유형을 파악할 수 있다

2) 스턴버그의 분류유형

로버트 스턴버그(Robert Sternberg, 1998)는 사랑의 세 가지 구성
요소의 균형과 정도에 따라서 질적으로 다른 사랑의 유형을 제
시 하였고, 이러한 사랑의 유형이 상이한 관계의 특성을 설명
해 줄 수 있다고 보았다. 사랑의 삼각형은 사랑의 정도, 형태,
유형을 나타내는데, 삼각형이 클수록 사랑도 그만큼 뜨겁고 삼
각형의 특성상 각을 바꾸면 사랑의 유형도 달라진다. 세 각이
같은 정삼각형은 이상적으로 균형을 이룬 사랑을 나타낸다. 이
를 바탕으로 스턴버그는 사랑의 유형을 여덟 가지로 나누었다.
　친밀감만 있는 사랑은 호감, 열정만 있는 사랑은 도취된 사
랑, 책임만 있는 사랑은 공허한 사랑이다. 그리고 친밀감과 열
정이 결합한 것은 낭만적 사랑, 친밀감과 책임감이 결합한 것
은 우애적 사랑, 열정과 책임감이 결합한 것은 얼빠진 사랑이
다. 그리고 친밀감, 열정, 책임감이 결합한 것을 성숙한 사랑이
라고 한다.

【 스턴버그의 사랑의 유형 】

속 성	구성 요소		
	친밀감	열 정	책임감
호감	O	X	X
도취된 사랑	X	O	X
공허한 사랑	X	X	O
낭만적 사랑	O	O	X
우애적 사랑	O	X	O
얼빠진 사랑	X	O	O
성숙한 사랑	O	O	O
사랑이 아닌 것	X	X	X

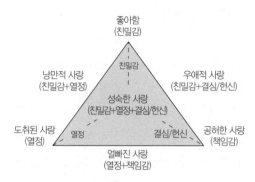

세 가지 사랑의 구성요소를 조합하여 나타낸 사랑의 종류

친밀감만 있는 호감(liking) = 친밀감

친밀감은 진정한 친구들과의 관계에서 경험하는 우정의 감정을 말한다. 강한 열정이나 헌신이 없어도 상대방과 가까이 결합되어 있는 느낌과 따뜻함을 느낄 수 있다.

열정만 있는 도취된 사랑(infatuated love) = 열정

도취된 사랑은 친밀감과 헌신의 요소가 없어서 열정적 흥분만으로 도취된 것이다. 상대방에 대한 진정한 사랑이라기보다는 자기 자신의 욕구가 투사된 것으로 소모성이 크다.

헌신만 있는 공허한 사랑(empty love) = 헌신

공허한 사랑은 친밀감이나 열정 없이 의지적인 결단에 따르는 것이다. 감정적 몰입이나 육체적 매력이 없이 의무적이다. 대개 관계 말기에 나타나고 어느 한 편의 일방적일 수 있다.

친밀감과 열정이 결합한 낭만적 사랑(romantic love) = 친밀감 + 열정

낭만적 사랑은 육체적·감정적으로 서로 밀착되어 있는 것이다. 그것의 영원성과 지속성은 현재의 과제가 아니다. 가을을 바라지 않는 여름 한 때의 사랑이라고 할 수 있다. 낭만적 사랑은 도취적 사랑이나 우정에서도 시작될 수 있다.

책임감과 친밀감이 결합한 우애적 사랑(companionate love) = 친밀감 + 헌신

우애적 사랑은 열정의 주된 원인인 육체적 매력이 약해진 오래된 결혼생활 같은 데서 자주 발견되는 사랑이다. 한마디로 서로에게 헌신된 우정의 관계라고 할 수 있다.

열정과 책임감이 결합한 얼빠진 사랑(fatuous love) = 열정 + 헌신

얼빠진 사랑은 헌신이 친밀감 없이 열정에 근거하여 이루어지기에 어느 정도 도취적이다. 열정이 식어 가면 헌신만 남는데 그것은 성숙한 헌신은 아니다. 결국은 실망하게 된다.

세 구성 요소가 모두 있는 성숙한 사랑(consummate love) = 친밀감 + 열정 + 헌신

성숙한 사랑은 친밀감, 열정, 헌신의 세 가지 구성 요소를 가지고 있다. 특히 낭만적 사랑에 있는 사람들이 이것에 도달하려고 노력한다. 성숙한 사랑을 얻기도 어렵지만 그것을 지키기는 더 어렵다. 이 유형은 결국 추구해야 할 이상적인 목표일지도 모른다.

세 구성 요소가 모두 결여된 사랑이 아닌 것(nonlove) = 사랑의 요소가 없음

사랑이 아닌 것은 사랑의 기본 구성요소 세 가지가 없는 경우이다. 일반적으로 우리가 갖는 인간관계의 대부분이 그렇다. 그러기에 필요 이상으로 관심을 나타내지 않는 것이다.

스턴버그는 이런 사랑의 구성요소들을 분석한 다음 사랑이 만들어 내는 삼각형의 다중성에 대하여 그리고 상대방의 삼각형과 비교한다. 이것이 또 다른 변수가 되기 때문이다. 균형 잡힌 자기 삼각형과 상대방 삼각형과의 일치를 이상형으로 제시한다. 그리고 또 하나의 변수는 시간이다. 시간 속에서 이 사랑은 어떤 형태로든 변해가는 것으로 생각하고 문제는 긍정적인 형태로 성장하느냐 아니면 부정적인 형태로 파괴되어 가느냐 하는 것이다.

3) 사랑의 발전과 종결

사랑의 단계란 너와 내가 만나서 하나를 이루어가고 발전시키는 과정을 의미한다. 그런데 사랑의 대상이나 유형이 워낙 다양해서 일반화된 단계 모형을 제시하기는 쉽지 않다.

사랑의 단계 이론 가운데 스땅달(Stendhel, 1783–1842)의 사랑의 7단계와 알트만과 테일러(Altman & Taylor, 1973)의 사랑의 5단계 등이 있다.

스땅달은 남녀간에 이루어지는 사랑, 즉 연애 관계를 중심으로 사랑의 7단계의 단계를 제시하였다.

1단계는 상대방에 대한 매력에 감탄하는 단계로 상대에 대한 상상력이 발휘되는 단계이고, 2단계는 상대방에게 가까이 다가가고 싶어하는 접근 충동의 단계이다. 3단계는 희망의 단계로 미래의 어느 날을 함께하고 있다고 상상하는 단계이다. 4단계는 사랑이 본격적으로 시작되는 단계로 사랑의 열병을 앓는 단계이고, 5단계는 상대를 극도로 미화하는 단계로 상대의 새로운 아름다움을 발견하는 단계이다. 그리고 6단계는 의혹의 단계로 서로 간에 조바심하거나 질투하는 단계로써 안정을 위한 갈등의 단계이다. 마지막 7단계는 사랑의 증거를 찾아 확신하는 견고한 믿음의 단계이다(이동진, 2011).

그리고 알트만과 테일러(Altman & Taylor, 1973)가 제시한 사랑의 5단계를 살펴보면 다음과 같다.

1단계는 첫인상의 단계로 상대방을 만나 주로 외모나 행동의 관찰을 통해 인상을 형성하게 된다. 이 단계에서 상대방에게 호감을 갖게 되면 관심이 높아져 더 알고 싶은 마음이 생기게 되며 개인적인 정보에도 관심을 갖게 된다.

2단계는 지향 단계로 서로 자신에 대한 피상적인 정보를 교환하고 상대방을 탐색한다. 개인적인 정보에 의하여 관계 지속 여부가 결정되는데 많은 만남이 여기서 종결된다. 이 단계는 상대의 거부로 자존심이 상할 수는 있지만 마음의 상처는 그다지 크지 않은 시기라 할 수 있다.

3단계는 탐색적 애정의 교환 단계로 상호간 좀 더 친밀한 태도를 취하고 대화의 내용이 좀 더 풍부하고 깊어지며 자발성도 증가하게 된다. 상대방에 대하여 호감 이상의 초보적 애정감정 또는 사랑의 감정을 느끼게 되며 자신의 좋아하는 감정을 상대방에게 알리려고 노력하고 상대방도 자신을 사랑하는지 확인하려고 한다. 이 단계는 감정이 이미 개입되어 있었기 때문에 관계가 종결되는 경우 나름대로의 상당한 아픔이 있다.

4단계는 애정교환으로 서로 사랑하며 연인사이라는 것을 암묵적으로 인정하고 좀 더 확실한 방법으로 사랑을 표현하고 전달한다. 그러나 사랑에 대한 결심이나 약속이 공식적으로 이루어진 상태가 아니기 때문에 아직 상대방의 사랑에 대한 확신이 부족하고 계속적으로 사랑을 확인하고 신뢰를 형성하고자 한다.

5단계는 안정적 교환단계이다. 이 단계에서는 서로 속마음을 터놓고 이야기한다. 상대방의 사랑에 대한 확신을 가지게 되고 신뢰와 친밀감에 바탕을 두고 안정적 애정교환이 이루어진다. 이 시기에 약혼이나 결혼을 약속하기도 한다. 이 단계에서 헤어지면 마음의 큰 상처가 된다(최혜경 외, 2004).

(1) 사랑의 발전과 종결과정

사랑의 단계란 너와 내가 만나서 하나 됨을 이루고 그 하나 됨을 유지하며 결국은 그 하나 됨이 종결을 맞는 과정을 3단계로 구성하면 다음과 같다.

① 사랑의 결정 단계

사랑의 결정 단계는 누군가를 만나고 호감을 느끼며 관찰 탐색하여 대상을 마음에 선택하는 단계로 사랑의 시작단계라고 할 수 있다.

첫째, 만남

사랑은 사랑의 대상을 만나면서부터 시작된다. 특히 남녀 간의 만남은 중매나 소개를 통해서 이루어지기도 하고, 직장이나 학교 같은 단체 속에서 만나기도 하며 우연히 만나기도 하는 등 다양하다.

둘째, 호감

만남의 대상에게 호감을 느끼는 경로는 다양하다. 자주 만나서 친숙하거나 만남 속에서 자신이 원하는 요소를 발견하기도 한다. 만남이 좋았다고 느끼거나 다음에 또 만나고 싶다면 호감이 있는 것이다.

셋째, 탐색

만남을 통해서 호감이 가는 대상을 발견하면 다음으로 상대에 대한 구체적 탐색이 이루어진다. 상대방에게 관심을 가지게 되고 그 사람이 어떤 사람인지 알고 싶어 한다. 정보를 수집하고 사랑을 확인하는 작업을 하며 과연 상대방의 진실이 무엇인지 모든게 궁금해지는 단계인 것이다.

넷째, 선택

선택은 결정의 마지막 단계이다. 선택을 통해서 사랑이 실질적으로 시작된다. 그런데 남녀 간의 선택이나 친구 간의 선택은 상대가 있는 선택이다. 나의 선택도 중요하지만 상대방의 선택도 필요한 것이다. 상대의 의사가 고려되지 않은 일방에 의한 선택은 짝사랑이 되거나 장기적인 집착 단계에 이르게 되면 폭력이나 범죄가 될 수 있다.

부모의 자녀 선택은 이성 간의 선택의 결과로 주어진 선택이다. 그러므로 부모 자녀는 이성이나 친구의 관계처럼 선택을 위한 복잡한 과정으로 전개되지 않는다.

② 사랑의 집행

당사자 간의 상호 선택이 이루어지면 심리적으로 하나가 되어 사랑이 전개될 수 있다. 따라서 선택 이후에는 이러한 선택에 대한 유지 및 집행해 나가는 작업이 필요한 것이다. 이를 사랑의 집행단계라고 볼 수 있는데 이 단계는 사랑의 전개, 절정, 전환의 단계로 구분할 수 있다.

첫째, 안정적 교류 단계

안정적 교류 단계는 너와 나 사이에 상호 간 신뢰가 구축되고, 편안하고 안정적인 의사소통이 이루어지는 단계이다. 이 단계는 정기적 만남이 이루어지고 상호 독점성과 배타성을 확보하게 된다.

둘째, 정당화 단계

정당화 단계는 서로 간의 만남이 사회적 정당성을 확보하는 단계이다. 약혼이나 결혼 등의 제도적 보호를 통해 가족과 친구들에게 두 사람의 관계를 공식화하고 제도화하는 단계라고 할 수 있다.

셋째, 유지 관리 단계

정당성을 확보한 후에는 사랑을 유지 관리하는 단계로 접어든다. 부부간, 부모자녀 간의 주어진 행위 규범을 실천하는 단계이다.

넷째, 성취 단계

이 단계는 사랑의 절정 단계로 서로의 만남을 통해 결실을 이루게 되는 단계이다. 부부가 자녀를 낳아서 기르다가 성인으로 성장시켜 독립시키는 것과 같은 단계이다.

다섯째, 평가 및 성찰단계

지나온 삶을 반성하고 정리하며 생을 평가하고 성찰하는 단계이다. 결혼하고 자녀가 떠난 텅 빈 가정에서 부부간에 우애적 사랑을 확인하고 은퇴 후 지나간 삶을 반추하는 전환의 단계라고 할 수 있다.

③ 사랑의 종결 단계

사랑은 만남과 선택을 통해 하나 됨을 이루며 시작한다. 이러한 시작은 집행의 단계를 거쳐 종말에 이른다. 사랑의 종결단계는 너와 내가 물리적으로 해체되는 단계이다. 사랑의 집행 단계에서 이혼이나 결별을 통해 종결하기도 하지만 모든 단계를 거쳐도 인간은 보편적으로 다가오는 죽음을 통해서 너와 나의 이별을 피할 수는 없다.

물론 인간은 죽음 등을 통한 육체적 이별 이후에도 정서적으로나 정신적으로 만남을 유지한다. 육체적 이별 이후 정서적으로도 잊혀진다면 그 사랑은 진정한 종결을 의미한다. 그러나 육체적으로 이별을 하지만 그 영혼이나 정신과 함께 한다면 정서적으로는 이별했다고 할 수 없다. 사람들이 어떤 대상에 대해 떠나간 후에도 정서적으로 관계를 유지한다면 아직 사랑하고 있는 것이기 때문이다. 죽음으로 헤어진 연인이라도 정서적으로 연결되어 있다면 그 사랑 역시 해체된 것은 아니다.

【 사랑의 단계 】

단 계		세부 과정	특 징
3단계	5단계		
사랑의 결정	사랑의 시작	1. 만남	너와 내가 하나 되기
		2. 호감	
		3. 탐색	
		4. 선택	
사랑의 집행	사랑의 전개	1. 안정화	너와 내가 함께 살아감
		2. 정당화	
		3. 관리유지	
	사랑의 절정	4. 성취	
	사랑의 전환	5. 평가 및 성찰	
사랑의 종말	사랑의 결말	6. 해체 및 종결	너와 내가 분리 됨

출처: 유앤아이북스

4) 행복한 사랑을 위한 전략

사람은 누구나 사랑하고 사랑받으며 그 사랑이 영원히 변치 않기를 바란다. 사랑하고 사랑받고 있다는 사실로써 인생의 보람을 느끼고 행복을 느끼기 때문이다. 남녀 간의 사랑은 화초와 같아서 물을 주고 가꾸지 않으면 시들어 버린다. 따라서 애정을 키우기 위해서는 서로에게 많은 노력이 필요하다. 에릭 프롬(Erich Fromm, 1956)은 사랑이란 즐거운 감정이라기보다는 기술(art)이며, 사랑하기 위해서는 지식과 노력이 필요하다고 했다. 그러기 위해서 먼저 남녀의 차이를 인식해야 한다. 남녀의 차이만 잘 알고 있어도 위기의 관계를 행복한 관계로 바꿀 수 있다. 미국 펜실베니아대학 라지니버마 심리학과 교수가 미국 국립 과학협회보(Proceedings of the National Academy of Sciences)를 통해 커넥톰(connectome)이라는 이름의 지도를 통해서 남녀 사이에 분명한 차이가 있음을 보여주었다. 예를들면 대부분의 남성은 여성이 돌려서 말하거나 수다스럽게 떠드는 것을 보고 고통스럽다고 느낀다. 그러나 여성에게는 그 수다가 고통스럽기보다는 즐겁다. 이유는 뇌의 측두엽에 있는 '베르니케 언어중추(언어 저장고)'의 뇌신경 세포가 두껍기 때문이다. 따라서 여성의 경우 많은 이야기를 들을 수 있는 용량이 있고 여러 정보를 동시에 담을 수 있다.

반면에 남성은 이 뇌신경 세포가 적기 때문에 한 번에 많은 이야기를 듣지 못하는 구조로 되어 있다. 따라서 대화 중에 말을 돌리거나 여성들의 수다를 들어야 하는 것은 남성들에게 일종의 고통이다. 남성의 뇌는 구조적으로 일정분량 이상의 언어가 들어가지 못하게 되어있기 때문에 사물에 집중하는 능력이 보통 여성보다 우수한 장점이 있다.

영국 스털링 대학 심리학과 연구팀은 남녀를 대상으로 '성적 행동의 연구 기록'(The Journal Archives of Sexual Behaviour)을 통해 상대 성(性)에게 매력을 느끼는 남녀 차이를 알 수 있었다. 연구 결과 남성은 새로운 여성의 얼굴이 등장할 때 선호도의 비율이 올라간 반면, 여성의 경우에는 익숙한 남성의 얼굴이 등장할 때 선호도의 비율이 올라갔다. 이는 남성이 유전적으로 야생동물처럼 최대한 많은 여성과 관계를 맺기 원하는 반면, 여성은 자식을 부양해 줄 믿음직한 남성에게 호감을 느끼기 때문에 나타난 것으로 보고 있다.

더 나아가 남성은 본능적으로 새로운 여성에게 관심을 갖지만 여성은 믿음직한 남성만 바라보는 경우가 많다고 했다. 그

래서 실험 참가자 중 남성들은 이미 본 여성 사진을 다시 보여
주면 선호도가 떨어졌는데, 연구팀은 이를 '쿨리지 효과(Coolidge
Effect)'로 보았다.

이렇게 여성과 남성이 다르다는 점을 알고 받아들이면 서로
를 이해하고 관계를 맺는데 편할 수 있다. 행복한 관계와 가정
을 만들기 위해서 남녀의 차이를 서로 이해하고 노력해야 행복
지수를 높일 수 있게 된다.

또한 사랑하는 관계에서는 서로가 무엇을 원하고 필요로 하
는지에 대한 표현뿐만 아니라 감정적인 지지를 주고받는 것이
매우 중요하다. 그레이(Gray, 2007)는 진실로 애정이 넘치고 감
정적인 협력관계를 창조하는데 필수불가결한 일곱 가지 요소
를 사랑, 보살핌, 이해, 존중, 감사, 수용, 신뢰라고 하였다. 이
러한 일곱 가지 감정적 요소를 잘 활용할 때 행복한 사랑을 키
워갈 수 있을 것이다.

8. 감사지수 높이기 코칭

1) 감사의 의미

'감사'라는 말에 해당하는 우리말 표현은 '고마움'이다. 이 '고
마움'이라는 말은 명사로 '고맙게 여기는 마음'을 뜻하고, 동사
로 '고맙다'라는 말은 '은혜나 신세를 입어 마음이 흐뭇하고 즐
겁다'는 뜻이다. 우리말에 감사라는 뜻은 고마운 마음을 간직
하는 차원에 머물러 있지만, 한자의 의미로써 감사(感謝)는 고

마음을 느끼고, 이것을 구체적으로 사례를 표하는 것을 의미한다.

영어사전에서의 감사는 gratitude, appreciation, thanks, appreciate, thank, be thankful, be grateful 등 다양하게 표현되는데, 이러한 단어들 사이에 미묘한 의미와 적용의 차이를 가지고 있다. 'gratitude'는 고마워하는 특성이나 상태, 보은의 마음이며 연결되는 조사에 따라 호의에 보답하려는 의도로 해석된다. 이 단어는 '호의'를 뜻하는 라틴어 'gtatia'와 '기쁘게 함'을 뜻하는 라틴어 'gratus'에서 유래되었다. 이 어원에서 파생된 말은 친절, 관대함, 선물, 주기와 받기의 아름다움, 아무 대가 없이 무엇인가를 얻는 것 등과 연결된다. 그리고 'thanks'는 '고마워'라는 뜻이며 남의 제의를 정중히 받아들이거나 거절할 때 사용하고, thanks a lot은 고맙다는 의미 외에 남의 일로 힘들어진 것에 대해 짜증스러움을 나타낼 때 사용되기도 한다. 이상의 사전적 의미에 따르면 감사는 마음, 태도, 의도 등의 내적 상태와 어느 대상이나 상황에 대한 언어 및 비언어적 표현방식, 격식 등을 포함하고 있으며 고마움에 대한 긍정적 정서뿐 아니라 수식어구에 따라 부정적 정서를 담고 있는 것으로 해석된다(Lambert, Fincham, Stillman, & Dean, 2009).

감사의 개념은 학자들의 관점에 따라서 다양하게 정의되고 있지만, 이를 학문적으로 체계화시킨 긍정심리학자들에 따르면 감사는 하나의 심리적 특질 및 성향 그리고 정서와 도덕적 덕성으로 이해할 수 있다(홍종관, 2014).

첫째, 감사는 심리적 특질로서 감사성향이다. 감사성향이 높은 사람은 감사를 보다 쉽게, 자주, 강하게 그리고 삶의 다양한 상황에서 경험하고 표현한다.

둘째, 감사는 공감, 동정심과 같은 정서이다. 감사정서는 어떤 사람이 의도적으로 제공한 흔히 선물이나 호의를 받을 때 경험한다. 즉 감사정서는 수혜자가 타인의 행동을 '의도적'이라고 지각할 때에 경험하는 것이다.

셋째, 감사는 하나의 도덕적 덕성이다. 감사는 타인에 대한 관심을 유발하고 지지적인 사회적 유대를 전파한다. 즉 감사는 공감적 정서로서만 끝나지 않고 그로 인해 또 다른 긍정적 결과들을 유발한다. 감사하다고 느끼게 되면 친사회적으로 행동하게 되고, 도덕적 행동을 계속하게 되며, 파괴적인 대인관계 행동을 억제하게 된다.

위의 내용을 종합하면, 감사는 이타적인 행동에 대한 수혜자가 되고 난 후에 느끼는 고마운 정서이고(정서적 개념), 또한 외부로부터 긍정적인 결과를 얻었다는 것을 아는 인식이다(인지적 개념). 그리고 상대방에게 도움을 주려는 마음을 촉진하는 고마움의 표현, 대처반응(행동적 개념)이라 할 수 있다.

2) 감사 실천 방법

(1) 감사 표현하기

감사에는 작은 것을 성취해도 큰 만족감을 오랫동안 유지하게 하는 힘이 있기에 작은 것이라도 감사를 넘치게 표현해야 한다.

우리가 일반적으로 표현할 수 있는 감사의 유형으로는 언어적 감사, 구체적 감사, 연결 감사 그리고 결정론적 감사로 구분할 수 있다(권석만 외, 2011).

첫째, 언어적 감사는 대상에게 "감사합니다" "고맙습니다"라고 언어적으로 감사를 표현하는 것이다. 언어로 감사를 표현 할 때는 미소를 짓고 상대에게 시선을 맞춰야 한다. 이 작은 제스처로 "감사합니다"라는 말에 진실함을 더할 수 있기 때문이다.

둘째, 구체적 감사 표현은 선물에 대한 보답으로 은인에게 무엇인가 주기를 원하는 경우이다. 이 구체적 감사는 교환 감사와 물질 감사로 나눌 수 있다. 교환감사는 수혜자가 은인에게 물질에 대한 답례로 물건을 주는 경우이다. 그리고 물질 감사는 수혜자가 그 선물의 유익을 은인과 함께 공유하는 경우이다.

셋째, 연결 감사는 "그가 필요할 때에 내가 도와줄 것이다"라고 생각하여 수혜자가 은인과 정신적 관계를 맺고자 시도하는 경우이다.

넷째, 결정론적 감사는 자신의 소망이 실현된 것에 대해서 바라던 대상이나 상황에 유익한 방식으로 또는 개인의 성장을 진전시키는 행동으로 보답하는 경향이다.

(2) 감사일기 쓰기

감사일기 쓰기는 일기의 주제를 감사로 정하고 하루 일상생활에서 경험한 긍정적 경험을 바탕으로 감사의 내용을 글로 적는 것을 의미한다(최귀애, 2014).

셀리그만(Seligman, 2004)은 긍정적인 언어를 반복하여 사용하면 삶이 충만해져서 긍정적인 태도를 가지게 된다고 하였다. 그리고 부정적 언어를 많이 사용하면 학습된 무기력의 증상을 보이고 이 증상이 오래 지속되면 우울증으로 발전하거나 불만족스러운 감정이 더 확대된다고 하였다.

감사일기를 쓸 때는 일상 생활 속에서 감사할 거리를 찾아보되, 최대한 매일 감사대상을 새롭게 하여 그 대상이 반복되지 않도록 하는 것이 좋다. 매번 같은 대상에 대한 감사를 적는 경우 오히려 긍정적 정서가 감소하여 감사 피로 효과가 나타날 수 있기 때문이다. 따라서 감사 대상을 자기 자신(몸과 마음, 자신의 자랑거리 등), 주변 인물(가족, 친지, 친구, 지인에 대한 자랑거리나 감사), 주변 사물(자신에게 소중한 사물에 대한 감사), 자신이 속한 사회와 자연과 같은 주변 환경으로 나누어 기록 할 필요기 있다(한보람, 2013).

(3) 축복 헤아리기

축복 헤아리기(Counting blessing)는 지난날을 돌아보고 고맙게 여기고 있는 감사한 일들을 적어보는 것이다. 또는 고맙게 여기는 어떠한 한 가지 일에 집중하여 그 일이 특별히 고맙게 느껴지는 이유를 깊이 생각해 보는 것이다(Emmons & McCullough, 2003).

우리의 삶속에서 가지고 있는 작은 것에서부터 행복을 찾기 시작하면 감사할 일이 많다. 또한 이러한 감사로 하루를 시작하면 인생이 얼마나 행복할지 알게 된다. 어디에 있든, 무엇을 하든 감사의 목록을 헤아려 작성해 보고 집중해서 생각하다보면 사소한 일에도 감사할 수 있게 된다. 우리는 일상의 일들에 대해서 다음과 같이 감사 목록을 만들어 볼 수 있을 것이다.

첫째, 혈연관계의 가족이나 살면서 만났던 사람들, 항상 자신을 편안하게 해주는 이들을 헤아려 보고 감사한다.

둘째, 진정한 친구 그리고 자신을 사랑해주는 많은 중요한 사람들을 헤아리며 감사한다.

셋째, 건강이 좋다면 인생에 가장 큰 즐거움 중 하나인 건강을 가진 것에 감사한다.

넷째, 잠을 잘 수 있는 집이 있다면 감사한다.

다섯째, 우리가 살아가는 데 가장 중요한 필수적인 물, 산소 등에 감사한다.

여섯째, 세상을 훨씬 더 밝고 아름답게 만드는 모든 색깔에 감사한다.

일곱째, 멀리 떨어져 있는 사람들과 곧바로 통화할 수 있는 휴대폰이 있어서 감사한다.

여덟째, 지나간 좋은 시절과 나쁜 시절 모두 감사한다. 전자는 축하하고 후자는 무사히 통과했기 때문이다.

아홉째, 믿음, 소망, 사랑에 감사 한다. 이것들은 평생 지속되는 유일한 것이기 때문이다.

열째, 자신을 더 강하게 만들어주는 시련에 감사한다.

열한째, 오늘 이시간 자신의 생명에 대해서 감사한다.

(4) 감사 편지쓰기

감사 편지쓰기는 부모님, 선생님, 친척, 친구들을 비롯하여 주변 감사의 대상에게 편지를 써서 전달하는 것이다(Seligman, 2002; Lyubormirsky, 2008).

감사편지는 말 그대로 감사한 마음을 담아 서신 형태로 보내는 것으로 특별히 정해진 형식은 없지만 감사할 대상에게 인사, 감사한 마음을 갖게 된 이유를 포함하면 된다. 감사편지를 쓸 때에는 상대방에게 예의를 갖추어 써야 하며, 목적에 맞게 할 이야기를 정확하게 작성하여 표현하는 것이 중요하다.

감사 편지쓰기는 편지를 받는 상대방뿐만 아니라 편지를 쓰는 본인에게도 변화가 생기는 것을 경험하게 된다. 또한 감사 편지는 가정과 일터를 변화시킨다. 가족, 친구, 선생님, 직장 동료와 상사에게 감사의 편지를 보냄으로 '감사의 기적'을 체험하게 된다.

(5) 사후 가정 감사하기

사후 가정 감사하기는 현재의 불만스러운 상황에 대해 '그래도 이만하니 다행이다'라고 생각하며 감사하는 것이다.

에먼스(Emmons, 2007)에 의하면 많은 사람들이 '그때에 이렇게 했었더라면 상황이 훨씬 좋아졌을 텐데'라고 후회하는 경우가 많은데 이런 식으로 생각하는 것은 정신적 행복의 장애요인이 된다고 하였다. 이때 오히려 정반대로 '그때에 이렇게 하지 않았더라면 상황이 더 나빠질 수도 있었다'고 마음을 먹는 것이 더 좋다. 그리고 지금보다 더 나쁜 상황이 발생하지 않았음에 감사해야 한다.

3) 감사 실천 효과

토크쇼의 여왕 오프라 윈프리(Oprah Gail Winfrey)는 한 언론과의 인터뷰에서 불행했던 과거를 딛고 성공할 수 있었던 이유를 묻자 주저하지 않고, "감사노트를 쓴 것"이라고 말했다. 오프라 윈프리에게는 매일 하루에 5개씩 그날 감사했던 것들을 기록하는 감사노트가 있었다. 그리고 애나김(2015)은 『쓰면 이루어지는 감사일기의 힘』이란 책에서 수년 동안 자신이 감사일기

쓰기를 통해 행복해졌다고 고백하였다. 또한 양경윤(2014)은 『한 줄의 기적, 감사일기』란 책에서 감사일기는 기적을 경험하고 인생을 바꾸는 감사 에너지를 느끼게 한다고 하였다.

미국 켄트 스테이트 대학(kent state university)의 토퍼 박사는 학생들을 대상으로 자신의 삶에 강한 영향을 준 사람에게 감사편지를 쓰는 6주 과정의 프로그램을 진행하였다. 그는 프로그램 결과에 대해서 "솔직히 감정을 드러내는 감사 편지쓰기"가 건강을 증진시키며 우울증을 감소시키고 면역력 향상, 성적 향상 등의 효과를 거둔다는 사실이 밝혀졌다"고 말했다. 그리고 "행복해지는 가장 간단한 방법이 바로 감사 편지쓰기"라면서 "삶의 질을 높이기 위해 감사라는 놀라운 자원을 적극 활용해야 한다"고 말했다.

감사는 지하수를 끌어올리기 위해 펌프질을 할 때 선행되어야 할 마중물과 같아서 작은 감사는 큰 감사를 불러일으킨다. 그리고 작은 감사의 횟수를 증가시키면 큰 감사의 열매가 맺히게 된다.

불평과 불만, 원망과 저주는 모든 질병의 원인이 되지만 감사는 우리의 질병을 치료하는 특효약이다. 그래서 행복은 감사의 문으로 들어와서 불평의 문으로 나간다는 말이 있다.

감사와 같은 긍정적인 사고가 수명에 영향을 미친다는 것은 켄터키대학병원의 데이비드 스노우든(David A. Snowdon) 박사의 연구 결과에서도 확연히 드러났다. 이 연구팀은 성모 수녀회에 소속된 180명의 수녀를 대상으로 실험을 했다. 수녀들이 22세 때 작성한 자서전에 들어있는 긍정적 감정의 내용과 노년 시 사망률 사이의 관계를 조사한 것이다. 이 자료가 분석될 당시 수녀들의 나이는 75-107세였다. 수녀들 중 자서전에 감사, 만족, 행복, 희망, 사랑 등과 같은 긍정적인 경험을 많이 했다고 고백한 수녀들은 60년이 흐른 후에도 살아 있을 확률이 현저히 높았다. 가장 행복하다고 보여진 수녀와 가장 불행하다고 보여진 수녀와의 수명 차이는 무려 7년이나 났다. '감사하다'와 같이 긍정적인 감정을 나타내는 단어를 가장 적게 쓴 수녀와 가장 많이 쓴 수녀와 비교해 볼 때 어느 연령에서든지 사망 위험이 2배나 높았다고 한다.

4) 감사를 통한 행복

감사는 행복의 문을 여는 열쇠이므로 철학자 아리스토텔레스(Aristoteles 384-322 B.C)는 "행복은 감사하는 사람의 것이다."라고 했다. 그리고 빌헤름 웰러(Wilhelm Weller)는 "가장 행복한 사람들은 가장 많이 소유한 사람들이 아니라 가장 많이 감사하는 사람들입니다."라고 했다. 행복은 소유에 비례하기 보다는 감사에 비례하기 때문에 감사한 만큼 인생은 행복해진다. 따라서 감사지수를 높여야 행복지수도 높아진다. 인생의 행복과 불행의 기준점이 감사이고 성공과 실패의 기준점도 감사이다. 유대인의 인생독본 탈무드에는 "세상에서 가장 행복한 사람은 감사하며 사는 사람이다."라고 말한다. 감사하며 사는 사람은 불평하며 사는 사람보다 훨씬 건강하고 행복하다.

인간의 신체구조와 감정도 감사할수록 맥박이 고르고 위장도 활발하여 소화력이 증진된다. 반면 불평은 혈액순환을 방해해서 맥박을 급하게 하는 동시에 소화 기능까지 저하시킨다.

이처럼 사람은 감사할수록 몸도 마음도 건강하고 행복해진다.

감사가 행복해지는 연습이라면 불평은 불행해지는 연습이다. 따라서 우리가 감사의 수준을 높이는 만큼 인생의 퀄리티(quality, 質)도 높아진다. 작은 감사가 큰 행복을 가져오고 작은 감사 속에는 더 큰 감사를 만들어내는 기적이 숨어있다. 지극히 작은 것에 감사할 수 있는 사람이 많은 것에 감사할 수 있으며, 아울러 작은 것에 감사할수록 가장 행복할 수 있다.

인도의 시성 타고르(Rabindranath Tagore, 1861~1941)는 "감사의 분량이 곧 행복의 분량이다."라고 말했다. 단순히 행복해서 감사하기 보다는 감사가 넘치기에 더욱 행복한 것이다. 행복은 소유에 비례하는 것이 아니라 감사에 정비례한다. 내 삶의 모든 일들을 감사로 여기는 만큼 행복도 크다. 결국 감사의 수준에 따라 행복지수도 높아지게 되는 것이다.

【 감사 지수 검사지 】

아래 수치 기준을 참고하여 각 진술 문항 앞 빈칸에 당신의 생각과 비슷한 수치를 체크하세요.

1 = 전혀아니다.   2 = 아니다.   3 = 그렇지 않은 편이다.
4 = 보통이다.   5 = 그런 편이다.   6 = 그렇다.
7 = 정말 그렇다.

_____ 1. 나는 감사해야 할 것이 아주 많다.

_____ 2. 만일 내가 고맙게 여기는 것들을 모두 작성하면 아주 긴 목록이 될 것이다.

_____ 3. 세상을 둘러볼 때, 내가 고마워할 것이 별로 없다.

_____ 4. 나는 각계각층의 많은 사람들에게 고마움을 느낀다.

_____ 5. 나이가 들수록 내 삶의 일부가 되어온 사람, 사건, 상황
들에 감사하는 마음이 더 커 지는 것을 느낀다.

_____ 6. 오랜 시간이 흐른 뒤에야 비로소 나는 사람이나 일에 고
마움을 느낀다.

＊점수계산법

1. 항목 1, 2, 4와 5의 점수를 모두 더한다.

2. 항목 3과 6의 점수를 역산한다. 다시 말해 만일 검사지에 7이라
고 썼다면 당신의 점수는 1이 되고, 6이라고 썼을 경우에는 당
신의 점수는 2가 되는 식이다.

3. 항목 3과 6을 역산한 점수를 1번의 합계와 더한다. 이것이 바로
당신의 감사도 점수, 즉 감사지수(GQ-6)이다. 최종 점수는 6점
에서 42점 사이가 되어야 한다.

출처: 맬컬로우(McCullough, Michael), 에먼스(Emmons, Robert)가 개발

9. 용서지수 높이기 코칭

1) 용서의 의미

용서에 대한 논의는 종교, 철학, 윤리, 신학 등에서 오랫동안
인간생활 전반에 연관성을 가지고 포괄적으로 다루어 왔지만

단번에 파악될 수 없는 초월적이고 복합적인 측면이 있어 그 의미를 단순하게 규명하기는 쉽지 않다(Trindis, 1996).

용서는 학자에 따라서 다양하게 정의되지만 사전적 정의와 심리적 정의를 포함해서 종합하면, 피해자가 가해자에 대한 잘못이나 죄를 꾸짖거나 처벌을 무효화하며, 가해자에 대한 원한을 품거나 보복을 포기하는 것이다. 이는 고통을 수반하지만 이를 통하여 관계를 회복하며 결국은 내적인 마음의 상처가 치유되어 서로의 관계가 회복되는 것이다(노향규, 2009) .

2) 용서의 유사개념

용서의 유사개념으로 묵인과 변명이 있는데 이 용어들은 의미의 차이가 있다. 묵인은 고통을 느끼면서 학대를 견디어 내거나 학대를 받아도 당연하다는 마음으로 견디는 것이고, 변명은 가해자와는 싸울 가치도 없다고 말하거나 상처를 안 받은 척하거나 또는 가해자가 정말로 상처를 줄 의도가 아니었으며 책임질 바가 아니다고 눈감아 주는 행위이다. 이에 비해 용서는 이미 행해진 행동이 잘못이었다는 것을 인정하는 것이다. 따라서 반복되면 안 된다는 것을 전제 할 뿐만 아니라 이를 가해자에게 인식시키는 행동이다(Enright, 2002).

그리고 용서는 무조건적으로 잊어버리기를 의미하는 것이 아니다. 실제로 용서한다고 해서 그 사건 자체를 잊는 것도 아니며 또한 고통스런 사건을 잊어버리려고 노력하는 것도 적응적이며 건강한 태도가 아니다. 그러나 용서라는 과정은 과거의 사건에 대해서 기억하는 방식을 변화시키는 효과가 있다(Luskin,

2005).

용서는 화해와도 다르다. 용서는 기본적으로 개인의 내적인 치유과정이지만 화해는 두 명 이상의 당사자들 간에 문제를 해결하는 외적이고 행동적인 과정이다. 따라서 화해는 실질적인 관계가 변화되어야 한다. 이러한 관점에서 용서는 화해로 향한 과정의 첫 단계로 볼 수 있다. 마음속 깊이 이루어진 용서가 없이는 진정한 화해가 불가능하다.

그리고 용서는 사면이 아니다. 사면은 법률을 집행하는 사람이 법률을 위반한 사람에게 위반에 해당하는 처벌을 감해주는 것으로 상처를 입은 당사자가 하는 행동이 아니기 때문에 용서와는 구별된다. 또한 용서가 변명해주는 것이 아닌 것은, 용서는 상처를 직면하고 공정한 판단을 하여 상대방에게 있는 책임을 지는 것으로 출발하지만, 변명해주는 것은 상처를 받았을 때 여러 가지 이유로 자신의 상처가 그것을 저지른 사람이 책임질 바가 아니라고 말하는 것이기 때문이다.

이 밖에도 용서는 상대방의 행동을 간과하는 것이나 무관심해 버리는 것이 아니며, 시간이 흘러서 상처로 인해 생긴 분노가 줄어드는 것도 아니다. 용서는 능동적인 행동이며 에너지가 많이 소요되는 과정으로 처음에는 여전히 분노를 느끼면서도 상대방을 해방시켜주는 투쟁이다(P. Fitzgibbons, 1986).

3) 용서의 단계

용서 전문가인 버지니아대학의 에버레트 워딩턴(Everett Washington) 교수는 용서 실행을 위해서 용서의 다섯 단계 즉 REACH

를 제시하였다. 용서에 성공할 수 있는 정도는 사람들의 노력 여하에 달렸다(이영돈, 2006).

(1) 1단계

R(Recall the hurt): 상처를 다시 기억해 낸다. 상처는 부인하지 말고 기억해내야 한다. 최대한 객관적으로 기억하려고 노력해야 한다.

(2) 2단계

E(Empathize): 당신에게 상처를 입힌 사람과 감정이입(입장 바꾸기)을 강하게 해본다. 감정이입이란 입장을 바꿔 상대방 입장에서 생각해 보는 것이다(역지사지). 동정심을 느끼고 연민이 생기며 심지어 사랑이 생기는 것까지 포함한다. 사랑하는 것은 말하기는 쉬워도 정말 힘든 것이다. 그래서 이 단계의 사람들은 자신이 용서해야 하는 사람의 관점으로 보기까지 적게는 4-5시간, 많게는 20시간이 걸리기도 한다.

(3) 3단계

A(Altruistic): 상대를 축복해줌으로써 본인이 자유로워진다. 이 것의 매력은 용서하지 못하는 것에서 자신을 자유롭게 해줌으로써 정신을 건강하게 만드는 것이다. 비록 상처를 입었지만 타인을 축복할 수도 있는 것이 용서의 애타적(愛他的) 산물이다.

(4) 4단계

C(commit): 당신이 경험한 용서의 결정을 바꾸지 않는 것이다.

사람들이 전념하는 것은 많다. 용서하려고 전념하고 용서하려는 결정을 내리는 데 전념한다. 그리고 감정적으로 용서를 경험하면 '이만큼의 감정적 용서를 했어요'라고 말하면서 결심을 바꾸지 않으려고 전념한다.

(5) 5단계

H(Hold on): 용서를 했는지 의심이 들때마다 용서를 붙잡고 있는 것이다. 누군가가 내 기분을 상하게 했는데도 그를 용서하려고 많이 노력해서 다음 날 그를 보면 '당신을 용서 했어요'라고 쉽게 말할 수 있다. 그렇게 용서한 것에는 자격을 부여할 수 있다.

이와 같이 용서의 다섯 단계는 상처를 회상하고, 자신에게 상처 입힌 사람에게 감정이입(입장 바꿔 생각하기; 역지사지)하고, 용서를 해줌으로써 자신이 자유롭고 즐거운 마음이 되며 경험한 용서의 마음을 계속 유지하는 것이다.

4) 용서 실행하기

플로리다 주립대학의 짐 맥널티(Jim McNulty) 교수는 용서가 초래하는 비용과 혜택에 대해 연구해 왔다. 2010년 맥널티 교수는 신혼부부 135쌍에게 다이어리를 주고 일주일 동안 "오늘 배우자가 당신이 싫어하는 행동을 했지만 용서했습니까?"라는 질문에 매일 답해 달라고 요청했다. 용서했다고 답한 경우, 다음날 상대가 부정적인 행동을 다시 저지를 가능성이 용서하지 않은 경우에 비해 6.5배나 높은 것으로 나타났다.

미국테네시대학 제임스 맥널티(James McNulty) 교수는 부부 72 쌍을 대상으로 결혼 5주년 때까지 종담적으로 조사했는데 각 배우자는 자신이 용서를 잘 하는지를 묻는 질문에 "도와주려고 했는데도 배우자가 짜증을 낸다면 용서하겠습니까?"라는 항목에 꾸준히 답했다. 연구에 참여한 각 부부는 배우자와 심리적·물리적으로 충돌(모욕이나 욕설, 밀치기 등)을 했었는지 묻는 질문에도 6개월마다 답했다.

이어진 실험에서 맥널티 교수는 "나는 타인을 배려한다.", "나는 마음씨가 착하다." 등의 질문을 기반으로 각 참가자가 얼마나 착한 성격이고 용서를 얼마나 잘하는지 수치화했다. 용서를 잘하는 참가자가 착한 배우자를 두었을 경우에는 참가자의 자존심이 점점 상승했으나, 착하지 않은 배우자를 두었을 경우에는 자존심이 점점 하락한다는 결과가 도출되었다. 착한 배우자를 용서한 참가자는 결혼생활 만족도가 계속 높았으나 착하지 않은 배우자를 용서한 참가자는 만족도가 떨어졌다. 가장 놀라운 사실은 착하지 않은 배우자와 용서하지 않은 참가자의 결혼생활 만족도가 높게 유지되었다는 것이다.

맥널티 교수는 "용서를 하면 금방 기분이 좋아지지만 용서를 받는 사람에게 어떤 영향을 끼치는 지가 관건이다."라고 말하고 "용서의 위험은 상대가 잘못된 행동에 대해 책임을지지 않게 한다는 것이다."라고 지적했다.

전문가들은 마음에 상처를 받는 현상이 진화에 따른 방어수단이라고 보고 있다. 미국 시카고 드폴대학의 숀 호란(Sean Horan) 교수는 "피해자가 느끼는 슬픔과 공포는 피해자가 가해자에게 다시 돌아가지 않게 하는 역할을 한다."라고 지적했다.

상대를 용서했다고 해서 그 사람과 관계를 유지해야 한다는 뜻은 아니다. 용서하고 떠날 수도 있다. 그렇지만 현실에서 내 마음에 상처를 준 사람 전부와 인연을 끊어야 한다면 아마 거의 모두가 혼자 남게 될 것이다.

용서하기로 결정했다면 용서를 가장 잘할 수 있는 방법은 무엇일까? 우선 내 마음이 왜 상했는지를 분석해야 한다. 상대의 행동자체에 화가 난 것인지, 아니면 상대 행동이 이제까지 내 마음 속에 쌓여온 무언가를 건드려서 화가 난 것인지를 구분할 수 있어야 한다. 호란 교수는 "과거 경험이 각자 다르기 때문에 사람마다 민감하게 반응하는 것이 다르다."고 말한다.

나도 타인에게 상처를 주었을 가능성이 높다는 사실을 주지하며 내가 용서를 받는다면 어떤 기분일지 생각해 보라. 상대가 의도치 않게 저지른 행동이라고 일단 생각하는 것이 좋다. 용서에 대한 책을 저술한 작가 리사 깁슨(Lisa Gibson)은 "내게 상처를 주려고 일부러 한 행동이 아닌데도 고의라고 오해하는 경우가 많다."고 지적한다.

용서가 어떻게 이루어질 것인지에 대해 상상하는 것도 도움이 된다. 뭐라고 말할 것인가? 상대가 어떻게 답할 것인가? 상대의 입장에 서서 왜 그랬는지를 생각해 보는 것이 중요하다.

마지막으로 내가 왜 마음이 상했는지를 상대에게 설명하라. 상대가 자신의 행동을 이해하고 후회하는지 주시하라. 다른 모든 것이 효과가 없다면 편지를 쓰는 것도 한 방법이다. 실제로 보내지 않더라도 글로 옮겨 봄으로써 상황과 감정을 정리할 수 있게 해주기 때문이다.

5) 용서를 통한 행복

여러 연구에 따르면 용서를 잘 하는 사람은 일반적으로 더 행복하고 건강하며 스스로를 탓하거나 스트레스를 받는 일도 적다고 한다. 심지어 콜레스테롤 수치도 낮다. 심리학자인 리 잼폴스키(Jampolsky, Lee) 박사는 마음의 평화와 웃는 삶을 방해하는 생각들을 청소하는 데는 용서가 가장 효과적인 해결책이라 주장하며 하루를 시작할 때 '5분 용서시간'을 가지라고 권한다. 용서는 마음의 무게를 덜어주며 삶을 놀랍도록 가볍게 만들어 준다.

딕 티비츠(Dick Tibbits) 박사는 플로리다 병원과 스탠포드 의과대학과의 공동 작업을 통해 분노와 용서가 건강에 미치는 영향을 입증하는 연구를 실시했다. 그는 연구를 통해 혈압이 높고 분노를 크게 느끼는 사람들의 상태를 다스리는 데는 용서가 효과적인 치료법이 될 수 있다는 것을 입증했다. 8주라는 기간 동안 용서에 대해 배우고 그것을 실천한 사람들이 용서를 통해 분노와 적대감을 줄임으로써 고혈압을 낮출 수 있다는 것을 입증한 것이다.

140년 전통을 지닌 미국 최고의 병원 중 하나인 메이요 클리닉(Mayo Clinic)에서 눈여겨볼 만한 연구결과를 내놓은 바 있다. 타인이 자신에게 잘못을 했을 때 그것을 잘 이해하지 못한 경우, 자신의 혈압과 심박동수를 높이는 원인이 되어 심혈관계에 큰 부담을 준다는 결과이다. 반대로 다른 사람을 너그럽게 이해하고 용서할 경우 내재된 불안감과 우울감이 감소하며 자존감이 향상될 뿐 아니라 부정적인 신체 반응도 사라졌다.

폴 투르니에(Paul Tournier, 1899~1986)의 환자 가운데 악성 빈혈을 가진 사람이 있었는데 병이 치료되지 않아 어려움을 겪게 되었다고 한다. 그런데 어느 날 그 환자를 만났는데 혈색이 너무나 좋아보였다. 어떻게 해서 혈색이 좋아졌는지 궁금해서 폴 투르니에가 환자에게 물어보았더니 그 환자가 말하기를 특별한 치료는 없었고 다만 몇 년 동안 자기가 미워하고 증오하던 사람을 얼마 전에 용서했다는 것이다. 그러고 나니 마음이 편해지더라는 것이다. 그때부터 잠도 잘 오고 식사도 잘 되고 생활도 명랑해지면서 삶이 행복해졌다고 한다. 그러면서 자신도 모르는 사이에 이렇게 얼굴이 좋아졌고 더불어 악성 빈혈도 깨끗이 나았다고 한다.

미국에서 가장 존경받은 대통령인 에이브러햄 링컨(Abraham Lincoln, 1809~1865)의 용서의 일화는 유명하다. 그가 대통령 되기 전에 에드윈 스탠턴(Edwin McMasters Stanton) 변호사라는 정적이 있었다고 한다. 그는 사사건건 링컨을 비판하고 무례하게 행동한 적이 한 두 번이 아니었다. 세월이 흘러 대통령이 된 링컨은 내각을 구성할 때 국방부 장관이라는 중요한 자리에 정적이었던 스탠턴을 임명하게 된다. 참모들은 적극 반대했다. 왜냐하면 링컨이 대통령에 당선되자 스탠턴이 '링컨이 대통령이 된 것은 국가적 재난이다'라고 공격했기 때문이다. 하지만 링컨은 "사명감이 투철한 스탠턴은 국방부 장관을 하기에 충분하다"며 그를 임명했다. 후에 링컨이 암살되었을 때 스탠턴은 링컨의 시체를 부둥켜안고 통곡하며 이렇게 말했다고 한다. "여기 가장 위대한 사람이 누워있습니다". 이렇듯 링컨은 자기를 미워했던 원수까지도 용서함으로써 자신의 편으로 만들 수 있었다.

용서는 단순히 남과 화해하는 것을 뛰어넘어 자신의 삶에 화해
를 건네는 것이고 행복하게 되는 지름길이다.

【 용서지수 검사 】

다음의 각 질문들에 답변하면서 자신의 내적 상태를 솔직하게 1점에
서 10점까지의 점수로 표기한다. 각 질문의 대답이 1점에 가까울수록
그 질문에 대한 부정이 강하다는 것을 뜻하는 것이고 반대로 10점에
가까울수록 그 질문에 대한 긍정적인 의미가 강하다는 것을 뜻한다.

용서 평가 문항	점 수
1. 당신에게 상처를 주었던 그 사람을 생각해 보십시오. 당신은 그 사람을 생각할 때 어느정도 화가 나십니까?	1점: 전혀 화를 내지 않는다. 10점 : 극도의 화가 치민다. ( )
2. 당신에게 일어난 그 상황과 상처를 생각할 때 수치심이 어느 정도 드십니까?	1점: 전혀 수치스럽지 않다. 10점: 극도의 수치심이 든다. ( )
3. 당신은 하루 동안 가해자에 대한 생각과 그가 나에게 한 일에 대한 생각이 들 때마다 그 감정과 생각을 추스리느라고 얼마나 많은 에너지를 소모하고 계십니까?	1점: 매우 적은 에너지를 소비한다. 10점: 하루 에너지의 대부분을 소비한다. ( )
4. 과거에 시도했던 다른 방법들에 비교해서 지금의 용서는 당신에게 어떤 효과를 내고 있습니까?	1점: 다른 해결책보다 별로 효과적이지 않다. 10점: 다른 해결책들에 비교하여 훨씬 더 효과적이었다. ( )
5. 이제 당신은 가해자에 대해 얼마나 많은 동정과 연민의 마음을 가지고 있습니까?	1점: 절대로 동정이나 연민을 느끼지 않는다. 10점: 아주 많은 동정과 연민의 마음이 든다. ( )
6. 당신이 겪은 그 고통을 받아들이기가 얼마나 어렵습니까?	1점: 너무 어렵다. 10점: 매우 쉽다. ( )

용서 평가 문항	점 수
7. 당신은 사람을 진정으로 용서해 본 경험이 있습니까?	1점: 없다. 10점: 사람을 깊이 용서해 본 적이 있다. ( )

출처: Enright Forgiveness Inventory(EFI)

사전–사후 평가에서 1번, 2번, 3번의 질문에 대한 평가점수가 낮아질수록 영적으로 성숙하고 치유되고 있음을 반영하는 것이다. 또한 4번, 5번, 6번의 질문에서는 평가점수가 높아 갈수록 상황이 향상되고 있음을 뜻한다. 사전–사후 점수표를 비교하면 자신의 용서지수를 가늠해 볼 수 있다.

10. 여가지수 높이기 코칭

1) 여가의 의미

오늘날 여가(餘暇)라는 단어는 영어 'Leisure'를 외래어화 하여 '레저'로 사용하는 것이 보편화 되었다. Leisure의 어원적 의미는 고대 그리스와 로마시대에서 그 본질적 의미를 찾을 수 있는데, 그리스어 스콜레(scole), 라틴어 리께레(licere), 로마어 옵티움(optium)에서 비롯되었다. 그리스어 스콜레(scole)는 '학교(school)' 또는 '학자(scholar)'를 뜻하는 말로 '학자들의 토론을 위한 장소'를 의미하기도 하고 '평온, 학문, 철학, 창조적 활동'을 뜻하기도 한다. 라틴어 리께레(licere)는 '자유롭게 되다(to be free)' 또는 '허락되다(to be premitted)' 등을 뜻하는 말로 여가를 뜻하는 불어의 르와지르(loisir)와 면허, 허가를 의미하는 영어의 라이선스(licence)가 여기서 파생되었다. 그리고 옵티움(optium)은 '아무것도 하지 않는 여분' 혹은 '한가로움, 휴식' 등으로 무위활동상태(無爲活動狀態)를 뜻한다.

여가의 진정한 의미는 창조적·문화적인 것이라 할 수 있다. 인간의 생활 전체 가운데에서 창조적 활동과 무위활동은 동시에 확장되어 간다. 이러한 맥락에서 일본 여가개발센터는 옵티움을 바다로, 스콜레를 섬으로 비유하여 섬과 바다가 상대적 관계이고 보완관계이듯 이 두 가지를 합친 것이 진정한 '여가'라는 것이다.

그렇다면 현대적 의미로 여가는 어떻게 정의할 수 있는가? 여가의 정의는 관련학자들에 의해서 다양한 관점으로 정의되고 있다. 일반적으로 시간적, 활동적, 상태적으로 보는 관점과 이 중 두 가지 혹은 모두를 포함하는 포괄적 관점으로 정의되고 있다. 이를 살펴보면 다음과 같다.

첫째, 여가를 시간적 개념으로 보는 관점은 여가를 생활에 있어 필수적인 활동, 즉 생리적 시간과 노동시간에 종사한 이후 남는 자유 시간으로 보는 것을 의미한다(Kraus, 1971).

둘째, 여가를 활동적 개념으로 보는 관점은 노동, 가족, 사회의 의무로부터 해방되어 휴식이나 오락을 위한 활동 또는 지식 획득 및 자발적 사회참여, 창조적 능력의 자유로운 실현을 위하여 스스로 참여하는 활동으로 바라본다(Dumazedier, 1962).

셋째, 여가를 상태적 개념으로 보는 관점은 자기성장과 자기개발을 위한 시간, 목적적인 활동으로 보며 개인적으로 이로운 결과를 도출하는 활동으로 간주한다. 따라서 뉴링거(Neulinger,

1974)는 "여가란 자유행위자로서 자기 자신이 선택한 활동에 몰두하는 것을 의미한다"라고 하였다.

넷째, 포괄적 관점에서의 여가는 앞에서 언급된 모든 관점을 절충·포괄하는 개념이다. 이는 카플란(Kaplan, 1975)이 "여가는 개인이 자발적으로 선택하여 즐기는 모든 활동을 의미한다."라고 조망한 것에서 비롯된 것이다. 따라서 본 관점에서 여가는 다양한 형태의 활동 즉 일, 놀이, 교육, 종교활동 등 어떤 것도 여가가 될 수 있다는 것이다.

2) 여가의 기능

오늘날 여가현상은 노동, 가정생활, 문화 및 사회전반에 걸쳐 여러 형태로 영향을 미치고 있다. 그리고 이러한 여가의 기능 또한 다양하다. 여가의 기능이라 함은 개인이 가지고 있는 여가활동에 대한 주관적인 생각으로서 비교적 일관성 있는 여가활동 능력을 이미한다. 또한 이를 통해 나타나는 여러 가지 효과적인 결과를 의미한다. 여가의 기능은 긍정적과 부정적 기능으로 구분할 수 있다.

(1) 여가의 긍정적 기능

첫째, 여가는 휴식 기능이 있다. 여가는 일상생활이나 근로생활로 인한 육체적·정신적 소모를 회복시켜 준다. 즉 여가는 노동으로 인한 긴장과 피로를 일시적인 휴식을 통하여 신체적, 정신적으로 그 회복을 기대할 수 있다. 또한 노동 재생산을 위한 촉매, 촉진 요소로서 작용하게 된다. 그뿐만 아니라 여가로 인해 일에 대한 보람과 성취감을 느끼고 삶의 즐거움을 추구할 수 있게 한다.

둘째, 여가는 기분전환 기능이 있다. 여가는 전문화되고 반복적인 노동에서 오는 권태감이나 지루함을 해소시켜주는 기분전환 기능을 가지고 있다. 여가는 한정된 시간이나 공간의 범위 내에서 행해지는 인간의 창조적인 활동으로서 일상적, 직업적으로 받게 되는 스트레스나 긴장으로부터 릴랙스(relax)하거나 리프레시(refresh)하게 하여 삶의 정상적인 리듬을 유지하게 한다. 따라서 여가는 현대인에게 세련된 의식과 태도를 나타낼 수 있게 해주며, 새로운 활력의 충전과 새로운 경험의 축적 그리고 충만한 인생의 기쁨과 행복을 기대하게 해준다.

셋째, 여가는 교육적 기능이 있다. 이는 개인의 지적능력 향상과 상당히 일치하는 부분이 있다. 예를 들어 학습(learning)이 즐겁고 그 자체가 만족스럽다면 이의 효과는 빠르고 지속적이다. 이러한 측면으로 보면 가장 최고의 교육적 경험은 여가 및 레크레이션 기능을 갖는다고 할 수 있다. 그러므로 교육분야에서 여가를 어떻게 선용할 것인가를 고려해야 할 필요가 있다.

넷째, 여가는 사회적 기능이 있다. 인간의 근원적 행복은 참여의 기쁨에서 찾을 수 있다. 이것이 부족하면 원할한 사회생활을 할 수 없다. 여가를 통해서 보다 폭넓은 사회적 접촉의 기회를 가질 수 있으며 사회 속에서 자신의 역할을 인식하고 공동체 일원으로서의 자각을 경험할 수 있다.

다섯째, 여가는 문화적 기능이 있다. 이는 현대생활에서 하나의 문화를 형성하여 이를 더욱 향상 발전시켜 나가서 공동문화로 변화시키는 기능을 의미한다. 이의 맥락으로 인도 시인 타고르는 "문명은 여가가 깊이 자라난 곳에서 수확되는 산물이다."라고 말하였다.

여섯째, 여가는 자기실현적 기능을 가지고 있다. 여가는 기계문명의 팽배에 따른 인간의 피지배 현상으로부터 자아를 탈출시켜 자기실현의 조건을 제공하는 데 커다란 역할을 한다. 여가활동을 하는 사람일수록 대체적으로 건전하고 균형잡힌 인격을 구비하고 준법정신이 강한 사회인이 되는 경향이 있다.

마지막으로 여가는 경제적 기능이 있다. 여가는 사회 전반에 걸쳐 모든 분야와 밀접한 관계를 가지고 있기 때문에 여가시장은 경제적 측면에서 무시할 수 없는 거대한 시장으로 자리잡았다.

(2) 여가의 부정적 기능

첫째, 여가의 모방적기능(imitation function)과 획일적 기능(uniformity function)이다. 이는 오늘날 매스미디어의 발달로 인한 대중성, 무개성, 동질성의 유행심리 및 사회풍조가 주 원인이라 할 수 있다. 따라서 여가는 휩쓸려 다니는 것보다 자기 본래의 개성 발휘에 목적을 두고 자신이 지양하는 방향으로 영위할 때 비로소 의미 있고 가치로운 여가활동이 된다.

둘째, 여가의 위장화 기능(maskness function)이다. 의외로 많은 이들 중에 여가를 자기의 실제 이상으로 과시하거나 위장시켜 다른 사람에게 보이는 데 초점을 둔 상징적 여가를 하는 경우가 있다. 이러한 위장된 여가를 즐기는 사람들은 분수에 맞지 않는 사치와 낭비로 경제적으로 위기를 맞이하게 되고 사회적 문제를 대두시킨다.

셋째, 여가의 향락화 기능(hedonism function)이다. 이는 건전한 여가 행사가 아닌 향락적, 순간적, 쾌락적 방향으로 흘러가는 것을 의미한다. 이렇게 여가가 향락적 기능으로 전락하게 되면, 지금까지 지녀왔던 도덕관, 윤리관 더 나아가 세계관, 역사관이 일제히 무너지고 쾌락제일주의가 될 수 있다. 과거 찬란한 로마시대의 몰락은 외부적 문제가 아니라 내부의 퇴폐와 향락적 여가 때문이었다.

3) 여가활동 유형

여가활동 유형은 학자와 조사기관에 따라 매우 다양한 형태로 구분된다. 먼저 외국 학자들의 여가활동 유형 분류를 살펴보면 크라우스(Kraus, 1977)는 여가활동 유형을 스포츠 참여 및 관람, 여행, 상업적 오락 활동, TV 시청, 전자오락으로 분류하였다. 그리고 라게브와 베어드(Ragheb & Beard, 1980)는 대중매체 관련 활동, 사회 활동, 야외 활동, 스포츠 활동, 문화 활동, 취미 활동 형태로 구분하였다. 국외에서 가장 일반적으로 분류하는 방식은 이소 아홀라, 잭슨 그리고 던(Iso-Ahola, Jackson & Dunn, 1994)의 신체적 활동, 옥외 레크리에이션 활동, 팀 스포츠 활동, 취미 활동, 가정 내 레크리에이션 활동에 따른 여가활동으로 구분했다.

한편 국내의 여가활동 유형 분류를 살펴보면, 문화체육관광부(2018)는 국민 여가활동 조사보고서에서 여가활동 유형을 문화예술 활동, 스포츠 활동, 관광 활동, 취미·오락 활동, 휴식 활동, 사회 및 기타 활동의 6가지 유형으로 구분하였다. 그리고 한국문화 예술진흥원(2019)에서는 산책 및 행락, 여행, 교제 및 만남, 관람 및 감상, 독서, 취미 및 교양활동, 운동, 놀이 및 오락, 쇼핑, 기타휴식 활동의 10가지 유형으로 분류하였다.

4) 여가활동과 행복지수 높이기

(1) 운동과 행복

운동(physical exercise)은 신체적 건강과 심리적 건강지수를 높여주고 행복감을 고취시켜주는 데 최고의 여가활동이라 할 수 있다. 우리 몸은 206개의 뼈와 656개의 근육 그리고 300개의 골격 근육, 1.6m의 피부면적, 약 1조 개의 신경세포와 12kg 정도의 결합 조직으로 되어 있다. 이렇게 복잡한 구성물이 모든 운동을 할 수 있게 만들어준다.

꾸준히 운동을 하게 되면 신체가 건강해질 뿐만 아니라 옥시토신(oxytocin), 도파민(dopamine), 세로토닌(serotonin), 엔돌핀(en-dorphrin) 등과 같은 호르몬 분비로 행복감 또한 증가한다.

특히 이러한 호르몬의 역할은 불안, 두려움, 스트레스 등에 의해 급격하게 저하되는 반면, 운동에 의해서 최고조로 활성화 된다. 따라서 이러한 행복 호르몬의 분비를 극대화시키는 가장 좋은 방법은 운동이다. 인생의 목표가 행복한 삶을 사는 것이라면 운동은 그 가치를 실현시켜주는 최고의 방법이다

2018년 5월 2일에 미 뉴욕타임스는 미시간대 연구팀의 운동과 행복관련 연구자료를 'Journal of Happiness Studies'에 발표하였다. 연구결과에 따르면 하루 10분이라도 운동하는 사람들이 운동하지 않는 사람들에 비해 행복 경험 빈도가 높은

것으로 나타났다. 그리고 연세대학교 스포츠응용산업학과 연구팀(2013)의 '청소년 건강 행태 온라인 조사' 연구에 따르면 주 1회 이상 운동하는 청소년들은 운동하지 않은 청소년에 비해 '행복하다'는 비율이 53% 더 높은 것으로 나타났다. 운동 종류와 상관없이 하루 30분 이상 꾸준히 운동을 하는 것은 몸과 마음을 건강하게 할 뿐만 아니라 행복지수를 높이는 지름길이라고 할 수 있다.

(2) 여행과 행복

아우구스티누스는 "세계는 한 권의 책이다. 여행하지 않는 사람은 그 책을 한쪽밖에 읽지 못한 셈이다."라고 했다. 그리고 마르셀프루스트는 여행에 대해서 정의하기를 "새로운 풍경을 보는 것이 아니라 새로운 눈을 가지는 것"이라고 하였다.

인간은 걷기, 놀기, 말하기, 먹기 등을 통해서 많은 행복감을 느낀다. 여행은 이 모든 것을 한꺼번에 할 수 있기에 단일한 행동으로서 가장 행복감을 주는 '행복종합선물세트'요, '행복뷔페'라고 할 수 있다.

여행은 물질이상의 '경험'을 구매하는 것으로 순간적인 기쁨과 함께 아주 오래 지속 되는 즐거움과 행복감정을 가지게 한다. 여행을 갔다 온 사람에게 있어서 여행의 즐거움은 시간이 지난다고 해도 별로 줄어들지 않는다. 오히려 추억으로 남고 그것을 시간이 있을 때 마다 음미하고 다른 사람들과 대화를 나누면서 더 큰 즐거움과 행복이 될 수 있다.

여행이 우리를 즐겁고 행복하게 하는 것은 물건과 달리 우열이 없고 서로 다른 문화를 체험하는 데 있기 때문이다. 우리가 사는 이 세계는 온통 서로 다른 문화로 채워져 있다. 여행의 목적은 서로 다른 문화를 체험하는 데 있다. "여행은 인간의 독선적 아집을 깬다"는 말이 있다. 이는 여행을 통해서 보다 넓은 세상을 보고, 다른 문화를 체험하며 다양한 사람들을 만남으로 의식의 지평이 넓어진다는 뜻을 의미한다. 앤드류 메튜스는 "우리는 목적지에 닿아야 행복해지는 것이 아니라 여행하는 과정에서 행복을 느낀다"라고 했다. 따라서 여행은 길 위에서 행복을 만드는 학교라고 할 수 있다.

(3) 등산과 행복

한국인의 30% 이상이 한 달에 한 번 이상 산에 오른다. 북한산 국립공원 같은 경우 연간 방문자 수가 미국의 그랜드 캐니언 보다 많다. 이처럼 한국인에게 등산이 활성화된 이유는 전국 어딜 가도 비교적 가까이에 오를 산이 있다는 지리적 특성과 위험도가 낮으며 외진 산길이라도 한국 특성상 치안이 비교적 안전하고, 맹수가 거의 없다는 점 등이다. 그리고 국민소득 수준 증가에 따른 여가욕구, 저렴한 비용 등이 이유라고 할 수 있다. 하지만 무엇보다 자연만이 줄 수 있는 도전정신과 즐거움을 만끽할 수 있다는 것이 가장 큰 이유일 것이다.

미국 야생보호가 존 뮤어(John muir)는 "자연과 함께 걷다 보면 늘 더 많은 것을 얻는다."라고 하였다. 등산은 육체적 고통을 통하여 마음을 정비시키고, 세상을 부피감 있게 볼 수 있는 통찰력을 키워준다. 그뿐만 아니라 등산은 육체와 정신을 하나로 연결하면서 버릴 것은 버리고 달랠 것은 달래도록 하여 행복한 삶이 무엇인지를 깨닫게 해준다.

따라서 등산은 몸을 건강하게 하고 자연과의 교감 속에서 정신수양을 하게 하는 좋은 여가활동이라고 할 수 있다. 산은 거대한 생명체의 소리를 들려주는 동시에 자기 내면의 소리도 들을 수 있게 하는 청진기로서 마음의 오류를 진단하여 자유를 만끽하게 한다. 그리고 산은 지붕 없는 박물관으로 서로 다른 다양한 형태의 생명체들이 비교하지 않고 자기자리를 지키는 만물 전시장으로 인간도 어울려야 행복하다는 것을 깨닫게 해준다.

(4) 문화생활과 행복

인간은 먹고 자는 단순한 욕구 외에도 문화생활을 즐기려는 욕망을 지닌 존재이다. 따라서 여가시간에 독서를 하고 미술관을 관람하며 영화를 보는 등의 문화 생활은 상식을 쌓고 식견을 넓히는 데도 도움이 되지만 건강하고 삶의 질을 높이는 생활을 누리기 위한 방법이기도 하다. 노르웨이 과학기술대학교 연구팀에 따르면 문화생활을 즐기는 사람들은 그렇지 않은 사람들보다 행복도가 높고 강한 체력을 유지하며 삶의 만족도 역시 높다는 연구결과가 발표되었다.

최근 글로벌 통합 정보 분석 기업 닐슨코리아(2019)에서 발표한 한국인의 '소확행(소소하지만 확실한 행복)' 관련 빅데이터 분석 결과에서도 일상의 소소한 행복을 찾기 위한 방법으로 주로 책과 영화, 음악 등 문화생활에서 찾으며 함께 하는 사람은 친구, 자녀, 엄마, 혼자, 언니 순으로 나타났다.

우리나라는 하루에 조금만 짬을 내면 대중교통으로 거뜬히 다녀올 수 있는 축제와 행사가 많다. 그리고 형편이 어려운 사람도 문화생활을 즐길 수 있도록, 국가나 기업이 비용을부담 혹은 할인해 주는 경우도 적지 않다. 한 예로 경제적인 부담과 바쁜 일상 때문에 문화를 즐길 여유가 없던 국민들을 위해 문화체육관광부(이하 문체부)와 문화융성위원회(이하 융성위)는 2014년 1월부터 '문화가 있는 날'을 실시하고 있다. 매달 마지막 주 수요일마다 전국의 문화시설에서 다양한 할인 혜택을 제공하여 국민들이 문화생활에 조금 더 다가갈 수 있도록 하는 제도이다. 이 날은 전국의 영화관, 스포츠시설, 공연장, 미술관, 박물관, 문화재 등 다양한 문화시설을 할인된 가격 혹은 무료로 즐길 수 있다. 현재 전국에 1,378개의 참여시설이 있으며 그중 영화관은 330개, 박물관과 미술관은 480개, 문화재는 39개 등 다양한 문화시설에서 문화가 있는 날에 동참하고 있다.

　지방자체단체의 문화가 있는 날 프로그램 역시 다양하다. 문화가 있는 날인 매달 마지막 수요일에는 지역별로 재즈 음악회에서부터 발레 공연까지 다양한 공연이 열리곤 한다. 그리고 최근에는 공연이나 예술작품 관람 외에도 직접 예술 활동에 참여할 수 있는 다양한 프로그램이 생겨나고 있다.

　국내뿐만 아니라 해외에서도 연극, 뮤지컬, 오페라 등의 공연과 액티브한 체험 스포츠 등 참여할 수 있는 문화 프로그램이 많이 있다. 중국에서는 경극, 베트남에서는 소수민족의 민속 공연, 괌이나 사이판에서는 폴리네시안 디너쇼, 런던 웨스트엔드에서는 뮤지컬, 케임브리지에서는 펀팅, 프라하에서는 연극 공연, 빈에서는 오페라, 베네치아에서는 곤돌라, 스페인에서는 플라멩코나 투우, 스위스에서는 래프팅이나 번지점프, 멕시코에서는 살사, 밴쿠버 해변에서는 윈드서핑, 뉴욕 브로드

웨이에서는 뮤지컬, 칠레의 수요일에는 영화, 호주 그레이트 배리어 리프에서는 스쿠버 다이빙을 즐길 수 있다.

(5) 놀이와 행복

네덜란드의 역사학자 요한 하위징아(1872~1945)는 『호모 루덴스(Homo-Ludens)』에서 인간의 본질적 특성은 사유나 노동이 아니라 놀이라고 하였다. 이 세상에서 제일 행복한 사람은 즐겁게 놀 줄 아는 사람이다. 그래서 "나는 놈 위에 노는 놈 있다"는 말도 있다. 날고 뛰는 재주가 있어도 놀 줄 모르는 사람은 행복할 수 없다. 놀이가 주는 즐거움이 행복지수를 높인다는 것은 이미 많은 검증이 이루어졌다.

놀이의 매력과 유익함은 일일이 다 열거할 수 없을 정도로 많다. 놀이가 시작되면 우리는 일상의 세계와는 또 다른 세계에 들어가게 되고 이 과정에서 놀이에 참여하는 사람은 몰입(Immersion)을 체험한다. 놀이는 참가자가 해냈다는 성취감을 느끼도록 하고 이 성취감은 행복으로 이어진다. 그뿐 아니라 놀이는 세계를 향한 새로운 '관계 맺기'를 의미한다. 우리는 게임 규칙을 지키면서 즐거움을 찾게 되고 현실의 복잡한 문제를 규칙에 입각한 놀이로 변형시킴으로써 해결할 수 있는 근거를 발견하기도 한다.

그리고 놀이 문화는 창조성이 중요하게 여겨지는 21세기에 들어서면서 더욱 중요한 생산적 가치를 지닐 뿐 아니라 과거의 수직적인 회사 문화를 점차 변화시키고 있다. 19세기가 생산자의 시대였다면, 20세기는 소비자의 시대였고, 21세기는 놀이하는 사람의 시대인 것이다.

미래는 IQ(지능지수)가 뛰어난 사람이 아닌 PQ(놀이지수)가 높은 이들이 주도할 것이다. 그래서 영국에서는 일찍이 '놀이하는 날'(Playday)이나 '야외 놀이를 사랑하자'(Love Outdoor Play) 등의 캠페인을 통해 놀이 문화가 자연스럽게 자리잡을 수 있도록 국가적 차원으로 노력하고 있다. 그리고 핀란드 유치원 128년 역사 그 중심에는 '놀이(play)'가 있음을 볼 수 있다. 그들은 비가 와도 '야외놀이'를 멈추지 않는다. 스웨덴의 경우 추운 날씨에도 하루 20분은 반드시 야외에서 뛰어 노는 '놀이문화'를 중시하고 자연을 통한 경험 또한 중요하게 생각한다.

11. 명상(묵상)지수 높이기 코칭

1) 명상의 의미

백과사전에 나와 있는 명상의 의미는 마음을 자연스럽게 안으로 몰입시켜 내면의 자아를 확립하거나 종교 수행을 위한 정신집중을 널리 일컫는 것을 의미한다. 한자어로 冥想(명상)은 눈을 감고 차분한 마음으로 깊이 생각하는 것을 의미하며, 또 다른 한자어로 瞑想(명상)은 '눈을 감고 깊이 생각한다.'라는 뜻을 가진다. 영어에서 명상은 메디테이션(meditation) 또는 컨템플레이션(contemplation)으로 '깊이 생각하다', '계획한다', '묵묵히 생각한다' 등으로 쓰이고 있다. 보편적인 명상의 의미는 모든 생각과 의식의 기초는 고요한 내면의식이며 명상을 통하여 순수한 내면의식으로 자연스럽게 몰입하게 되는 것을 의미한다.

2) 명상의 기원과 발전

명상의 발전은 동·서양이 다르게 발전하였다. 서양의 명상은 서양의 정신문화를 지배해 왔다고 할 수 있는 기독교에 의하여 발전되었다. 그 대표적인 형태가 바로 기독교의 기도(祈禱)이다. 기독교의 기도는 곧 서양식의 명상이다. 한편 동양은 명상의 시작이 서양과 마찬가지로 종교의 발생과 같이 시작하였지만 그 전개와 발전과정이 서양과는 다르다. 동양에서 명상을 발전시킨 주체는 인도에서 발생한 요가와 불교 그리고 유교와 도교이다.

(1) 요가와 불교의 명상

요가는 인간이 신(神)과 합일(合一), 즉 신과 같아지려는 훈련체계라고 할 수 있는데 그것이 곧 명상이다. 현대의 스트레칭, 필라테스(Pilates) 그리고 동양의 도인법(導引法) 등에 많은 영향을 준 요가의 몸 움직임의 형태인 아사나(Asana)도 명상의 한 과정이라 할 수 있다. 요가 명상의 최고의 경지를 일컫는 삼매(三昧)라고 하는 것에서도 요가는 하나의 명상 체계인 것을 알 수 있다.

불교는 흔히 깨달음의 종교라고 한다. 불교는 그 대상이 되는 신(神)이 없는 것이 특징이라고 할 수 있다. 불교는 인간이 깨달음을 통해서 역설적(逆說的) 완전함인 공(空)에 이르려는 자력종교(自力宗敎)라고 부르는 것으로 그 수행(修行)의 한 형태가 선(禪)이고, 바로 이것이 불교의 명상을 의미한다. 요가와 불교에서 발전한 여러 형태의 명상은 현대인의 심인성(心因性) 질환의 원인인 스트레스 치료에 많은 효과가 있는 것으로 심리학자와 의학계에서 임상적인 보고가 되고 있다.

(2) 유교(儒敎)의 명상

동양 정신문화를 이끌어온 유불도(儒佛道) 삼교(三敎) 중 하나인 유교는 인(仁)과 예(禮)를 중심으로 하늘에서 인간에게 부여한 본성(本性)을 지키고, 이를 바탕으로 인간관계를 세우는 것을 중요시한다. 도교(道敎)의 영향을 받았다고 할 수 있는 유교 명상의 특징은 정좌(靜坐)이다. 인간이 칠정(七情)에 휘둘리지 않도록 고요하게 바로 앉아 몸의 내면과 외면을 바로잡아 완전한 인간으로서의 본성(本性)을 지키는 것이라고 할 수 있다. 퇴계 이황은 유교의 명상 형태인 정좌(靜坐)를 평생 수련하여 좌탈입망(坐脫入亡) 즉, 앉아서 임종한 것으로 유명하다.

(3) 도교(道敎)의 명상

도교는 인간이 신(神)의 경지에 이르는 심신(心身)의 완전함을 목적으로 하는 양생(養生) 종교(宗敎)이다. 도교의 명상은 인간이 본래의 완전함, 즉 선천(先天)의 상태로 돌아가기 위하여 수행하는 방법이라고 할 수 있다. 도교명상의 특징은 몸의 동작과 자세에 호흡과 의식을 합하여 수행함으로써 완전함으로 돌아가는 것이다. 도교는 인체를 정(精), 기(氣), 신(神)의 세 가지 기(氣)로 이루어졌다고 하는 기론(氣論)적 우주관과 신체관의 사상으로 동양의 생리학과 의학에 매우 중요한 영향을 주었다. 동양의 대표적인 의학경전이라고 할 수 있는 황제내경(黃帝內經)은 도교의 이러한 우주관과 인체관의 영향을 받았다. 도교 명상의 특징은 심신의 완전함으로 나아가는 방법이라고 할 수 있다.

(4) 기독교의 명상

기독교에서는 하나님을 세계의 창조주이자 궁극적 신앙 대상으로 삼기 때문에 명상 역시 하나님에 대한 의식의 집중과 관련이 깊다. 즉, 완전한 존재인 하나님께 자신을 온전히 맡김으로써 하나님의 은총 아래 새로운 존재로 거듭나는 것을 목표로 삼는 것이다.

기독교의 명상에는 묵상(默想: meditation)기도와 관상(觀想: con-templation)기도의 형식이 있다. 묵상기도는 주로 하나님의 말씀과 그 말씀의 진리와 내용을 음미(吟味)하며 말씀에 담겨있는 참뜻과 진리를 추구하면서 맛보는 것이다. 이러한 기도 과정을 통해서 성서 안에 담겨져 있는 진리가 기도하는 사람의 인격 안에 내면(內面)화되어 그 진리가 인격화(人格化)된다. 관상기도는 성서를 중심으로 하나님과 대면하고 위로를 받으며 같이 행동하는 내적 경험을 갖는다. 그러나 이들 두 가지는 서로 관련성을 가지고 있으므로 묵상으로부터 관상으로 들어가기도 하고, 관상으로부터 묵상으로 들어가기도 한다.

3) 유형별 명상(묵상)의 이해

명상은 크게 통찰명상(insight meditation, vipassana)과 집중명상(concentration meditation, samadha)으로 나뉜다. 통찰명상이 좌선을 통해 몸, 호흡, 마음의 통일과 조화를 꾀해 자신의 참된 본성을 찾아가는 방법이라면, 집중명상은 대상을 정해놓고 감각, 심상, 행위에 집중하면서 호흡을 통해 명상을 하는 방법이다. 그리고 기독교적 명상기법으로 수도원 전통에 따라서 실시하고 있는 렉시오 디비나(Lectio Divina)가 있다. 렉시오 디비나는 한국에서 영적독서, 거룩한 독서 등 다양하게 번역되어 사용하는데, 필자는 이경용(2010)의 말씀 묵상기도가 잘 번역된 표현으로 보고 이 용어를 사용하고자 한다.

(1) 통찰명상

통찰명상(洞察冥想)은 전통적으로 위빠사나 명상법을 말하며, 위빠사나는 영어로 mindfullness로 번역된다. 우리 말로는 마음챙김 명상이라고 한다. 위빠사나는 빠알리어 사띠(sati)의 번역어인데, 어떤 대상을 '인식하는' 것과 정신을 '차리다'는 의미가 결합된 말이다. 이는 번뇌에 휩쓸릴 때에 정신을 차려서 그것을 분명하게 직시하라는 의미가 담겨있다. 위빠사나의 명상 수행법은 불교경전인 『대념처경(大念處經: Maha Satipatthana Sutta)』에 자세히 기록되어 있다. 대념처경에 의하면 인간은 신체적 감각, 느낌, 부정적 감정 등을 알아차리고 주의를 기울여 집중하게 되면 욕망과 고뇌에서 벗어날 수 있다고 한다. 이 명상은 의식을 초월적인 상태로 변화시키기 위해 수행하는 것이 아니라 세상을 어떻게 바라보고 관계하는가에 대해 특정한 변화를 이끌어 내는 명상이다. 이는 신체적·심리적 이완을 돕고 집중력을 향상시키면서 개발하고, 자신의 심리적 문제와 세계에 대한 통찰을 발현하도록 한다. 그리고 개인 스스로를 보다 더 자유롭고 성숙해지도록 도움을 준다.

위빠사나 즉, 마음챙김 명상은 동양의 명상수행에서 출발하였지만 서양에 소개된 이후 점차 확산되어 현재는 심리치료의

한 기법으로 자리잡아 여러 영역에 적용되고 있다.

동양의 명상이 서양의 심리치료에 큰 영향을 미치게 된 것은 1960년대 후반 하버드 대학의 심리학과 교수였던 람 다스(Ram Dass, 1971)의 『Be here now』가 일반인에게 알려지면서부터다. 이 책은 힌두교와 불교 사상을 혼합하여 명상과 움직임 속의 마음챙김인 요가에 대하여 기술하고 있다. 이후 심장병 학자 벤슨(Benson, 1975)이 심장병 치료를 위하여 명상활동을 시작함으로써 더욱더 명상에 대한 연구가 활발해졌다. 그리고 카밧진(Kabat-Zinn)이 만성적인 질병을 치료하기 위해 1979년 미국 매사추세츠 의과대학에 마음챙김 센터를 개소하여 마음챙김에 근거한 스트레스 완화(mindfulness based stress reduction: MBSR) 프로그램을 실시하였다. 여기에 리네한(Linehan, 1993)의 변증법적 행동치료(dialectical behavioral therapy: DBT)가 마음 챙김명상의 선구적인 작업의 원동력이 되었다. 이후 우울장애 환자를 치료하기 위한 세갈, 윌리엄스와 티즈데일(Segal, Williams, & Teasdale, 2002)의 마음챙김에 근거한 인지치료(mindfulness based cognitive therapy: MBCT), 다양한 범위의 문제와 장애에 적용할 수 있는 좀 더 포괄적인 치료방법인 수용전념치료(acceptance commitment therapy: ACT) 등으로 발전되었다. 이 네 가지 치료법은 심리학의 인지행동적 접근을 포함한 것이다.

(2) 집중명상

집중명상은 산스크리트어로 사마티(samadhi)이며, 그 어원은 빨리어의 사마타(samadha, 止)이다. sama는 '고요함', '평정', '평화'를 뜻하고, dha는 '지키다', '머물다', '어떤 상태로 남겨지다'

라는 뜻을 지닌다. 이 활동은 우리가 근심과 걱정으로 산란해진 마음을 어떤 대상에 머물러 집중을 하게 되면 시간이 지날수록 마음이 고요하고 평화로운 상태에 이르게 된다는 가정에서 이루어진다. 이 활동에서 집중하는 대상은 실생활의 어떤 대상이 아니라 마음에 의해 구성된 표상(nimitta)이다. 집중명상은 통찰명상보다 초보자에게 더 쉽게 적용할 수 있는 명상기법이라 할 수 있다.

① 호흡 집중 명상법

눈을 감고 코로 깊게 호흡한다. 이때 호흡에 집중하는 것이 중요하다. 공기가 몸속으로 충분히 들어와 몸 밖으로 나갈 수 있도록 숨을 들이쉴 때 하나 둘 셋을, 내쉴 때 하나 둘 셋 넷을 센다. 처음에는 밖의 소음이나 잡다한 생각, 감정 등에 의해 흔들릴 수 있다. 명상 중에 찾아오는 생각이나 느낌 등 집중을 방해하는 것들을 관찰하되 빠져들지는 말도록 주의해야 한다. 그리고 억지로 '집중해야 해' 하는 자세를 취해서는 안 된다. 호흡을 계속하면서 자연스럽게 끌리듯이 집중을 해야 하는 것이다. 이런 훈련을 반복하다 보면 호흡에 집중하게 된다.

초보자라면 한번에 5분간만 명상을 하고 매주 5분씩 시간을 늘린다. 천천히 진행하다 보면 몸이 명상의 자세에 익숙해지면서 매우 편안해지는 것을 느낄 수 있다. 단 몸이 불편하면 집중하기 어려우므로 억지로 시간을 늘릴 필요는 없다.

② 낱말 집중 명상법

이 명상법은 어떤 낱말이나 구절을 계속 반복해서 집중하는 방법이다. 혼자서 같은 낱말이나 구절을 소리 내지 않고 반복하면서 호흡과 리듬을 맞춤으로써 마음에 주문을 건다. 작은 소리를 내면서 집중해도 된다. 이때 자신에게 개인적으로 강한 의미를 갖고 있는 단어나 구절을 선택한다. 그래야 긍정적이고 부가적인 효과를 줄 수 있다.

예를 들어 사랑, 빛, 소망 등의 낱말은 매우 유용하다. "모든 게 잘 될 거야" "난 모든 것을 사랑하고 아끼고 싶다" 등의 구절도 좋은 예다.

③ 심상 집중 명상법

어떤 사물이나 심상은 자기만의 깨달음을 날카롭게 해주는 시각 자극을 제공하게 된다. 예를 들면 아름다운 돌, 크리스탈, 촛불, 나무, 작은 그림과 같은 것들을 선택하거나 마음으로 떠올린다. 사물을 선택했을 경우는 직접 눈앞 30~50cm 거리에 놓아두고 눈을 뜬 상태에서 깊게 호흡해보는 것이 좋다. 마음에 사물이나 그림을 떠올렸다면 눈을 감고 편안해질 때까지 집중한다.

④ 소리 집중 명상법

밖에서 나는 소리에 집중하는 명상법이다. 새들의 소리, 나뭇잎이 서로 부딪치는 소리, 아이들의 울음소리에 집중하는 것으로 호흡을 하면서 진행한다. 소리의 음색과 다양한 높낮이, 리듬에 집중하다 보면 마치 음악소리처럼 들릴 것이다. 때로는 명상 테이프나 녹음된 자연의 소리, 찬트 등의 종교음악을 이용해도 좋다.

⑤ 순간 명상법

매순간을 그 자체로 인식하는 데 집중하는 것이 바로 순간 명상법이다. 이는 순간순간 내 주위에서 일어나는 일들, 머릿속의 생각들, 느끼는 감정들을 관찰하는 것이다. 현재의 모습을 꿰뚫어보는 통찰력을 계발하는 것으로 저녁식사 시간, 차를 마시거나 공원을 걸을 때 이러한 명상을 즐길 수 있다. 자신이 경험한 특별한 순간에 집중하다 보면 전에는 전혀 인식하지 못했던 새로운 경험을 맛볼 수 있게 된다.

(3) 말씀묵상기도

렉시오 디비나(Lectio Divina), 즉 말씀묵상기도는 초대교회 이전 유대전통과 초대교회부터 현대에 이르기까지 성서적이고 전통적인 성서 읽기와 기도방법이다. 말씀묵상기도가 수도원 전통 안에서 규범적으로 받아들여 시행되도록 체계화시킨 사람은 12세기 카르투시오회의 제 9대 원장을 지낸 귀고 2세이다. 그가 제시한 묵상기도의 네 단계 구성은 독서(lectio), 묵상(meditatio), 기도(oratio), 관상(contemplatio)이며, 이는 800년이 지난 지금까지도 사용되고 있다. 이 네 단계의 구성은 귀고 2세가 독창적으로 창안해 낸 것이 아니고 이미 전통적으로 이와 비슷한 형태를 띠면서 내려오던 단계들을 나름대로 정리했다고 볼 수 있다.

① 읽기(Lectio)는 말씀묵상기도의 첫 단계로 성서를 읽는 것인데, 성서를 읽는 일은 혼자 하는 것이 아니라 성령과 함께하는 일이다. 홈즈(Holms)는 "성서를 읽는 것은 하나님의 신비를 직접 대면하는 행위이며, 여기서 우리는 말씀을 듣게 된다"고 했다.

읽기는 단순히 성서의 지식을 얻기 위해서가 아니라 말씀이 우리를 변화시키도록 우리를 말씀 앞에 열어 드린다는 의미이다. 성서를 천천히 소리 내어 반복하여 읽다가 문장이나 단어가 마음에 부딪혀와 관심을 사로잡으면, 거기에 멈춰서 그 말씀에 머문다. 그리고 그 말씀을 주의 깊게 반복해서 읽고 또 읽는다.

② 두 번째 단계인 묵상(Meditatio)은 하나님의 말씀 안에 숨어 있는 진리를 깨닫기 위해 그 말씀이 왜 나의 마음에 와 닿았는지(touch), 그 말씀은 내게 무엇을 말하고 있는지를 우리의 전인격을 동원하여 숙고하는 단계이다.

말씀묵상기도의 묵상방식 가운데 학구적 전통에서는 묵상을 이성과 지력을 활용하는 논리적 태도를 갖는 반면, 수도적 전통에서는 이성과 지력에 의존하지 않고 다만 말씀을 반복하며 '되새김(ruminatio, 반추)'함으로써 자연스러운 성령의 내적 조명을 기대하는 수동적 태도를 갖는다. 고대 수도 전통에서 되새김은 독특한 성서 묵상법으로써 매우 중요한 수행활동 중 하나였다. 그래서 고대 수도 전통에서는 성서에 대한 묵상과 되새김을 분명히 구분하지 않고 같은 뜻으로 사용되기도 했다(허성준, 2005). 되새김은 소나 낙타가 음식을 저장했다가 그것을 살과 뼈에 스며들 때까지 천천히 되새김질하는 것과 같이 기도하는 마음으로 성서 본문을 되씹어 맛보고 그 본문의 깊고 충만한 의미를 깨달아 자기 것으로 만드는 것이다(Jean Leclercq, 1961).

이 단계의 중요한 역할은 계시된 말씀의 뜻이 무엇인지를 곰곰이 헤아리는 것이며, 묵상함으로써 그 말씀을 가슴속에 깊이 간직하는 것이다(허성준, 2005).

③ 세 번째 단계인 기도(Oratio)는 하나님의 현존을 깊이 느끼며 그분의 말씀 안에 고요히 머무르면 '하나님의 영'이 어떻게 기도해야 할지 모르는 우리를 대신해서 하나님께 간구해주심(롬8:26)으로써, 자연스럽게 내면에서 솟아 나오는 기도를 드리는것을 말한다(허성준, 2005).

이러한 기도는 모든 내용의 근원이 독서와 묵상된 하나님의 말씀으로부터 얻어져야 한다. 무엇보다 말씀에 영감을 불어 넣으신 성령에 의해서 인도되어져 갈 때 기도를 통해 하나님과의 일치로 나아가는 것이다(박주태, 2006). 기도의 성서적 특성은 신뢰, 지속성, 하나님의 계획이 우리의 것보다 크다는 지식으로부터 오는 겸손의 정신으로 단련된 솔직한 대화이다(박노권, 2008).

④ 관상(Contemplatio)은 외부로부터 덧붙여지는 어떤 상태가 아닌 말씀묵상기도의 싹으로부터 자라나온 자연스러운 결실로 말씀을 통해서 우리를 찾아오신 하나님의 현존 앞에 머무르는 단계이다.

관상(觀想)이란 한자는 '마음의 상을 바라본다'는 뜻으로, 조용히 눈을 감고 호흡을 가라앉히고 있노라면 마음속에서 여러 가지 생각, 영상, 정서들이 흘러들어오는 것들을 글자 그대로 바라보는 것을 의미한다. 관상이 영어로는 contemplation으로 쓰이는데, 앞 단어인 con은 '함께', '강하게'라는 뜻이고, 뒤의 temple은 '관찰하기로 표시된 특별한 장소', '성전' 등의 뜻을 의미한다. 이 말은 '주의를 기울여 집중적으로 바라보고 관조하기 위한 구별된 지역이나 장소'를 의미한다. 그리하여 관상을 통해 그 대상과 일치가 이루어진 상태를 의미한다. 이러한 관상의 상태는 교회 역사상 크게 두 가지 영성 전통이 있는데, 카타파틱(kataphatic)과 아포파틱(apopathic) 전통을 통한 관상 상태에 도달하는 방법이다.

카타파틱은 상상을 적극적으로 사용하는 것에 기초를 두고 있다. 예를 들면 묵상하는 가운데 그리스도를 좋은 목자로서 생생하게 마음속에 그리거나, 상처 입은 양을 달래고 잃어버린 양을 찾아 헤매는 목자의 모습을 그리며 그리스도를 온몸과 마음으로 느끼는 것이다. 그리고 하나님이 지니고 있는 선함, 정의, 사랑과 같은 속성을 생각하면서 하나님에 대한 경험을 한다. 카타파틱은 긍정 전통으로 언어와 이미지와 논리를 통해서 주님과의 일치된 상태를 지향하며 기독교 역사에 주류를 이루고 있다.

반면에 아포파틱은 철저히 마음을 비우는 것으로 하나님에 대한 어떤 이미지를 만들거나 상상하지 않는다. 절대 개념화될 수 없는 하나님에 대해 접근할 수 있는 길을 부정을 통하여(via negativa)만 가능하다고 보기 때문이다(R. C. Bondi, 1983). 아포파틱 전통은 인간이 사용하는 언어나 이미지들을 하나님과 일치를 지향하기 보다는 이런 것 없이 가슴으로 수동적인 상태에서 직관적으로 주님과의 일치를 지향한다. 이 전통은 역사적으로 제도권 교회에서 그다지 유력한 자리를 차지하지 못했다. 그러나 깊은 신앙심을 갖고 주님과의 일치와 헌신을 지향하는 신자, 수도자들에게는 매우 중요한 영성 생활의 방편이 되었다. 바로 이러한 접근 방법이 말씀묵상기도에서 말하는 관상에 해당된다.

다시 말해서 관상기도는 우리를 찾아오시는 주님을 지향하고 마음을 비워 수동적 자세로 하는 기도를 말한다. 인간의 이성을 사용하여 하나님께 간청하는 행위라기보다는 아무런 노력 없이 주님의 품안에 머물러 있어 '하나님 안에서의 쉼'이다. 이 상태에서는 하나님을 능동적으로 찾지 않더라도 하나님을 경험하고 맛보기 시작하는 것이다. 관상기도는 내 존재의 근원에 계신 분과의 일치를 통해 그분과 템포를 같이 하려고 하는 시도라고 할 수 있다. 그래서 인간이 자신의 개인적 어떤 내용에 관심을 갖기보다는 자신을 비우고, 그분께 주의(attention)를 기울이며 그분의 뜻을 향하여 그래서 그분의 뜻에게로 일치를 지향하는 기도이다. 인간의 마음을 비워 주님께서 인간에게 임하시어 그분이 활동하시도록 하여, 그분과의 일치를 지향하는 것이다.

관상기도는 매우 강력한 기도라고 할 수 있다. 그렇다고 해서, 기존의 기도 방법들을 경시하거나 폐지하려고 해서는 안 된다. 인간은 언어를 매개로 모든 활동을 하기 때문이다. 그러나 그 언어적 기도의 힘을 밑에서부터 받쳐주는 침묵 속에서 우러나오는 존재의 근원에 접촉으로 나오는 에너지가 받쳐주는 기도는 매우 힘이 있다. 가장 좋은 방법은 간구하는 기도를 20분 하고 난 후에 주님의 응답을 기다리는 경청의 기도를 20분 정도 하는 대화로서의 기도가 균형이 이루어지면 매우 효과적이라고 생각된다.

⑤ 묵상기도의 각 단계 관계는 매우 긴밀하게 연결되어 있어 서로를 위해서 필연적인 작용을 한다. 즉, 독서는 묵상으로 이어지는 준비작업인 동시에 묵상이 계속되어야 독서 또한 계속될 수 있다. 그리고 묵상이 기도로 심화되지 않으면 관상의 높

은 경지에 이르기 힘들게 된다. 하지만 묵상기도의 네 가지 단계는 계층적 단계라기보다는 순간(moment)으로 이해해야 한다. 왜냐하면 관상 단계에 이르는 과정이 항상 순서를 갖고 일어나지 않기 때문이다. 묵상기도와 관상기도는 상호 관계적으로 서로 연결되어 있으며 중심은 성서를 통하여 그리고 가슴속에서 말씀하시는 하나님의 성령이시다. 성령이 하시는 일은"바람이 임의로 부는 것"(요 3:8)과 같기 때문에 일정한 틀이 없고 인간적인 지식이나 어떤 고정된 틀로써 제시될 수 없으며, 그러한 방식으로는 하나님을 만날 수가 없다. 관상을 지향하는 영적 생활에서 이러한 단계들이 필연적으로 어떤 고리처럼 연결되어 일어나는 것은 아니겠지만, 이런 단계들을 통한 영적인 삶은 하나님 안에서 더욱 기쁨과 풍요로 가득해질 것이다(박주태, 2006).

4) 명상을 위한 준비

(1) 조용한 장소를 고르라.

명상은 고요하고 조용한 장소에서 행해져야 한다. 그래야 명상에 잘 집중할 수 있고 외부의 자극으로 자기 자신에게 끝도 없는 질문공세를 펼치지 않게 된다. 5분이든 30분이든 명상하는 동안에는 어떤 것에도 방해 받지 않는 장소를 찾아야 한다. 명상을 처음 시도할 때 가장 중요한 것은 가능한 모든 외부 방해요소들을 없애는 것이다.

(2) 최대한 편한 복장을 입어라.

우리가 명상을 하는 가장 중요한 이유 중 하나는 마음을 평안하게 하고 외부요소를 차단하는 것이다. 그러므로 명상을 할 때는 여유있는 헐렁한 옷을 입고 신발도 가급적 신지 않도록 한다.

- 다소 기온이 낮은 장소에서 명상을 할 때는 스웨터나 가디건을 입거나 담요 또는 숄을 가져가서 덮는다. 춥다고 느끼면 그 생각에 사로잡히고 명상을 빨리 끝내고 싶어지기 때문이다.

(3) 명상 시간을 정하라.

명상을 하기에 앞서 얼마나 오랫동안 명상할지를 정해야 한다. 노련한 사람은 하루에 20분 정도 명상하는 것이 좋으나 시작단계에는 하루에 5분 정도 하는 것이 좋다.

- 시간을 정하면 끝까지 지킨다. 성공적인 명상을 하려면 많은 시간과 노력이 필요하다. 가장 중요한 것은 명상을 계속 하는 것이다.

(4) 편안한 자세로 앉아라.

명상하는 동안에는 편안한 상태에 있어야 함으로 자신에게 맞는 자세를 찾아야 한다. 가부좌와 반가부좌 자세 등 명상은 전통적으로 땅에 방석을 깐 상태에서 행해져 왔다. 하지만 다리, 엉덩이 등이 유연하지 못하면 가부좌 자세를 했을 때 등 아랫부분이 굽어지고 척추 주위의 몸통이 균형을 잡을 수 없게 된다. 그러므로 최대한 등을 곧게 펴고 머리를 들 수 있는 균형잡힌 자세를 취하는 것이 좋다.

- 다리를 꼬지 않고서 그냥 방석이나 의자, 명상 벤치에 앉을 수도 있다.

- 앉는 자세가 편하지 않다면 서서하거나 누워서 하거나 심지어 걸으면서 해도 좋다. 가장 중요한 점은 자신이 편안한 상태에 있어야 한다는 것이다.

(5) 앉았다면, 척추 뼈를 곧게 세운다.

명상할 때 좋은 자세를 취하면 더욱 편하게 느껴질 것이다. 편안한 자세를 취했다면 나머지 척추 뼈 부분에 집중한다. 최하단의 척추 뼈부터 최상단의 뼈까지 모든 척추 뼈가 균형을 잡아 몸, 목, 머리의 모든 체중을 지탱한다.

(6) 눈을 감아라.

눈을 뜨고 하든지 감고하든지는 명상하는 데 큰 지장은 없다. 하지만 시작단계에 있는 사람이라면 눈을 감은 채 명상을 하는 것이 좋다. 이렇게 하면 외부로부터 오는 시각적 자극을 차단해 마음을 편안하게 해주고 방해를 덜 받게 된다.

- 눈을 뜨고 명상하는 경우에는 눈을 "편안하게" 만들어야 한다. 즉, 특별히 어떤 것에 주의를 기울이지 않는다.

5) 명상(묵상)의 효과와 행복

명상은 정신과 육체를 동시에 이롭게 한다. 명상은 깊은 내면의 세계로 들어가야 하기 때문에 정신의 안정을 가져와 심리적 조화를 이룰 수 있다. 정신이 안정되고 심리상태가 조화를 이루면 생리대사가 원활해지고 생체 에너지의 활동이 정체 없이 온 몸을 조절하기 때문에 육체적으로도 그 기능이 안정된다. 그리고 몸과 정신의 조화로 늘 맑은 정신이 유지되고 주변과의 친화력이 높아지며 잠재능력을 최대로 활용할 수 있게 됨으로 행복지수가 높아지게 된다. 특히 명상은 의식의 지평을 넓어지게 함으로 사소한 것에 흔들리지 않는 여유 있는 삶을 영위하게 된다.

명상을 통한 임상적 효과를 살펴보면 첫째, 명상은 고지혈증을 포함한 심혈관계 질환, 암, 다발성 경화증, 유방암 환자의 수면장애, 건선, 암 환자의 면역력 증가 등 신체적 질환까지도 치료하는 효과가 있는 것으로 밝혀지면서 스트레스로 인한 우울증이나 화병 등 마음에서 기인하는 심인성(心因性) 질환 치료를 위한 보조 수단으로 활용되고 있다. 미국 매사추세츠의대 존 카밧진(Jon Kabat-Zinn, 2012) 박사가 개발한 '마음 챙김 명상(MBSR·Mindfulness- Based Stress Reduction)' 프로그램은 현재 미국 270여개 병원에서 행해지고 있고, 한국에도 이 프로그램을 도입하여 실시하는 병원이 생기고 있다. 둘째, 명상은 우리 몸의 감각 메커니즘을 조절한다. 우리의 몸은 모든 감각이 통합된 시스템이기에 이것이 조화롭게 균형 잡혀 움직여질 때 평화롭고 최대의 기능이 발휘된다. 몸의 구성단위인 수십조의 세포는 살아 있는 감각 단위로써 각기 의식을 가지고 있다. 이 세포들의 의식을 의도적인 지각활동을 통해 일깨우고 서로서로를 연결시켜 순수의식으로 고취시키는 것이 곧 명상이다.

셋째, 명상은 고통이나 불안, 성격문제 등을 회피하지 않고 모든 경험을 알아차리도록 하여 진정한 자아를 찾게 한다. 그리고 정신역동적, 인지행동적, 가족체계, 이야기치료 등 특정 심리학적 이론을 바탕으로 명상을 통한 행복지수 높이기 프로그램이 활성화 되고 있다는 점은 매우 고무적인 현상이라 할 수 있다.

5 불행지수 낮추기 코칭

1. 스트레스지수 낮추기 코칭

1) 스트레스의 의미

우리는 흔히 이 시대를 스트레스(stress)의 시대라고 부른다. 미국의 한 연구 보도에 따르면 모든 질병의 75~90%는 스트레스와 관련된 질병이라고 한다. 대표적인 '신경증(노이로제, Neu-rose)'의 주범도 '스트레스'라고 알려지고 있다. 우리가 생활하는 사회는 점점 더 복잡해져서 사회에 적응하기 위한 모든 요구가 스트레스를 유발하게 되었다. 그래서 최근에는 '스트레스학 (stressology)'이라는 학문도 등장하게 되었다(최애림, 1986).

오늘날 일상용어로 사용하고 있는 스트레스(Stress)는 수세기 동안 다양한 의미로 사용되어 왔다. 스트레스(Stress)의 어원은 라틴어의 'stinger'로 '팽팽하다(tight)', '좁은(narrow)'이라는 뜻을 가지고 있는데, stinger는 후에 String, Strest, Staisse 등으로 쓰이다가 14세기에 'Stress'라는 용어가 일반적으로 사용되기 시작했다. 15세기 경 부터 영어권에서는 스트레스라는 용어가 압력(pressure), 또는 물리적 압박(physical strain)의 뜻으로 쓰이기 시작했다. 17세기에는 그 의미가 공학이나 건축분야로부터 일반화되기 시작하여 고난(hardship), 곤경(strait), 역경(adversity) 등을 의미로 받아들여졌다. 18세기와 19세기에 와서는 한 개인의 신체(organs)나 정신적 힘(mental powers)에 대한 압박, 긴장 또는 힘든 노력(strong effort)을 나타내는 말로 사용되었다(Richard, 1984).

그리고 20세기 초에 이르러서 캐나다의 내분비학자인 셀리에(Hans Selye)가 물리학과 공학에서 사용하던 스트레스 개념을 의학에 적용시키면서 일반인들 사이에서도 널리 사용되는 용어가 되었다. 셀리에는 "스트레스란 인체에 균형을 깨려고 하는 어떤 원인에 대하여 신체 전체 혹은 대부분의 기관이 항상성(homeostasis)을 유지하기 위해 노력하는 적응 반응을 말하며, 그런 반응을 일으키게 하는 요인을 스트레스원(stressor)이라고 한다"라고 말했다(Hans Selye, 1974).

지금까지 스트레스라는 용어가 일상에서 널리 사용되고 많은 연구자가 다양한 연구를 수행하고 있지만 현재 스트레스에 대한 정의는 통일되지 못하고 다양하게 사용된다. 일반적인 분류로는 근원으로써의 스트레스(Stimulus-based Model of Stress), 반응으로써의 스트레스(Response-based Model of stress), 환경과 개체 사이의 상호작용(Transactional Model of Stress)으로써의 스트레스라는 3가지 범주(category)로 나누어서 정의하는 경우가 많다.

이 세가지 범주의 각 모델의 개념을 종합해 본다면 일반적으로 사용하는 의미의 스트레스는 우리에게 가해지는 외부적인 영향을 의미하며, 스트레스는 주로 일반적인 요구에 대하여 개인이 반응하는 과정에서 생긴다고 할 수 있다. 이렇게 해서 생긴 스트레스는 인간에게 항상 존재하는 것으로 개인이 대응하여야 할 위협이 더욱 강화될 때 개체에 미치는 자극에 대한 신체의 적응과 반작용으로 긴장을 일으키는 역동적인 힘이다. 이와 동시에 생리, 심리, 사회적 체계에 부과되는 환경적 자극과 개인 내부에서의 요구로 인하여 각 개인이 경험하는 심리적 긴장감의 반응수준의 양적 측정이라고 할 수 있다(Richard, 1984).

2) 스트레스의 문제증상

스트레스를 받게 되면 단백질, 칼륨, 인 등의 배출이 증가하고 칼슘 저장이 줄어들며, 비타민 C는 부신에서 소모되어 부족하게 된다. 또한 스트레스로 인한 내분비계통의 호르몬 분비, 과도한 자유 유리기(free radical)의 분비는 세포나 면역 기능의 이상을 유발할 가능성이 크다. 자율신경의 균형을 깨뜨리는 가장 큰 요인은 지속적인 스트레스의 누적이다.

스트레스로 인한 육체적 증상으로는 피로, 두통, 불면증, 근육통이나 경직(특히 목, 어깨, 허리), 심계향진(맥박이 빠름), 흉부 통증, 복부 통증, 구역질, 전율, 사지 냉감, 안면홍조, 식은땀, 잦은 감기 등이 있다.

그리고 정신적 증상으로는 집중력이나 기억력 감소, 우유부단, 마음이 텅 빈 느낌, 혼동, 유머감각의 소실 등이 있다. 그리고 정서적 증상으로 불안, 신경과민, 우울증, 분노, 좌절감, 근심, 걱정, 불안, 성급함, 인내부족 등이 나타난다.

행동적 증상으로는 안절부절 못함, 신경질적인 습관(손톱 깨물기, 발떨기), 흡연, 울거나 욕설, 비난이나 물건을 던지거나 때리는 등 폭력적 행동이 증가한다.

3) 스트레스의 원인

스트레스는 인간에게 긴장감을 유발하는 자극에 대한 신체적, 정신적 반응으로써 외적 자극에 대해 개인이 적응할 수 있는 능력이 없을 때 나타난다. 똑같은 상황이라도 사람에 따라 스트레스가 될 수도 있고 일상적으로 받아들일 수도 있는 것이다. 과거에는 스트레스의 원인이 자연재해나 천재지변 등과 같이 상황적인 것이 많았지만 현대 생활 속에서는 스트레스를 일으키는 원인이 신체적, 심리적, 정신적인 부분에 이르기까지 다양해졌다(오윤선, 2010). 특히 인간관계에서 받게 되는 스트레스는 생존의 과정에서 그리고 처한 상황과 위치에 따라 다양하게 스트레스 요인으로 작용하고 있다.

(1) 외부적인 원인
① 자연환경 변화

지구 온난화와 더불어 기온이나 기후의 이상 변화로 인한 지나친 폭염과 추위, 자연 재해들은 사람들의 생활에 큰 스트레스로 다가오고 있다. 또 환경 파괴로 인한 물과 토양, 공기의 오염은 기본적인 생명 유지를 위협하며 스트레스를 받게 한다.

기후의 변화는 식물과 동물의 개체 수의 변화에도 영향을 미쳐 비둘기, 고양이 등의 지나친 증가는 생활 속에서 직접적인 스트레스를 받게 한다.

② 물리적인 환경 변화

산업의 발달로 도시화와 도시로의 인구 집중화 현상 등이 나타나고 있다. 그리고 도시화 현상은 물리적 환경의 변화를 초래하고 있다. 특히 소음과 공해, 교통 체증이 심해지고 있는데, 이로 인해 사람들은 짜증과 불쾌감, 분노, 인지 능력의 저하, 수면 장애 등 다양한 스트레스를 받게 된다. 또한 도시화로 인한 복잡하고 과밀한 물리적 환경은 현대인들에게 피로와 스트레스의 원인이 되고 있다.

③ 생활환경 변화

급물살처럼 빠르게 변화하고 있는 현대의 생활환경은 사람들에게 엄청난 스트레스를 주고 있다. 특히 빠르게 변하는 정보화는 사람들이 적응하는 데 많은 어려움을 주고 있다. 적응하지 못하면 삶의 질에 영향을 미치고 상황에 따라서는 생존에까지 위협을 느끼게 된다. 일상을 살아가면서 겪게 되는 수많은 사건들은 재적응과 조정을 요구하지만 이를 통해 성장해 가는 긍정적인 부분도 많다.

(2) 내부적인 원인

스트레스를 유발하게 되는 내부적인 원인은 사람마다 다르게 나타나지만 공통적으로 영향을 미치는 요인들을 살펴보겠다.

① 성격 유형

같은 환경과 조건 가운데서도 스트레스는 성격 유형에 따라 다르게 나타남을 프리드만과 로젠만(Friedman & Rosenman, 1959) 이 밝혀냈다. 도전적이고 융통성 있으며 자존감이 높은 사람은 스트레스가 올 때 자신을 성장시킬 기회라고 생각하며 더 도전적으로 대처하게 된다는 것이다. 이러한 A유형의 성격을 가진 사람은 극단적인 쟁취 의식과 적개심을 보이고 공격성과 조급함 등이 격렬한 음성과 행동에서 드러난다. 또 시간적 압박을 보이기 때문에 항상 시간에 맞추어서 일하고, 한 번에 한 가지 이상의 일을 하며 아무것도 하지 않도록 강요되었을 때 힘들어한다. 반면 B유형은 상대적으로 여유 있고 덜 경쟁적이며 느긋하고 참을성 있고, 낙관적이고 화도 잘 안 내는 편이다. C유형은 A유형과는 다른 방식으로 스트레스에 취약하고 억제적이며 자기주장이 약하다. 또 자신보다는 타인의 기대를 만족시키기 위해 더 노력하고 감정을 드러내기보다는 체념하거나 절망적인 반응을 보이며 우울, 불안, 무기력에 빠지기 쉽다.

그 외 성격적 특성으로 완벽주의와 타인 우선주의 그리고 죄책감을 들 수 있다. 완벽주의는 다른 사람에게 맡기지 못하고 자신이 완벽하게 다해야 한다는 성격이다. 타인 우선주의는 타인의 일을 우선시함으로써 자신의 일을 제대로 못하고 항상 스트레스를 받는다. 그리고 모든 잘못을 자신의 탓으로만 돌리는 사람은 아무리 최선을 다하더라도 과거에 대한 후회에 사로잡혀서 스트레스를 더 많이 받게 된다(김은영, 2016).

② 심리적인 요인

스트레스를 받게 하는 심리적인 요인은 가족 구성원 간의 문제, 학교나 직장에서의 문제, 주변 사람들과의 문제 등 대부분 인간관계의 어려움으로 받게 된다. 특히 직무 중에 받는 많은 스트레스는 심리·정서적인 요인이 주가 된다.

맥그래스(McGrath, 1990)는 직무 스트레스란 개인과 환경 간의 상호 작용을 내포하는 것이라 하였다. 또 이반시브크와 매터슨(Ivancevich & Matteson, 1980)은 직무 스트레스를 자극 반응, 자극-반응 개념으로 구분하였다. 깁슨(Gibson, 1982)은 역할 수행 과정에서 오는 갈등뿐만 아니라 직무 수행자 자신의 내적 갈등, 역할 모호성으로 인한 갈등, 직무 수행상의 역할 무능력, 역할 마찰 등의 요인에서 오는 직무 수행상의 심리적 고민 또는 불균형 상태로 보았다. 따라서 직무 스트레스는 개인과 환경 간의 상호 작용의 자극으로 나타나는 생리적·심리적 반응을 뜻함과 동시에 직무 수행자가 느끼는 역기능적인 감정이라 정의할 수 있다.

4) 스트레스의 진단

스트레스의 진단방법은 여러 가지가 있다. 그 중 가장 활용이 많이 되고 있는 한국교류분석학회(KTAA)의 '스트레스도(度) 체크리스트'와 서울 삼성병원에서 개발한 '스트레스 체크리스트'를 소개하면 다음과 같다.

【스트레스도(度) 체크리스트(KTAA식)】

작성일:　　　　년　　　월　　　일

직장명:　　　　　　　　직 위:

성 명:　　　　　　　　연 령:　　　　(남　여)

다음은 최근 3개월간에 당신의 심신(心身)의 상황(狀況)에 대한 질문인데 해당하는 숫자에 ○를 표시해 주세요.

질 문 항 목	거의 없음	가끔	보통	자주	언제나
1. 잠을 청해도 잠이 오지 않으며 잘 잘 수 없다.	0	1	2	3	4
2. 밤중에 잠이 깨고 만다.	0	1	2	3	4
3. 밤중에 잠이 깬 후 잠들 수가 없다.	0	1	2	3	4
4. 눈이 피로하다.	0	1	2	3	4
5. 입이 마른다.	0	1	2	3	4
6. 혀가 까칠까칠하다.	0	1	2	3	4
7. 코의 상태가 나쁘다.	0	1	2	3	4
8. 이명(귀가 울림)이 있다.	0	1	2	3	4
9. 피부가 가렵다.	0	1	2	3	4
10. 현기증을 느낀다.	0	1	2	3	4
11. 두통이 있다.	0	1	2	3	4
12. 위의 상태가 이상하다.	0	1	2	3	4
13. 가슴앓이를 한다.	0	1	2	3	4
14. 하리(下痢: 이질)나 변비를 반복하거나 한다.	0	1	2	3	4
15. 식욕부진(食慾不振)이다.	0	1	2	3	4
16. 어깨가 결린다.	0	1	2	3	4
17. 등이나 허리가 아프다 .	0	1	2	3	4
18. 피로하기 쉽다.	0	1	2	3	4

질 문 항 목	거의 없음	가끔	보통	자주	언제나
19. 안색이 좋지 않다.	0	1	2	3	4
20. 숨이 차거나 가슴이 두근두근 한다.	0	1	2	3	4
21. 원기가 없다.	0	1	2	3	4
22. 아침에 기분 좋게 일어나지지 않는다.	0	1	2	3	4
23. 머리가 무겁고 산뜻하지 않다.	0	1	2	3	4
24. 우울한 기분으로 산다.	0	1	2	3	4
25. 마음이 초조하여 집중력이 모자란다.	0	1	2	3	4
26. 하찮은 일에도 긴장하고 만다.	0	1	2	3	4
27. 자신감을 갖지 못한다.	0	1	2	3	4
28. 다른 사람과 만나는 것도 마음이 내키지 않는다.	0	1	2	3	4
29. 주위 사람과 잘 지낼 수가 없다.	0	1	2	3	4
30. 아무것도 아닌 것에 마음이 쓰여 일이 되지 않는다.	0	1	2	3	4
31. 불길한 생각이 떠올라서 난처하다.	0	1	2	3	4
32. 재촉 받는 느낌이 든다.	0	1	2	3	4
33. 과거의 실패를 충격적(쇼크)이라고 생각한다.	0	1	2	3	4
34. 지독하게 낙담한다.	0	1	2	3	4
35. 자신을 비참하다고 느낀다.	0	1	2	3	4
36. 가정(家廷)이 즐겁지 않다.	0	1	2	3	4
37. 직장(職場)에 가는 것이 싫어진다.	0	1	2	3	4
38. 사는 보람을 느끼지 못한다.	0	1	2	3	4
39. 자신의 성격이 싫어진다.	0	1	2	3	4
40. 「죽어버리고 싶다」고 생각할 때가 있다.	0	1	2	3	4
소 계	☐	☐	☐	☐	☐
총 계					

〈출처 : KTAA〉

* 10 이하 10-39: 정상 // 40-69: 스트레스 // 70-100: 치료대상

【 스트레스 체크리스트 】

항 목	그렇지 않다	약간 그렇다	대체로 그렇다	매우 그렇다
1. 쉽게 짜증이 나고 기분의 변동이 심하다.	0	1	2	3
2. 피부가 거칠고 각종 피부질환이 심해졌다.	0	1	2	3
3. 온몸의 근육이 긴장되고 여기저기 쑤신다.	0	1	2	3
4. 잠을 잘못들거나 잠을 깊이 못자고 자주 깬다.	0	1	2	3
5. 매사에 자신감이 없고 자기비하를 많이 한다.	0	1	2	3
6. 별다른 이유 없이 불안하고 초조해 한다.	0	1	2	3
7. 쉽게 피로감을 느낀다.	0	1	2	3
8. 매사 집중이 잘 안되고 일의 능률이 떨어진다.	0	1	2	3
9. 식욕이 없어 잘 안 먹거나 갑자기 폭식을 한다.	0	1	2	3
10. 기억력이 나빠져 잘 잊어버린다.	0	1	2	3

〈출처: 삼성서울병원〉

위 항목들에 대해 각각 전혀 그렇지 않다(0점), 약간 그렇다(1점), 대체로 그렇다(2점), 매우 그렇다(3점) 등으로 점수를 매겨 합산한 총점에 따라 아래와 같이 스트레스를 측정한다.

00~05점: 거의 스트레스를 받고 있지 않음.
06~10점: 약간 스트레스를 받고 있음.
11~15점: 비교적 스트레스가 심한 편이므로 스트레스를 줄이기 위한 대책이 필요함.
16~20점: 심한 스트레스를 받고 있으므로 신체 상태에 대한 정기적인 건강검진과 더불어 스트레스를 줄이기 위한 적극적인 대책이 필요함.
21점 이상: 매우 심한 스트레스를 받고 있으므로 당장 전문가와 상담이 필요함.

5) 스트레스의 대처와 행복코칭

사람이 스트레스를 받거나 위기에 처하면 부신에서 아드레날린(adrenaline)과 코티졸(cortisol)이 분비된다. 이 호르몬들이 정신을 차리게 하고 일시적으로 폭발적인 힘을 낼 수 있게 해준다. 그러나 자주 오래 이 호르몬들이 방출되면 소화와 면역 체계를 교란하고 결국 기력 저하와 질병으로 이어진다. 그리고 혈액 내 당도에 병적 파동을 가져옴으로써 우울함, 불안, 초조, 좌절감을 야기하여 관계에도 영향을 미친다. 코티졸 지수가 높으면 좋지 않은 식습관이 형성되어 폭식을 하거나 탄수화물, 당분을 과다하게 섭취하게 된다. 여성의 경우에는 젖산이 과도하게 분비되고 이를 중화시키기 위해 칼슘이 녹아 나와 골다공증이 되기도 한다. 따라서 코티졸 지수를 낮추고 행복지수를 높일 수 있는 코칭방법을 소개하면 다음과 같다.

(1) 인지적 대처

인지적 대처는 주어진 상황의 인식을 변화시킴으로써 비합리적인 생각을 버리고 현실적이며 논리적으로 스트레스를 극복하고 예방할 수 있도록 한다. 적극적이고 창의적으로 문제를 해결하기 위해 첫째, 직면하고 있는 문제를 정확하게 파악하고 진술해야 한다. 사실적이고 객관적인 측면을 구체적으로 진술해 나가는 것이다. 둘째, 파악한 문제에 대한 대안이나 해결 방법을 제시하는 것으로 가능한 대안들을 비판이나 평가 없이 제시해 본다. 셋째, 제시된 대안이나 해결 방법들에 대한 결과를 예측해 본다. 넷째, 가장 바람직한 해결 방법을 선택한다.

다섯째, 선택한 해결 방법에 대한 적용 결과에 따라 재평가를 시도해 본다.

스트레스 대처 실행 방안으로 앨리스(Ellis)의 합리적 정서행동 치료(Rational Emotive Behavior Therapy: REBT)를 활용할 수 있다. 앨리는 "인간은 사건 그 자체 때문이 아니라 사건에 대한 생각 때문에 고통을 받는다."라고 말한 로마 철학자 에픽테투스(Epictetus)의 말에 기인하여 우리가 직면한 사건에 대한 부정적 반응은 사건 그 자체에서보다 우리의 부정적 생각이므로 합리적이고 긍정적인 생각을 하면 긍정적인 반응을 하게 된다는 것이다. 따라서 스트레스를 일으키는 사건에 대해 다음과 같은 인지적 대처 방안으로 코칭을 할 수 있다.

① 스트레스 사건을 새롭게 본다.

우리가 주관적으로 느끼는 스트레스의 정도는 현재 상태나 상황을 어떻게 보느냐에 달려있다. 따라서 힘든 상황이라도 고통스런 측면을 과장해서 보지 않으면 스트레스를 줄일 수 있다. 또한 인간관계에서 오는 스트레스나 사소한 일을 부정적으로 해석하지 말고 좀 더 유연하고 긍정적인 사고방식을 갖도록 해야 한다.

② 스트레스에서 긍정적인 측면을 찾는다.

스트레스 없는 사회는 성장하고 발전할 수 없다. 고통을 통해서 나를 성장시키는 계기로 활용한다면 지금보다 더 나은 자신을 만들어 갈 수 있다. 인간관계에서 오는 갈등도 서로 존중하면서 개방적인 의사소통으로 해결하면 그 전보다 더 좋은 관계를 만들 수 있다.

③ 지나친 욕심을 버리고 완벽주의에서 벗어난다.

모든 면에서 완벽하게 유능하고 좋은 성격을 가지고 모든 사람과 어떠한 갈등도 없이 살겠다는 것은 현실적으로 불가능한 일이다. 완벽해지기 위해 노력하는 것은 좋지만 그러다 보면 자신이 불완전하다는 것을 끊임없이 확인하게 되기 때문에 또 다른 스트레스를 받게 된다. 따라서 최선을 다하지만 모든 점에서 완벽할 수 없다는 것을 받아들이는 마음가짐이 중요하다.

④ 적극적으로 문제를 해결한다.

스스로 해결할 수 있는 문제라면 적극적으로 문제를 해결하는 것이 스트레스를 줄이는 방법이다. 이를 위하여 중요하고 긴급한 일의 우선순위를 정하여 시행하는 것도 좋은 방법이다. 인간관계에서 생긴 문제도 시간이 너무 지나기 전에 적극적으로 해결하려는 노력이 필요하다.

⑤ 자기 존중감을 높인다.

자기를 존중하고 자신감이 넘치는 사람들은 스트레스를 덜 받는다. 사람의 가치를 외적인 기준에서 찾지 말고, 쉽게 변하지 않는 내적인 측면들로 사람을 평가해야 한다. 자신이 가치 있다고 생각하는 사람들은 가치 있는 일을 하고자 노력하게 되지만 무가치하다고 생각하면 무력감에 빠져서 실제로 가치 있는 삶을 살기 힘들어진다. 비록 부족한 것이 많아도 스스로를 존중하는 마음을 갖는 것이 스트레스를 줄여주고 어려운 상황에서 잘 대처할 수 있게 해준다.

인간의 보편적 감정 중에 절대 다수가 부정감정이기 때문에 긍정감정을 극대화시키지 않으면 부정감정의 지배 속에서 살 수밖에 없다. 특히 미해결된 마음의 상처가 많은 사람은 부정 감정지수가 더 높을 수 있다. 그러므로 행복한 삶을 영위하기 위해서 마음속의 부정감정의 잡초들을 제거하는 작업이 요구된다. 마음의 상처가 많은 사람은 자존감이 낮고 열등감이 높으며 자기효능감이 낮다.

(2) 신체적 대처

인지적 관리에 대한 점검이 끝나면 장기적인 스트레스에 대한 저항성을 높일 수 있도록 신체적으로는 어떻게 대처할 것인지 관리해야 한다. 스트레스를 받으면 온 몸의 근육이 무의식적으로 긴장하고 이것이 지속되면 통증이 생긴다. 신체 활동을 많이 하는 사람은 스트레스에 대한 저항력이 그렇지 않은 사람보다 높고 스트레스 관련 질환 발병률이 낮다. 스트레스에 노출되었을 때 손쉽게 도움을 받을 수 있는 근육 이완법, 운동, 웃음을 소개한다.

① 근육 이완법

이완 훈련은 기본적으로 긴장할 때의 감각과 이완할 때의 감각을 변별하는 능력을 발달시킴으로써 자신의 의도에 따라 근육을 이완할 수 있도록 하는 것이다. 근육 이완법은 스트레스 때문에 부정적인 신체 증상을 해소할 때와 어떤 힘든 상황 때문에 심한 불안을 다른 기법으로는 효과적으로 낮출 수 없다고 판단될 때 매우 효과적인 기법이다.

근육 이완법은 인체의 많은 근육을 의도적으로 통제하여 긴장감을 감소시킴으로써 스트레스와 관련된 신체적인 각성을 낮추어 준다. 또한 이완을 위한 다양한 기술은 신체의 자동 조절 기제가 적절한 기능을 할 수 있도록 도와줌으로 스트레스에 잘 대처할 수 있게 해준다. 이완법은 여러 학자가 다양하게 개발하였다. 대표적으로 야콥슨(Jacobson)의 점진적 이완, 벤손(Benxon)의 이완 반응, 슐츠(Schultz)와 루터(Luthe)의 자율 훈련법 등이 있다.

근육 이완법의 절차는 몸 전체와 복부 근육으로 이동하면서 어깨, 팔꿈치, 손목, 손 근육으로 단계적 처치를 한 후 마지막으로 목과 얼굴 근육 순서로 이완한다. 가장 편안한 자세로 눕거나 앉아서 이완을 시작하며, 절차에 따라 각 근육을 5초에서 7초간 긴장시킨 다음 20초에서 30초간 이완시킨다. 3개월 이상 반복하면 긴장 상태의 감지 능력이 현저히 높아진다.

② 운동

운동은 많은 근육을 의도적으로 통제하는 이완법과 달리 신체를 각성시킴으로써 스트레스를 해소한다. 그뿐만 아니라 운동은 심리적 안정제이고 만성 피로나 긴장을 줄여 주며 혈액 순환을 돕는다. 운동을 하고자 하는 동기는 스트레스에 대처하는 능력 향상, 자기 효능감 증대, 심신 건강에 따른 자신감, 사회적 상호 작용, 심리적 안정 등에 대한 욕구를 포함한다.

운동의 종류는 크게 3가지로 나눌 수 있다. 첫째, 근력 운동으로 부분적인 근육 조직의 양을 늘리는 운동을 시작하기 전에 자신의 몸 상태에 적합한 운동과 부적절한 운동을 잘 선택해야 한다. 아령, 윗몸 일으키기, 누워서 다리 들어올리기, 누워서 허리 들어올리기, 앉았다 일어서기, 팔굽혀 펴기 운동 등이 있다. 둘째, 유산소 운동은 종류에 구애받지 않고, 호흡하면서 즐기는 모든 활동 즉 걷기, 달리기, 자전거 타기, 수영, 줄넘기, 등산, 탁구, 배드민턴, 축구 등이다. 셋째, 스트레칭은 관절이 허용하는 범위까지 최대한 늘이는 유연 체조를 말한다. 스트레칭의 목적은 근육의 긴장을 완화하여 신진대사를 활성화시키고 혈액의 흐름을 촉진하여 긴장감을 줄이는 데 있다. 방법은 몸과 마음이 이완된 상태에서 자연스러운 호흡을 하며 약 15~20초 정도 한 자세를 유지한 다음 처음 자세로 되돌아온다. 운동은 하루나 이틀 간격으로 지속해야 하며 한 번에 30분씩 일주일에 3번 이상 하는 것이 좋다.

③ 웃음

웃음은 몸의 근육, 호흡, 심장, 내분비, 면역, 중추 신경계의 생리적 변화를 통하여 축적된 긴장을 이완시켜 스트레스 반응을 없애거나 감소시켜 준다. 웃음은 아무 부작용 없이 스트레스에 대한 대처 능력과 면역 기능을 키운다. 웃음의 심리적 효과는 첫째, 카테콜아민(catecholamine)의 분비를 증가시켜 신체 상태를 최상으로 만들어 대인 간 반응성과 각성 수준 정신 능력을 활성화시킨다. 둘째, 웃을 때 분비 되는 엔도르핀(endor-phin)은 우울, 불안, 짜증, 분노, 불쾌감 등을 감소시켜 각종 스트레스 반응을 완화시켜 준다. 셋째, 웃음은 상호 간의 적대감을 정화하고 원만한 인간관계를 형성하여 조직 내 구성원의 유대감을 강화시킨다.

(3) 환경적 대처

환경적 대처는 자신의 취약점을 사전에 파악하여 힘든 상황을 반복하지 않도록 대처하는 것이다. 스트레스 대처 중 적극적인 대처 방법 중의 하나가 환경을 변화시키는 것이다. 자신에게 부정적인 정서를 제공하는 환경이 무엇이었는지 탐색해 보고 사회 환경을 개선하는 것이다.

① 건강한 인간관계와 의사소통

건강한 인간관계란 상호 의존성과 독립성이 적절히 조화되어 서로에게 관심과 애정을 가지고 각자의 목표를 존중하는 것을 말한다. 누군가와 건강한 인간관계를 지속하기 위해서는 스트레스로 인해 내부 환경과 외부 환경의 균형을 잃지 않도록 적절한 자기주장과 잘 맞서는 방법을 익혀야 한다. 원하지 않는 일을 상대방이 요구할 때는 'NO'라고 대답하는 힘을 기른다면 스트레스를 받는 일도 줄어들고 자기주장도 쉽게 할 수 있을 것이다. 적절한 자기주장과 거절하기는 상대방과의 관계가 깨지지 않으면서 잘 맞설 수 있도록 자신감을 회복시켜 준다. 사람은 누구나 사는 방식이 달라 불일치가 일어날 수밖에 없으므로 건강한 관계를 맺기 위해서는 충분한 여유와 시간과 노력이 필요하다.

② 효과적인 시간 관리

시간은 한정되어 있는데 너무나도 복잡한 상황 가운데서 해야 될 일과 하고 싶은 일이 많을 뿐 아니라 삶 속에서 불시에 찾아온 일들도 너무나 많다. 따라서 시간 관리 능력이 없으면 과중한 스트레스 상황에 노출될 수밖에 없다. 그러므로 효과적으로 시간 관리를 하여 보다 여유로운 생활을 할 수 있도록 시간을 구조화해야 한다. 효과적인 시간 관리를 위한 첫 단계는 일의 우선순위를 규명하는 것이다. 많은 일 중 우선적으로 해야 할 일이 무엇인지 기록하고 일정표를 작성해 본다. 두 번째 단계는 시간 낭비를 줄이기 위해 힘써야 되는데 그러기 위해서는 자신의 행동 패턴을 변화시키겠다는 확고한 의지가 필요하다. 지금까지의 생활 습관을 냉철하게 분석해서 자투리 시간을 과소평가하지 않았는지, 주변의 자원을 충분히 활용하였는지, 사소한 일에 많은 시간을 빼앗기지 않았는지를 파악해 보아야 한다.

③ 진정한 휴식 시간

스트레스를 줄이고 건강한 삶을 유지하기 위해서는 진정한 휴식 시간이 필요하다. 신체적 휴식뿐 아니라 사회적 휴식과 정신적 휴식도 필요하다. 사회적 휴식을 위해 동료와 편안한 대화를 나누고 정신적 휴식을 위해서는 신앙생활 또는 명상, 산책, 음악 감상 등 좋아하는 취미 활동의 시간을 갖는다.

④ 자연 친화적인 실내 환경 조성

자연 친화적으로 환경을 조성하는 것은 스트레스를 해소할 뿐 아니라 내적 긴장감을 해소하고 일의 능률을 증가시킨다. 따라서 자신이 오랫동안 머무는 장소의 환경을 화초, 돌, 어항

등 상황에 적절하게 자신이 좋아하는 자연 친화적인 것들로 아늑하게 꾸며 본다면 스트레스를 덜 받고 일의 효율성을 더 높일 수 있을 것이다.

(4) 치료를 통한 대처

① 약물치료를 받는다.

스트레스 자체는 진단명은 아니지만 정확한 정신과적 평가가 내려진 후에 스트레스에 의해 고통 받는 환자에게 항우울제와 항불안제가 사용되기도 한다. 하지만 약물 자체가 적절한 스트레스 대응기술의 개발을 대신할 수는 없으며, 다른 치료를 하면서 보조적인 방법의 하나로만 사용되어야 한다.

② 심리상담 치료를 받는다.

스트레스를 줄이기 위해서 다음과 같은 심리상담 치료를 받을 수 있다. 음악치료(클래식, 민속음악 등을 이용한 심리치료기법), 미술치료, 놀이치료, 연극치료, 글쓰기치료, 웃음치료, 향기치료, 울음치료, 댄스치료 등이다.

2. 분노지수 낮추기 코칭

1) 분노의 의미

분노(anger)에 대한 정의는 다양하지만 일반적으로 분노는 가치나 욕구, 신념이라는 자기 보전의 감정이 만족되지 못하고 무시 당하거나 거부당할 때 일어나는 반응으로 볼 수 있다. 분노의 개념을 표현하는 단어들은 매우 다양하다. 첫 번째로 '열'(heat)이라는 단어가 있다. 사람들은 분노를 일컬어서 온몸에 불이 나는 상태라고 한다. 그래서 '얼굴이 벌겋게 달았다'고 하고 '불같이 성을 낸다'라고도 한다. 두 번째는 '적개심(hostility)'이라는 단어이다. 화가 난 사람은 고약하거나 악랄해진다. 사람이 화가 나면 마음이 격분해지고 성마르게 되며, 가슴이 터질 듯해 진다. 화는 사람을 미친 듯이 날뛰게 만들고 광분하게 만들기 때문이다. 분노의 세 번째 개념은 '난폭한 행동(violent action)'이다. 이는 분노가 터졌거나 또는 터지려 하기 때문에 나타난다. 이 외에도 분노를 표현할 때 '속이 터진다', '부아가 치민다', '속이 부글부글 끓는다'라는 말을 사용한다.

2) 분노의 원인

(1) 분노이론에 따른 원인

분노의 원인에 대해서 학자마다 다르게 규명하고 있다. 대표적인 학자들의 주장에 따르면 첫째, 프로이드는 인간이 좌절로 인한 공격 욕구가 유발되면 많은 에너지가 활성화 되고 공격할 대상자를 찾게 된다고 가정하였다. 그는 원초적 감정인 분노 에너지를 차단하다보면 결국 분노 에너지의 압력이 가중되어 마침내 터져 폭력적인 격노로 발전하게 된다는 것이다. 둘째, 학습이론가들은 분노를 사회적인 학습의 결과물로 생겨난 행동이라고 본다. 즉, 어린이들이 부모의 분노에 대한 반응을 보고 배우며, 텔레비전에서 분노를 표출하는 장면을 보고 학습함으로써 분노가 생겨난다고 보는 입장이다(한국가정상담연구소, 2006). 셋째, 인식이론을 주장하는 사람들은 자신이 처한 주위 상황을 잘못 판단함으로써 상대방의 행동을 잘못 받아들이고, 스스로 잘못된 결론을 내려서 화를 낸다고 본다(심수명, 2004). 그뿐만 아니라 인식론적 이론에 의하면 분노가 생리적인 요소를 가지고 있지만, 전체적인 분노 반응은 사람들이 자기가 처한 상황과 자신에게 일어나는 사건들을 어떻게 이해하느냐에 따라서 일어나기도 하고, 줄어들기도 한다고 보기 때문에 인간의 책임성을 상당히 강조한다. 넷째, 생물학적인 입장은 분노의 원인이 유전 인자의 구조(gene structure)와 혈액화학(blood chemistry), 혹은 두뇌질환(brain disease)에 있다고 본다.

(2) 내적요인과 외적요인

분노의 원인을 내적요인과 외적요인으로 구분해서 정리하면 다음과 같다.

첫째, 분노의 내적요인으로는 낮은 자존감과 좌절 그리고 완벽주의(perfectionism), 죄책감, 거절감 혹은 상처 등을 들 수 있다. 자존감이 낮은 사람들은 정상적인 상황에서도 위협을 느끼고, 두려움과 상처, 질투가 쉽게 드러난다. 그리고 자신이 설정한 목표를 향해 나아가지 못하도록 방해하는 장애물, 사건 혹은 물리적 장애가 나타났을 때 제지를 당하거나 창피를 당하는 식으로 좌절당했을 때 분노하게 된다. 또한, 완벽주의(perfectionism)적인 성격을 지닌 사람들은 자신이 생각한 '완전'에 미치지 못할 때 분노를 초래한다. 완벽주의자들 중에는 재능이 뛰어난 사람들이 많이 있지만 여전히 비현실적인 기준을 세워놓고 좌절한다. 그들이 세워 놓은 기준은 자기 자신이 가치 있는 존재라는 느낌을 충분히 갖기 위해서 반드시 그대로 이루어져야만 하는 것들이다. 예를 들면 항상 100점만 받는 학생이 90점을 받을 경우 화가 나서 우울장애에 걸리기도 한다. 이렇게 완벽주의를 추구하는 사람들은 자신들의 목표가 가로막혀 있을 때도 화를 내지만 다른 사람들에 대해서도 높은 표준을 제시해 놓고 그대로 이룰 것을 요구하며 쉽게 화를 내고 정죄하는 태도를 취한다. 실패에 대한 죄책감이 해결되지 않으면 과민하고 성급한 반응을 보이게 되고, 비난을 받게 되면 대개는 많은 분노가 일어나게 된다. 타인의 말이나 행동에 의해서 거절당하게 되면 상처를 받고 분노와 적대감을 갖기 쉬운데, 상처에 대한 반응으로 나타나는 분노는 더욱 큰 위협과 분노로 악순환이 되는 경향이 있다.

둘째, 분노의 외적요인으로는 분노학습, 갈등, 경쟁, 소음, 건강, 알코올 및 약물 오남용 등이 있다. 자녀들은 부모의 분노 표현과 가족 간의 용납 상황을 보면서 자신도 어떻게 분노를 표현할 것인가를 배우게 되고, 학교에서의 미해결된 갈등은 청소년들의 외적인 분노를 유발시킨다. 그리고 경쟁체제에서 뒤처지게 될 때 열등감과 불안감으로 아드레날린 호르몬 수치가 올라가기 때문에 감정이 민감해지거나, 각종 소음에 휩싸여 분노감정을 더욱 자극받기도 한다. 또한 개인적 고통과 피곤, 수면부족, 지나친 다이어트, 저혈당으로 인한 생화학적 변화, 생리 등은 분노감정을 자극시키는 요인이 되기도 하고 알코올과 약물 오남용 또한 분노를 촉발시킬 수 있다.

3) 분노표출유형

(1) 분노의 억제

화를 겉으로 내지 않고 속으로 참는 것은 가장 빈번하게 사용되는 분노처리 방법이다. 그러나 억제는 분노를 조절하는 바람직한 방법이 아니다. 우리는 화를 내는 것은 나쁜 것이라는 교육을 받으면서 성장했기 때문에 주위 사람들에게 화를 내지 않는 사람으로 보이기 위해서 분노를 속으로 억제하고 겉으로 표출하지 않는 사람들이 많다. 특히 자신의 감정을 드러내는 것을 억압하는 교육을 철저하게 받아온 유교문화권의 사람들에게 분노의 억제는 더 많다. 그리고 어떤 경우에는 화를 내어도 소용이 없다는 패배의식 속에서 화를 삼키기도 한다. 또한 타인들에 의해서 무시당한 경험들이 많은 경우에도 반대의견을 제시했을 때 보복을 받거나 해를 당할 것에 대한 두려움으로 인해 억제하는 경우도 있다.

(2) 분노의 공격적 표출

분노의 공격적 표출은 화를 버럭 내거나 상대방을 위협하거나 상대방을 강하게 비난하는 분노의 표현이다. 또는 끊임없이 잔소리를 하는 경우도 있다. 많은 경우에 절제되지 않은 상태에서 분노의 감정을 격양된 어조로 쏟아놓는 경우가 있다. 이러한 노골적인 분노의 표출은 인간관계를 파괴시키고 주위 사람들과 빈번하게 싸움을 하게 되며 중요하지 않은 일에 지나치게 화를 내어 감정적 에너지를 소비하게 한다.

(3) 소극적인 공격

공격적인 언어나 행동을 직접적으로 표현하지는 않지만 분노를 간접적으로 표현하는 것도 분노표출의 한 유형이다. 화가 날 때에 토라지거나 고의적으로 귀찮아하거나 감정이 있는 사람들은 피하고, 뒤에서는 그 사람에 대해서 비난을 한다. 이것은 화를 억제하는 것과는 약간의 차이가 있다. 화를 내고 싶지만 화를 냈을 때에 미칠 손해를 두려워해서 간접적인 방법으로 자신의 분노를 표출한다. 특히 간접적으로 분노를 표출하는 사람들 가운데 오랫동안 상대방에 대해서 분노의 감정을 유지하는 경우가 많다.

(4) 건설적인 자기표현

표현해야 할 말을 속에 품고 있으면 병이 된다고 한다. 그래서 분노의 감정은 폭발해서 환기시켜야 한다(Ventilation Theory)는 주장이 있다. 하지만 화는 파괴적으로 표출될수록 없어지지 않고 오히려 불에다 기름을 붓는 것처럼 더욱 증가된다고 한다. 그러기에 화를 폭발하는 것이나 화를 억누르는 것 둘 다 적절한 방법이 아니다. 건설적인 자기표현은 분노 속에 감추어져 있는 자신의 요구를 건설적인 방법으로 표현하는 것이다. 상대방을 공격하거나 적대시하는 행동은 나의 요구가 무엇인지 상대방에게 전달할 수가 없다. 인간관계에서 가장 중요한 것은 효과적인 의사소통이다. 건설적인 자기표현을 위해서는 먼저 자신이 스스로 분노의 감정 속에 어떠한 요구를 하고 있는지를 인식해야 한다. 많은 경우에 감정의 홍수에 쌓여서 자신의 요구를 보지 못한다. 그러므로 화를 내지만 화를 내는 속마음은 상대방에게 숨겨져 있다. 따라서 서로 간에 오해가 쌓이게 되고 관계의 파괴를 가져온다. 전통적으로 자기표현을 부정적으로 교육시킨 한국문화의 영향으로 우리들은 건설적인 자기표현을 하는 데에 미숙하다.

창조적인 분노표현의 핵심은 분노속의 요구를 인식하고 수용하며 걸러내는 것이다. 요구 중 90%정도는 쓸데없는 것이거나 현실적으로 불가능한 것들이다. 이러한 요구를 포기하고 10% 정도의 필요한 요구만 건설적으로 표현해야 한다. 건설적인 자기표현을 하기 위해서는 감정의 독립이 필요한데, 상대방의 감정이 자신을 사로잡지 못하도록 하는 것이 중요하다. 나 표현법이나 자기주장 훈련을 통해서 자기표현 기술을 습득하는 것이 필요하다.

(5) 분노의 포기

분노의 마지막 표현방법은 분노 자체를 포기하는 것이다. 분노의 감정을 억누르고 속에 품고 있음으로 인하여 육체적·정신적 고통을 받는 것이 아니라 분노의 감정을 사라지게 하여 건설적으로 분노를 처리하는 방법이다. 분노 속에 감추어진 인간의 요구들은 매우 다양하다. 현실적으로 수용되고 변화될 수 있는 요구사항들이 있는 반면에 한편으로는 현실의 수용이나 변화가 불가능하고 바꾸려고 하였을 때 오히려 역효과를 가져오는 경우가 있다. 요구를 표현했을 때 오히려 상대방과의 갈등을 가져오게 되며 속으로 억누를 때에 내면화된 욕구불만이 쌓이게 된다. 분노의 포기는 모든 상황을 내 마음대로 조절할 수 없다는 인간의 한계를 인정하는 것이며 또한 현실을 인정하고 수용하는 자세에서 출발한다.

4) 행복을 위한 분노조절 기법

(1) 인지행동적 치료

다양한 분노 유발 대상자와 구체적 분노 상황에 있어 보다 더
효과적으로 분노를 조절하기 위한(Anger Management) 최초의 연
구는 1970년 대 중반에 노바코(Novaco)에 의해서 시작되었다.
부적응적인 인지나 사고과정을 합리적인 신념체계로 변화시키
거나 분노경험과 밀접한 관계가 있는 생리적 긴장상태를 이완
하는 연습을 통하여 분노를 조절하며 인지이완요법을 적용하
여 분노조절을 한다.

(2) 이완기법

이완기법은 신체의 모든 근육에 이완반응을 조건화시킴으로
써 자율신경계의 교감신경 활동을 감소시키는 치료적 기술이
다. 주로 스트레스에 의한 부정적 신체증상을 감소시키고 방지
하기 위한 목적으로 자신이 처한 어려운 상황을 변화시키기 힘
들 때 활용하는 대처방법이다. 최근에는 이완기법이 스트레스
완화 목적 외에 분노조절을 위해서도 활용되고 있다.

최근에 사용되고 있는 이완기법 가운데 분노조절을 위해서
관심을 받고 있는 것 중 한 가지가 명상이라고 할 수 있다. 명
상은 고대 동양불교 수행법의 하나로써 자기마음의 내부를 들
여다보고 자기를 탐구하여 스스로를 이해하기 위하여 정신을
수련하는 방법을 일컫는다.

명상수련에도 여러 가지가 있는데, 존 카밧진(Jon Kabat-Zinn, 1993)은 자신에게 주어지는 감각 혹은 만트라(mantra, 특별한 소리나 어구를 조용히 스스로 반복하는 것)에 자신의 주의력을 집중하는 것을 주의집중명상이라고 했다. 그리고 로스와 크리저(Roth & Creaser, 1997)는 주의집중명상을 호흡명상(breathing meditation, 복식호흡과 단전에 주의를 기울이는 것), 먹기명상(eating meditation, 먹는 행위에 주의를 기울이는 것), 도보명상(working meditation, 걷는 행위에 주의를 기울이는 것), 요가(yoga, 신체수련의 한 방법) 등으로 구분하였다. 위의 주의집중명상들은 이완반응을 발생시키기 위한 것으로서 의식은 각성상태에 있으나 신체는 이완되어 편함을 느끼게 하는 것이다.

(3) 감정표현기법

감정표현기법을 통한 분노 조절에 대한 연구는 90년대 말부터 많이 이루어지고 있다. 감정표현기법 가운데는 이야기하기, 행동하기 및 동작표현하기, 미술치료, 음악치료, 영화와 드라마 활용 등 매우 다양한 방법이 활용되고 있다. 최근에 영화를 통한 분노조절 프로그램 연구를 실시한 결과 유의미한 효과가 나타났다고 보고하고 있다. 최헌진(2003)은 분노조절에 사이코드라마를 통한 기법이 유용함을 주장했다. 그리고 박혜성과 홍창희(2008)의 연구 결과를 볼 때 감정표현기법이 인지이완기법보다 더 효과가 있는 것으로 나왔다.

(4) 자기주장기법

웹스터 사전에 의하면 자기주장(assert)이란 "긍정적으로 확실하고 솔직하게 또는 강하게 말하거나 주장하는 것"이라고 정의

한다. 진정한 의미의 자기주장은 다음 네 가지 특징이 있다.

첫째, 자신을 주저 없이 드러낸다. 언어와 행동으로써 "이것이 바로 나다. 이것이야말로 내가 느끼고 생각하고 원하는 것이다"라고 말할 수 있어야 한다. 둘째, 대상에 구애받지 않고 모든 사람들 —처음 본 사람이나 친한 친구 또는 가족 모두— 과 대화할 수 있어야 한다. 이때의 대화는 항상 개방적이고 직접적이며 솔직해야 하지만 정도를 벗어나서는 안 된다. 셋째, 인생을 적극적으로 산다. 자신이 원하는 목표를 추구하며 일이 일어나기를 기다리는 수동적인 사람과는 달리 일을 만들어 나간다. 넷째, 자신을 존경할 수 있는 행동을 한다. 그러나 언제나 자신이 옳을 수만은 없으며 스스로 한계가 있다는 사실을 수용해야 한다. 비록 목표를 이루지 못했다 하더라도 최선을 다함으로써 승패와 관계없이 자긍심을 지녀야 한다.

자기주장 훈련은 영어를 배우는 것과 비슷하다. 영어를 배우기 위해서는 기본적인 문법을 배운 후에는 실제로 말을 해 봄으로 언어를 습득할 수 있다. 이와 같이 자기주장 훈련도 단순한 이론을 배운 후에는 행동적인 실습을 통해서 몸에 익히는 것이 중요하다.

(5) 요청하기

요청하기는 각자 두 사람씩 짝을 지어서 훈련한다. 예를들어 오늘은 잘 모르는 학생에게 강의안을 빌려달라고 요청하라. 상대방이 꼭 빌려주어야 한다는 생각을 하지 마라. 또한 잘 모르는 식당에 가서 물 한잔을 달라고 요청하라. 물을 주면 마시고 감사하다고 말하라. 그러나 주지 않더라도 "어쨌든 고맙습니다."라고 말하고 나오라. 나는 상대방에게 강요하는 것이 아니라 단지 요청하는 것이다. 그러나 내가 요청할 수 있는 권리가 있는 것과 같이 상대방은 거절할 수 있는 권리가 있다. 상대방의 거절은 나를 거부한 것이 아님을 기억하라.

(6) 거절하기 훈련

살아가면서 누구나 많은 요청과 요구를 받게 된다. 그러나 모든 요청을 받아들이며 살수는 없다. 경우에 따라서는 상대방의 요청을 거절하여야 한다. 거절을 하지 못하면 자기 권리를 주장할 수 없고 자기 인생을 컨트롤할 수 없게 된다. '아니오'라고 말하며 거절하는 것이 최선이라고 느낄 때 억지로 마지못해서 하는 대답은 잘못된 것이다. 거절을 못하고 자기 의사를 분명하게 밝히지 못하면 사람에 대한 불만이 쌓이고 결국에는 엉뚱한 화를 낼 수 있다.

1단계- 주어진 상황에 어떻게 대답할 것인가를 써 보아라.
2단계- '아니오'라고 거절하는 연습을 하라. 자신에게 내려진
　　　　적이 있거나 내려질 부당한 요청들을 생각해 보라.
3단계- 실제상황에서 거절할 기회를 찾는다.

(7) 감정이 담긴 대화 훈련

자신의 감정을 인식하고 적절하게 표현하는 것은 자기표현에 있어 매우 중요하다. 의외로 자신의 이야기를 잘 하지 못할 뿐 아니라 감정표현을 못하는 사람들이 많다. 자신의 감정에 무감각해지면 감정조절을 잘 못하게 되고 파괴적인 감정의 폭

발이 되기 쉽다. 자신을 표현하지 못하면 주위 사람들은 당신의 감정을 읽는 독심술자가 되어야 한다. 자신을 있는 그대로 드러내지 못하면 주위의 사람들과의 관계가 불편해진다. 감정의 훈련에는 목소리에 감정을 담기, 직접적으로 감정 표현하기, 감정을 얼굴에 나타내기 등 다양한 측면에서 훈련이 필요하다.

감정을 강조하는 동사를 이용해서 주위 사람들과 직설적으로 대화하는 문장을 연습하라. 특히 '나'라는 단어를 사용하는 것이 좋다. "나는 그 말을 들으니 참 좋군요." "나는 당신의 그 말이 싫어요." 등등 감정표현을 하는 문장들을 하루 동안 몇 번이나 사용했는지 기록한다. 일주일 후에 이러한 문장들을 몇 번이나 사용했는지 검토하고 횟수를 늘려라.

(8) 기타 기법

분노조절을 위한 집단상담 프로그램으로 감사 프로그램(thanksgiving Program)이 있다. 이 기법은 감사하는 마음이 무엇인지 깊이 생각해 보면서 스스로 자신의 주변에서 감사할 것들을 찾아 보고, 그 감사함을 직접 행동으로 실천해 보도록 해주는 집단상담 프로그램이다(서덕남, 2009). 그리고 최근 분노조절을 위한 기법으로 웃음치료가 있다. 웃음치료는 기존의 다양한 심리기법을 웃음치료를 위해서 통합시킨 것이다.

【 분노지수 검사 】

본 검사지는 분노를 측정하기 위한 도구로 총 25문항으로 되어 있다. 아래의 각 문항을 읽고 당신의 감정에 대해서 가장 잘 나타내는 응답에 ∨표를 하기 바란다.

분노 평가 문항	거의, 아무 화도 느끼지 않는다 0	조금 화가 난다 1	어느 정도 화가 난다 2	상당히 화가 난다 3	매우 화가 난다 4
1. 당신은 방금 구입한 기계의 포장을 풀어 플러그를 꽂았으나 작동하지 않을 때					
2. 당신을 제멋대로 대한 가게주인에 의해 바가지를 썼을 때					
3. 다른 이의 행동은 주목되지 않고 당신만 유독 지적당할 때					
4. 당신 물건을 진흙에 빠뜨렸을 때					
5. 당신이 사람들에게 이야기해도 그들이 대답하지 않을 때					
6. 어떤 이들은 그렇지도 않으면서 대단한 사람인 것처럼 한다.					
7. 식당에서 당신이 식탁으로 컵 4개를 운반하려고 애쓸 때 누가 당신과 부딪쳐 음료수를 쏟았다.					
8. 당신이 옷을 걸어 놓았는데 누군가 그것을 쳐서 바닥에 넘어뜨렸다.					
9. 당신이 어느 가게에 들어선 순간부터 점원에게 구박 당한다.					
10. 놀림과 조롱을 당할 때					
11. 당신이 어떤 이와 함께 어떤 곳에 가기로 약속했지만 그 사람이 마지막 순간에 당신을 바람맞힐 때					

분노 평가 문항	거의, 아무 화도 느끼지 않는다 0	조금 화가 난다 1	어느 정도 화가 난다 2	상당히 화가 난다 3	매우 화가 난다 4
12. 교통신호등에서 당신 차의 엔진이 꺼진 판에 당신 뒤차의 사람이 경적을 계속 울려 댈 때					
13. 당신이 운전을 잘 하지 못할 때 어떤 이가 당신에게 "어디에서 운전을 배웠어?"하며 소리친다.					
14. 어떤 이가 실수하고는 당신 탓으로 돌린다.					
15. 당신은 집중하려 애쓰지만 당신 근처의 사람이 발을 토닥거린다.					
16. 당신은 중요한 책이나 물건을 빌려주었으나 그 사람이 돌려주지 않는다.					
17. 당신은 바빴다. 그런데 당신과 함께 사는 사람이 당신이 그 사람과 함께 하기로 동의한 중요한 것을 어떻게 잊었느냐고 불평하기 시작한다.					
18. 당신은 당신의 느낌을 표현할 기회를 주지 않는 동료나 상대와 중요한 일을 토론하려고 애쓰고 있다.					
19. 별로 아는 바도 없으면서 어떤 화제에 대해 논쟁하기를 고집하는 어떤 이와 당신은 토론하고 있다.					
20. 어떤 이가 당신과 다른 이의 논쟁에 끼어든다.					
21. 당신은 급히 어떤 곳에 가야한다 . 그러나 당신 앞 차는 속도 제한 70Km 의 도로에서 약 40Km 로 가고 있는데다가 당신은 앞지르기조차도 할 수 없다.					
22. 껌 덩어리를 밟았다.					

분노 평가 문항	거의, 아무 화도 느끼지 않는다 0	조금 화가 난다 1	어느 정도 화가 난다 2	상당히 화가 난다 3	매우 화가 난다 4
23. 당신은 적은 무리의 사람들을 지나치다가 그들에게 조롱당한다.					
24. 어떤 곳에 급히 가려다가 뾰족한 물건에 좋은 바지가 찢어진다.					
25. 당신은 하나 남은 동전으로 캔을 빼려 했으나 캔은 안 나오고 동전을 삼켰다.					

출처: Novaco, Anger Inventory

0~45점: 일반적으로 체험하는 분노와 괴로움의 양이 상당히 적다. 소수의 사람만이 이에 해당된다.

46~55점: 보통 사람들보다 상당히 평화스럽다.

56~75점: 보통 사람들처럼 적당히 분노를 표출한다.

76~85점: 보통 사람보다 흥분하기 쉬우며 화를 더 잘 내는 편이다. 흔히 성난 방법으로 인생의 많은 괴로움에 반응한다.

86~100점: 강한 분노의 반응을 보이는 분노의 왕이다. 이러한 경우는 격렬한 분노를 표출 한 후에도 그 부정적 감정이 쉽게 사그라지지 않는다.

3. 트라우마지수 낮추기 코칭

1) 트라우마의 의미

트라우마 즉, 외상 후 스트레스 장애(Post-Traumatic Stress Disorder)의 사전적 의미는 신체적인 손상과 생명의 위협을 받은 사고에서 정신적으로 충격을 받은 뒤에 나타나는 심리적인 질환이다.

한국인의 마음이 아프다는 것은 곧 커다란 심리적 트라우마가 있음을 의미한다. 이러한 심리적 트라우마는 높은 자살률과 불특정 다수를 향한 범죄, 학교 폭력, 배금주의, 도덕적 해이 등으로 표출되고 있다. 몸의 상처는 눈으로 보이고 직접적으로 고통을 주기 때문에 민감하게 받아들이고 치료를 받는다. 반면 마음의 상처는 눈에 보이지 않기 때문에 파악하기 힘들고, 정신적 고통 때문에 방치하는 경향이 있다.

2) 트라우마와 뇌 활동

마음의 상처는 몸에 생기는 상처와 달리 신체적인 문제 자체는 없는 것처럼 보이지만, 충격적인 체험에 의한 쇼크는 뇌 속에 영속적으로 생화학적인 변화를 가져오므로 이것이 트라우마 후유증을 심각하게 만드는 원인이 된다.

우리 뇌에는 외부자극에 대한 불안과 두려움을 느끼게 해주고 적절하게 대처하도록 하는 두 개의 정보처리 시스템(information processing system)이 있다. 하나는 일종의 급행열차(fast circuit)

로 편도체(amygdala)가 관여하고, 또 다른 하나는 완행열차(slow circuit)로 피질과 해마(hippocampus)가 관여한다. 이 두 개의 신경회로 시스템은 위험한 상황에 처했을 때 각기 다른 역할을 담당한다. 급행열차의 신경회로는 외부자극을 시상에서 편도체로 전달, 반사적이고 즉각적인 신체 반응이나 행동을 유발하는 시스템이다. 즉, 무의식적으로 일어나는 정서반응이나 행동반응, 신체 반응과 연관이 있는 시스템이다. 완행열차의 신경회로는 외부자극을 시상에서 대뇌피질과 해마로 전달하여 외부자극을 주의 깊게 평가하는 시스템이다. 외부자극을 과거의 유사상황과 비교 검토하여 가장 적절하다고 판단되는 대응책을 의식적으로 실행하도록 한다. 이 두 개의 신경회로 시스템은 외부로부터 위협적인 자극이 들어올 때마다 서로 상호보완적인 기능을 유지하면서 적절한 평가와 대처를 할 수 있도록 돕는다.

트라우마를 경험하게 되면 뇌의 정보처리 시스템은 커다란 혼란을 겪는다. 트라우마라는 압도적인 위협자극은 두 개의 신경회로의 보완기능에 분열을 일으킨다. 그 결과 급행열차의 신경회로만 일방적으로 활성화되고 완행열차의 신경회로는 억압된다. 매우 위협적이고 위험한 자극이 들어오면 자극을 천천히 평가할 수 있는 여유가 없으므로 응급으로 빠르게 반응하는 시스템만 작동하게 된다.

이러한 정보처리 시스템의 지속적 변화에 절대적인 영향을 미치는 신경전달물질은 트라우마를 받게 될 때 뇌에서 분비가 증가되는 노르에피네프린(norephinephrine)이다. 노르에피네프린은 불안과 공포반응, 놀람을 주로 관장하는 물질이다. 급행열차의 신경회로가 활성화되고 완행열차의 신경회로가 억압되는 작업에 관여하고 있는 것이다. 외상의 경험이 지나가고 난 뒤 뇌에서는 계속 노르에피네프린의 분비가 증가되어 있기 때문에 정보처리 시스템은 원래 기능을 회복하지 못하게 된다. 오랜 시간 동안 급행열차로 정보를 처리하는 시스템만 활성화 되어있기 때문에 트라우마와 비슷한 외부 자극만 와도 이 시스템이 경보를 요란하게 울린다. 완행열차의 시스템은 억압되어 있기 때문에 외부자극을 원래의 트라우마와는 다른 것으로 평가하고 적절하게 대처할 수가 없는 것이다.

이 밖에도 도파민(dopamine), 오피오이드(opioid), 글루코코르티코이드(glucocorticoid) 같은 신경전달물질도 증가하게 된다. 반면 세로토닌(serotonin)은 감소하고 신경전달물질의 변화는 외상의 기억을 처리하고 통합하는 기능을 마비시킨다.

3) 빅 트라우마와 스몰 트라우마

넓은 의미에서 심리적 외상인 트라우마는 자신이나 세상에 대해 부정적이고 비합리적인 잘못된 믿음이 생겨나도록 하는 모든 경험들이다. 우리가 살아가면서 경험하게 되는 트라우마는 빅 트라우마와 스몰 트라우마로 구분할 수 있다.

첫째, 빅 트라우마(big trauma)는 전쟁, 재난, 천재지변, 불의의 사고, 강간, 아동기 성폭행 등과 같이 일상을 넘어서는 커다란 사건이 한 개인의 삶에 극적인 영향을 주는 경험을 말한다. 이러한 경험들은 개인이 세상에 대해서 가지고 살아온 기본적인 가치와 관점을 뒤흔들어놓는 엄청난 충격을 주게 된다. 따라서 많은 경우 악몽, 플래시백, 불안, 공포, 회피, 일상에서의 부적응과 같은 외상 후 스트레스 증상을 일으키게 된다.

둘째, 스몰 트라우마(small trauma)는 각 개인의 삶에서 자신감 혹은 자존감을 잃게 만드는 일상에서의 경험, 사건 등으로 우리 삶 곳곳에 존재한다. 이러한 경험들 역시 자신에 대해 부정적이고 제한적인 믿음을 갖게 하여 자신의 잠재력을 충분히 발휘하지 못하게 되며, 위축되고 불만족스러운 삶을 살게 된다. 한편 트라우마 경험들은 그것을 경험했을 당시의 이미지, 신체감각, 맛과 냄새, 소리, 그 때의 생각들까지 그대로 뇌에 저장하게 된다. 시간이 지나도 그 상태 그대로 얼어붙어 당시의 신경망에 갇히게 되는 것이다. 어릴 적의 외상사건과 관련된 모든 기억이 자신의 신경망에 그때의 외상경험 그대로 저장되어 있기 때문에 시간이 지나도 그 기억을 자극하는 반응이 오면 강렬한 정서반응이 나타나게 된다. 망가진 레코드 음반처럼 몇 번이고 반복해서 우리의 몸과 마음에 외상의 경험을 불러일으킨다. 악몽을 꾸고 플래시백처럼 사건이 떠오르는 과정들은 덫에 빠져있는 정보를 어떻게든 스스로 처리해나가고자 하는 우리 정신의 시도라고 할 수 있다.

4) 트라우마 경험과 관련된 부정적 인지

인간의 뇌도 정신건강의 균형을 유지하는 정보처리시스템을 갖고 있다. 많은 스트레스를 받아 힘들고 괴로워도 잠시 쉬면서 휴식을 취하거나 친구들과 만나 마음껏 떠들거나 혹은 여행을 떠나면 다시 마음의 안정을 되찾게 된다. 그러나 강렬한 트라우마의 경험은 이러한 뇌의 정보처리시스템을 붕괴시키기 때문에 오랜 시간이 지나고 난 뒤에도 그 트라우마와 연관된 기억에 전혀 변화가 일어나지 않게 된다. 트라우마를 경험 했을 당시의 생생한 이미지, 강렬하고 압도되는 듯한 감정, 아프거나 긴장되었던 신체 감각. 매우 부정적인 생각은 시간이 지나가도 뇌에서 정보처리를 하지 않기 때문에 그대로 고스란히 남게 되는 것이다. 그러므로 트라우마 기억을 떠올릴 때마다 과거의 트라우마를 다시 생생하게 재현되는 것과 같은 현상이 일어난다. 트라우마를 경험할 때 갖게 되는 부정적인 생각이나 신념은 매우 비합리적이고 지나치게 자기 비난적인 경향이 있다.

트라우마를 경험한 사람들이 갖고 있는 부정적인 생각이나 믿음은 크게 다음의 세 가지 영역으로 나눌 수 있다.

첫째, 책임감 혹은 결함과 관련된 부정적인 생각이다. 트라우마를 경험한 사람들은 자신에게 어떤 문제점이나 결함이 있어서 트라우마가 일어났다고 믿는 경향이 있다. 그들은 책임을 다하지 못한 자기 자신을 비하하고 자신은 벌을 받아 마땅하다고 믿는다. 어린 시절 부모로부터 학대를 받은 피해자들은 학대가 일어난 것에 대해서 대부분 자신에게 책임이 있다고 믿는 경향이 높다. 그들은 '내가 사랑스럽지 않아서', '내가 잘못을 해서', '내가 뭔가 부족해서'라고 생각하면서 학대가 일어난 것이 자신의 책임이라고 믿고 살아간다. 모든 인간관계에서 자신이 책임을 지려려기 때문에 부모에게는 좋은 자녀가 되려는 노력, 친구에게는 좋은 친구가 되기 위한 노력, 배우자에게도 좋은 배우자가 되려는 노력을 지나치게 많이 한다. 그들은 치료받을 때조차도 치료자에 대해 책임감을 느끼기도 한다.

둘째, 안전 혹은 취약성과 관련된 부정적인 생각이다. 강렬한 트라우마를 경험한 사람들은 트라우마 사건이 이미 지나간 일임에도 불구하고 지금 현재의 환경에서도 지속적으로 위협을 느끼며 안전하지 않고 자신을 보호할 수 없다는 생각을 하는 경향이 있다. 그래서 이들은 어디에서 누구와 함께 있어도 안전하다는 생각을 하지 못한다.

셋째, 조절 혹은 선택과 관련된 부정적인 생각이다. 트라우마를 경험할 당시 피해자들은 자신의 신체와 가해자에 대해, 그리고 자신이 처한 상황에 대해 그 어떤 대처나 조절도 할 수 없는 상황에서 꼼짝없이 당하는 경험을 했기 때문에 무기력감을 느낄 수밖에 없다. 특히 어린 시절 학대를 받은 사람들은 이러한 무기력감과 연관된 부정적인 믿음이 그대로 성인기까지 지속된다. 이런 부정적인 생각이나 믿음에 빠지게 되면 피해자들은 자신을 어떤 상황에서도 힘없이 당하는 희생자로 느낀다. 성인이 되어 어느 정도 자신의 생활에서 힘이 생겼음에도 불구하고 자기 자신은 어떤 선택이나 조절도 할 수 없다고 믿는다.

5) 트라우마지수 낮추고 행복지수 높이기

(1) 트라우마의 치료와 회복단계

① 1단계

트라우마를 반복 경험하였다든지 혹은 너무 어린 나이에 트라우마를 경험한 경우 외상의 기억을 직접 다루면 오히려 환자가 정서적으로 더 불안정해진다. 따라서 트라우마의 기억을 처리하는 것보다 피해자가 먼저 안전감을 느끼고 스스로 상황을 통제할 수 있다는 자신감을 갖도록 돕는 것이 더 시급한 문제이다. 어떤 의미에서 트라우마의 치료는 피해자에게 위험이 다 지나갔으니 지나친 방어를 이제 그만 풀으라고 하는 것인데, 실제로 충분히 안전하지 않은 상황에서 방어를 그만 멈추라고 하면 오히려 더 위험할 수 있다. 그러므로 안전이 확보되지 않은 상황에서는 트라우마에 대한 어떠한 치료적인 도움도 성공할 수 없다. 피해자를 여전히 위협하거나 불안하게 만드는 요소가 실제로 있는지를 잘 파악하여 부정적인 요소가 있다면 우선 이를 차단하고 스스로가 적절한 대응을 할 수 있도록 도움으로써 피해자가 충분히 안전감을 느낄 수 있도록 해야 한다.

급성 트라우마의 경우 대개 며칠에서 몇 주 기간이 걸리지만 만성적인 학대를 받았거나 반복적으로 일어난 트라우마의 경우 몇 개월에서 몇 년이 소요되기도 한다. 만성 트라우마 피해자의 경우 오랫동안 위험감과 불안감 속에서 지내왔기 때문에 세상이 안전하다는 생각을 거의 못하고 살아왔을 것이다. 그러므로 안전감을 느끼는 것 자체를 두려워하고 받아들이지 못하는 경우가 많다. 안전감에 확신을 가지려면 충분한 시간이 필요하다. 특히 이들에게는 자신의 신체적 증상이나 불안정한 감정에 대해 스스로 조절할 수 있다는 통제감을 피해자 스스로가 터득하고 느낄 수 있어야 한다. 또한 충분히 안전감을 확보한 뒤 트라우마 기억을 처리하도록 도와야 한다.

② 2단계

트라우마 치료의 2단계는 본격적으로 트라우마의 기억을 떠올리고 이를 말로 해나가는 것을 돕는 작업을 말한다. 외상기억은 대개 압도적인 감정과 신체의 기억이기 때문에 말로 표현하는데 어려움이 많다. 그래서 대부분의 피해자들은 트라우마 기억을 아예 무감동하게 이야기하거나 반대로 감정에 압도되어 말로 표현하지 못하는 모습을 보인다. 치료자는 피해자가 안정된 상태에서 언어로 트라우마의 경험을 삶의 이야기로 재구성하도록 돕는 것이다. 피해자는 조금씩 힘을 얻어가면서 얼어붙은 이미지와 압도되는 감정 그리고 조각난 감각의 파편을 하나하나 모아 이야기의 기억으로 통합해나가야 한다. 이는 대단히 힘든 과정으로 피해자가 트라우마의 기억을 조금씩 떠올리면서 동시에 현재의 안전한 상황에 집중하도록 치료자가 적극적으로 도와야 한다. 피해자가 견딜 수 있는 범위 내에서 조심스럽게 치료 작업을 해나갈 때 피해자는 트라우마의 기억에 압도당하지 않으면서 서서히 이야기 기억으로 통합해 갈 수 있다. 이러한 치료과정은 트라우마 기억을 완전히 제거하는 것이 아니라 트라우마 기억을 이야기로 표현할 수 있도록 돕는 것이다. 그런데 이러한 트라우마 기억이 처리되는 과정에서 많은 피해자는 트라우마로 인해 생긴 상실감을 크게 느끼게 된다. 트라우마로 인해 소중한 사람과 쌓아온 경력, 직업, 신체적인 건강까지 잃었다면 트라우마 처리과정에서 상실감이 끈질기게 따라올 수밖에 없다.

또한 트라우마 이야기를 하다 보면 피해자들은 종종 깊은 슬픔과 절망감에 빠진다. 이러한 감정에 빠지는 것 자체가 너무 힘들고 견딜 수 없는 일이므로 피해자는 이러한 감정을 받아들이려 하지 않는다. 대신 복수심이나 원망감에 빠지거나 혹은 너무 서둘러서 가해자를 용서해야 한다는 강박 관념에 빠지게 된다. 이러한 상실감의 회피는 결국 트라우마로부터의 회복을 더디게 할 경우가 많다. 상실감은 결국 피해자가 견뎌내야 하고 받아들여야 하는 것이다. 트라우마 기억을 떠올리고 이야기할 때마다 슬퍼지고 절망스러워지겠지만 슬픔이나 절망감보다 화를 내고 원망하고 재빨리 용서하는 것이 더 견딜 수 있다. 이를 조금씩 견뎌내고 받아들일 때 트라우마는 서서히 그 강렬함과 특별함을 잃어가게 된다. 상실감으로 인해 자주 슬픔을 느낄 수밖에 없겠지만 그 슬픔은 삶의 중심에서 멀어져 간다.

③ 3단계

트라우마 치료의 마지막 3단계는 고립감에서 벗어나 사회적 연결을 다시 만들어 가면서 새로운 삶을 발전시켜나가는 연결의 복구 과정이다. 트라우마로 인해 철저히 단절되고 고립된 삶을 살아온 피해자는 트라우마 기억을 처리하면서 어느 정도 회복이 되면 다시 주변 사람을 신뢰하고 그들과 친밀한 관계를 만들어나 갈 수 있어야 한다. 믿음과 결속감은 트라우마를 경험한 피해자가 세상을 살아가는 데 아주 커다란 힘이 된다.

회복과정을 통해 트라우마가 견딜 수 있는 인생의 아픔이 되어갈 때 우리는 트라우마가 생기기 전보다 더 깊이 성장할 수 있다. 과거로 되돌아 갈 수는 없지만 앞으로 더 나아갈 수 있게 되는 것이다.

(2) 트라우마의 치료기법

① 약물치료

트라우마 치료 작업의 최종 목표는 외상이 발생하기 이전의 기능 수준으로 회복되는 것이다. 트라우마를 치료하는 일에는 많은 노력이 요구된다. 트라우마 약물치료는 주로 환자의 증상에 따라서 세로토닌 재흡수 억제제나 삼환계 항우울제(tricyclic antidepressant, 三環系抗鬱藥)를 사용하고 있다. 최근 열린 'PTSD 최신지견' 학술좌담회에서는 외상 후 스트레스 장애로 우울장애 및 공황발작, 사회공포증, 자살사고 등을 동반하는 환자의 치료에 졸로푸트(Zoloft: 일반명은 sertraline) 등 선택적 세로토닌 재흡수억제제(Selective Serotonin-Reuptake Inhibitors: SSRI)가 가장 우수한 1차 선택 약물이라고 하였다. 그러나 아직 그 치료효과는 확립되지 않은 상태이다.

② 가족치료

트라우마 환자들이 공통적으로 인간관계 기능에 문제가 있다는 점을 볼 때 가족 간 의사소통을 촉진시키는 가족치료도 도움이 된다. 가족치료에서 가장 중요한 점은 안전하고 지지적인 가족환경에서 외상 경험과 연합된 감정과 생각을 공유하고 논의할 수 있어야 하며 모든 구성원들이 연령에 따라 구별되도록 가족을 재구조화를 해야 한다.

미국의 심장 내과의사 딘 오니시(Dean Ornish)는 그의 저서 『사랑과 생존』에서 누군가와 친밀하게 연결되어 있어 정서적으로 지지받고 사랑받는다고 느끼는 사람들은 우울, 불안, 자살, 심장병, 위궤양, 감염, 고혈압, 치매 그리고 암의 발생률이 낮았다고 보고했다. 사랑은 뇌 기능을 촉진하고 뇌가 건강하면 사랑을 주고받고 유대감을 형성하는 능력을 촉진시킨다.

함께 많은 시간을 보내는 가족 간의 긍정적인 지지체계는 몸과 마음의 상처를 극복해 나가는데 가장 강력한 요소가 된다. 자신에 대해서 긍정적이며 자신을 사랑해주는 사람들과 같이 있으면 행복하고 만족스러우며 오래 살 가능성이 커진다는 것은 누구도 부인하기 어렵다. 트라우마 치유에 여러 가지 요소가 필요하지만 긍정적인 가족 지지체계와 그 속에서의 사랑보다 더 좋은 치료제는 없다.

③ EMDR(Eye Movement Desensitization & Reprocessing) 치료

EMDR은 1987년, 미국의 프랜신 샤피로(Francine Shapiro)라는 사람에 의해 우연히 발견되었다. 당시 그녀는 자신의 고통스러운 문제로 고민하면서 공원을 산책하던 중 눈을 움직이면서 과거의 기억을 떠올리다 보니 갑자기 그 기억과 연관되었던 고통이 사라진다는 것을 깨달았다. 그녀는 신기해서 그 기억들을 다시 떠올려보았으나 방금 전처럼 생생하게 고통스럽지 않다는 것을 알게 된다. 그녀는 안구운동이 자신의 고통스러운 감정과 생각을 마치 의식 밖으로 밀어내는 것처럼 느꼈다. 보통 사람 같으면 '그냥 그런가 보다'하며 대수롭지 않게 생각하고 넘겼을 텐데, 호기심과 탐구심이 많았던 그녀는 이러한 현상에 대한 실험을 진지하게 시작하였다. 대부분의 사람들은 스스로 오랜 시간 동안 안구운동을 지속하지 못한다는 것을 알고 나서 그녀는 자신의 손가락을 따라 안구를 움직이도록 하였다. 수년

에 걸친 실험을 통해 샤피로는 안구운동이 고통스러운 기억에 대한 민감도를 감소시킨다는 것을 믿게 되었고 이를 보다 더 세련된 기법으로 발전시켰다.

EMDR의 치료효과를 입증하는 수많은 연구결과가 있는데 특히 2004년 미국 정신의학회는 외상 후 스트레스 장애의 치료에 EMDR을 가장 효과적인 치료 방법 중 하나로 선택했다. 이는 EMDR 치료 효과가 일단 과학적으로 검증을 받았다는 의미이다.

그리고 최근 뇌 영상기술(brain image technique)의 발달로 EMDR 치료 효과가 실제로 뇌에서 일으키는 변화를 직접 눈으로 볼 수 있게 되었고, 자연 재해나 재난이 일어난 곳에서 외상 후 스트레스 장애를 방지하는 응급치료기법으로도 알려지게 되면서 EMDR 치료 기법은 점점 전 세계로 퍼져나가게 되었다. 보다 다양하고 복잡한 트라우마 후유증을 치료하기 위해 EMDR의 치료 기술은 현재에도 계속해서 발전하고 있다.

④ 노출법

포아와 릭스(Foa & Riggs, 1993)는 트라우마의 치료법으로 지연된 노출법(prolonged exposure)을 제시하고 있다. 이는 외상적 사건에 대한 기억과 연관된 불안을 감소시키는 데 초점을 맞추고 있다.

⑤ 인지치료

인지치료 기법은 환자가 트라우마 사건에 대해서 어떤 의미를 부여하고 있는지에 초점을 맞추어 탐색하고 새로운 방식으로 의미를 재구성하도록 유도하는 기법이다.

⑥ 통합적 치료

트라우마를 치료함에 있어서 증상 정도에 따라서 약물치료를 비롯해서 여러 치료기법이 동원되어야 하겠지만 인간에 대한 전인적인 이해를 바탕으로 하는 통합적인 접근이 필요하다.

이들을 치료하는 데 있어서 일차적으로 그들의 감정을 공감하고 신뢰관계를 형성하는 것이 중요하다. 그리고 긍정적인 관점에서 문제를 해석하고 인식하게 하며 현실의 문제를 극복하는데 함께 목표를 세우고 해결책을 모색해 나가도록 해야 할 것이다.

【 트라우마지수 검사 】

다음 문항은 충격적인 일을 겪은 후에 나타날 수 있는 여러 경험의 목록이다. '지난 일주일 동안' 어떠했는지 0~4 중에서 해당되는 번호에 V 표 하시오.

문 항	전혀 아니다 0	조금 수단적 1	중간 2	조금 정의적 3	매우 정의적 4
1. 그 사건을 떠올리게 하는 어떤 것이 나에게 그때의 감정을 다시 불러 일으켰다.					
2. 나는 수면을 지속하는데 어려움이 있었다.					
3. 나는 다른 일들로 인해 그 사건을 생각하게 된다.					
4. 나는 그 사건 이후로 예민하고 화가 난다고 느꼈다.					

문 항	전혀 아니다 0	조금 수단적 1	중간 2	조금 정의적 3	매우 정의적 4
5. 나는 그 사건에 대해 생각하거나 떠오를 때마다 혼란스러워지기 때문에 회피하려고 했다.					
6. 내가 생각하지 않으려고 해도 그 사건이 생각난다.					
7. 그 사건이 일어나지 않았거나, 현실이 아닌 것처럼 느꼈다.					
8. 그 사건을 상기시키는 것들을 멀리하며 지냈다.					
9. 그 사건의 영상이 나의 마음 속에 갑자기 떠오르곤 했다.					
10. 나는 신경이 예민해졌고 쉽게 깜짝 놀랐다.					
11. 그 사건에 관해 생각하지 않기 위해 노력했다.					
12. 나는 그 사건에 관해 여전히 많은 감정을 가지고 있다는 것을 알지만 신경 쓰고 싶지 않았다.					
13. 그 사건에 대한 나의 감정은 무감각한 느낌이었다.					
14. 나는 마치 사건 당시로 돌아간 것처럼 느끼거나 행동할 때가 있었다.					
15. 나는 그 사건 이후로 잠들기가 어려웠다.					
16. 나는 그 사건에 대한 강한 감정이 물밀 듯 밀려오는 것을 느꼈다.					
17. 내 기억에서 그 사건을 지워버리려고 노력했다.					
18. 나는 집중하는데 어려움이 있었다.					

문 항	전혀 아니다 0	조금 수단적 1	중간 2	조금 정의적 3	매우 정의적 4
19. 그 사건을 떠올리게 하는 어떤 것에도 식은땀, 호흡곤란, 오심, 심장 두근거림 같은 신체적인 반응을 일으켰다.					
20. 나는 그 사건에 관한 꿈들을 꾼 적이 있었다.					
21. 내가 주위를 경계하고 감시하고 있다고 느꼈다.					
22. 나는 그 사건에 대해 이야기하지 않으려고 노력했다.					

출처: Impact Event Scale-Revised : IES-R-K

보통 25미만   중간정도 25-39

심각함 40-59   매우 심각함 60 이상

4. 비교의식 및 열등의식지수 낮추기 코칭

1) 비교의식의 의미

비교의식(comparison complex)은 "우월의식이나 열등의식으로 빠져 들어가게 하는 파괴적인 비교의 태도" 또는 "우월의식이나 열등의식에서 나오는 병적인 비교의 태도"를 가리킨다. 비교의식의 증상은 자신을 상대방과 습관적으로 비교하여 생각

하고 비교하는 말을 자주하며 그의 결과에 민감한 반응을 보이는 것으로 나타난다. 민감한 반응에는 자신이 우월하게 되기를 지나치게 추구하고, 열등하게 비교 당하는 것을 견딜 수 없어 하고, 분노와 증오심을 자주 표출하며 극단적이고 파괴적인 말을 쉽게 하고, 돌발적으로 위협적인 행동을 취하며, 신경질을 자주 부리며, 비꼬는 말을 잘 하고, 자주 좌절하며, 불합리한 두려움에 사로잡혀 있는 것 등이 포함된다.

비교의식에 사로잡힌 사람의 자화상은 심히 위축되어 있어 자신감을 잃고 위협과 불안과 두려움에 휩싸여 있는 모습을 보인다. 따라서 누군가는 이런 말을 했다. "인생을 비참하게 만드는 것은 가난에서 오는 슬픔도 아니고 실패에서 오는 고통도 아니다. 그리고 재능이 모자라서 내뱉는 탄식도 아니다. 가장 큰 비참함은 '비교'로 부터 나온다". 그래서 C. S 루이스(Clive Staples Lewis)는 악한 영의 가장 좋은 도구가 비교의식이라고 했다. 비교의식은 그 누구라도 낙담시키고 침체에 빠지게 할 수 있기 때문이다. 남과 견주어 보는 것은 이웃을 평화와 친교의 대상이 아니라 경쟁과 시기의 대상으로 생각하는 것이고 이런 사람의 이면에는 깊은 열등감이나 성공하고자 하는 강한 욕구를 발산함으로 항상 증폭된 갈등 의식에 휩싸여 있다. 비교의식에 사로잡히면 스스로 삶에 만족하지 못하고 항상 고단하고 쫓기는 삶을 살게 되어 매사에 불만이 많고 경쟁의 심리에 압박 받으므로 긴장을 늦추지 않는 전투적 자세를 갖고 산다. 경계를 넘은 비교는 발전을 주지 않고 자신을 황폐하게 하고 실패하게 하는 원인이 된다.

2) 비교의식은 불행의 지름길이다.

니컬러스 크리스태키스(Nicholas A. Christakis)와 제임스 파울러(James H. Fowler)가 공저한 『행복은 전염된다(Connected)』에서 대부분의 사람들은 절대적 매력보다 상대적 매력에, 절대적 지위보다는 상대적 지위에 더 신경을 쓰고 자신의 절대적 부보다 상대적 부에 더 행복해 한다고 했다. 사람들이 얼마나 잘 사는지를 평가할 때 자신의 수입이나 소비하는 제품이 얼마나 많은가를 기준으로 삼지 않고 자신이 아는 다른 사람들에 비해 얼마나 많이 벌고 소비하는지를 기준으로 삼는다는 것이다.

하버드대학 학생들에게 다음 두 곳 중 어느 곳에서 살겠느냐고 실험을 했다. 첫 번째 질문은 1년에 평균 5만 달러를 벌고 다른 사람들은 평균 2만 5천 달러를 버는 세상에 산다. 그리고 둘째 질문은 1년에 평균 10만 달러를 벌고, 다른 사람들은 평균 25만 달러를 버는 세상에 산다. 이 질문에 대부분의 학생들이 첫 번째 세상을 선택했다고 한다. 절대소득이 적더라도 주변 사람들보다는 더 버는 쪽을 택한 것이다. 유럽 연구팀이 '이코노믹 저널(Economic Journal)'에 밝힌 24개국 1만 9천명을 대상으로 한 연구결과에 의하면 참여자 4명 중 3명 가량이 다른 사람과 자신의 수입을 비교하는 것이 중요하다고 생각했다. 연구결과 급여를 비교하는 사람들 특히 직장 동료 보다는 친구나 가족의 급여와 비교하는 사람들이 만족도가 낮으며 행복도 역시 낮은 것으로 나타났다. 또한 가난한 국가의 사람들이 부유한 국가의 사람들과 수입을 비교하는 경향이 크고 한 국가 내에서도 못 사는 사람들이 잘 사는 사람들과 수입을 비교하는 경향이 크다고 한다. 연구팀은 "자신의 급여를 다른 사람과 비교하는데 집착할수록 자신의 삶의 만족도와 생활수준을 낮게 생각해 우울장애에 빠지기 쉽다"라고 강조하고 있다.

이처럼 불행해지는 확실한 방법은 다른 사람과 비교하는 것이다. 다른 사람과 비교하는 순간 행복은 멀어진다. 따라서 행복의 적은 비교에서 시작된다. 자신보다 우월한 사람과 비교하면 열등감에 사로잡혀 비굴해 지고 자신보다 낮은 사람과 비교하면 우월감에 사로잡혀 교만해 진다. 비교의 눈과 비교 프레임이라는 함정에 빠지면 불행해질 수밖에 없다.

미국 코넬 대학교 심리학과 연구팀이 올림픽 게임에서 메달을 받은 사람의 행복지수를 조사했다. 올림픽 게임 시 동메달리스트의 행복 점수는 10점 만점에 7.1점이었고, 은메달리스트의 행복 점수는 고작 4.8점이었다. 은메달을 받은 사람은 금메달과 비교하기 때문에 은메달의 주관적 크기는 선수 입장에서는 실망스러운 것으로 받아들인다는 것이다. 반면 동메달리스트들은 조금만 잘못했으면 4위에 그칠뻔 했기 때문에 동메달의 주관적 가치는 은메달의 행복 점수를 뛰어넘는다는 것이다.

영화 '아마데우스(Amadeus)'를 보면 볼프강 아마데우스 모차르트(Wolfgang Amadeus Mozart, 1756-1791)와 안토니오 살리에리(Antonio Salieri, 1750-1825)의 생애를 통해 비교의식이 얼마나 인간을 비참하게 만드는지를 깨닫게 해준다. 살리에리는 당시 최고의 음악가였다. 모차르트가 나타나기 전까지만 해도 그는 많은 사람들의 부러움과 존경을 한 몸에 받았던 행복한 인생이었다. 그렇지만 모차르트와 자신의 음악을 비교하면서 그의 인생은 불행의 늪에 빠지게 되었다. 그를 불행하게 만든 것은 밤잠을 설치면서까지 온 힘을 다해 작곡한 자신의 곡은 사람들이 기억하지도 못하는 반면, 모차르트는 여자들과 어울려 놀 것 다 놀면서 그저 자투리 시간에 취미삼아 작곡하는 것 같은 그의 음악은 불후의 명작이 되는 것을 목도하자 그는 "왜 저에게는 천재를 알아볼 수 있는 능력만 주시고 모차르트와 같은 천재적인 작곡 능력을 주시지 않습니까?"라고 절규하였다. 결국 비교의식과 열등감이 그의 인생을 파멸로 치닫게 한 것이다.

1장에서 잠시 언급했듯이 일리노이 주립대학 심리학과 에드 디너(Ed Diener) 교수는 한국 사람들이 높은 소득에 비해 행복을 느끼지 못하는 원인으로 특별히 두 가지 삶의 방식을 들었다. 첫째, 돈을 중요시하기 때문이고 둘째, 다른 사람과의 비교의식 때문이라고 했다. 그에 의하면 한국 사람은 수입이 적을지라도 자신이 좋아하는 직업을 선택하는 것이 아니라 돈의 액수를 보고서 직업을 선택하기 때문에 만족감과 행복도가 떨어진다는 것이다. 그리고 만족할 만한 상황이나 여건임에도 불구하고 끊임없이 다른 사람과 비교하고 경쟁하기 때문에 행복을 느끼지 못한다는 것이다. 다시 말해 남을 의식하고 비교하며 경쟁하기 때문에 삶의 행복을 느낄 수 있는 마음의 여유가 없다는 것이다.

3) 행복을 위해서 비교의식을 낮추고 절대의식을 높이라

우리는 여러 면에서 다른 사람과 비교하여 우위를 차지하려고 노력한다. 그런데 목적 없는 단순비교를 끊임없이 한다면 이것은 삶의 기력을 앗아가고 행복은 점차 멀어져 갈 것이다.

『바람과 함께 사라지다』(Gone With The Wind)를 쓴 마가렛 미첼 (Margaret Munnerlyn Mitchell, 1900-1949) 여사의 소설은 많은 우여곡절 끝에 세상에 나올 수 있었다. 그녀는 처음부터 소설가가 되려고 했던 것은 아니었다. 그녀는 큰 꿈을 가지고 신문기자로서 사회에 진출하였으나 사고로 인해 발목을 다치게 되어 26살 나이에 기자생활을 그만두게 되었다. 낙심하고 절망에 빠져 생활하고 있는 어느 날 비록 다리는 다쳤지만 글은 쓸 수 있지 않을까 하는 생각을 하면서 소설을 쓰게 되었다. 그녀는 생전 처음 쓰는 소설이라 쉽지 않았다. 그런 가운데 10년에 걸쳐서 소설 한 권을 완성하게 되었다. 하루는 누군가가 그녀에게 그 당시 스테반 빈센트(Stevan Vincent, 1944)가 남북전쟁을 노래로 하여 쓴 『존 브라운의 시신』(John Brown's Body)이라는 책을 보내왔다. 그녀는 책을 읽고 난 뒤 그 작품에 비해 자신이 쓰고 있는 소설이 너무나도 보잘 것 없다고 느껴져, 쓰고 있던 자신의 원고를 옷장 속에 6개월 동안이나 처박아두고 시름의 나날을 보내고 있었다.

그러나 마가렛 미첼 여사는 다음과 같은 충고를 듣고 다시 소설을 쓰기 시작하여 마침내 훌륭한 작품을 탄생시켰다. "저런, 당신 자신을 다른 사람과 비교하기 때문에 그렇게 된 것입니다. 그러지 마세요. 성공은 당신이 당신의 잠재력을 얼마나 발휘하느냐에 따라 진실로 측량되는 것입니다. 그런 생각으로 노력하시고 나머지는 잊어버리도록 하세요."라는 말이었다.

개개인은 비교의 대상이 아니라 이 땅에 고유하고 유일한 생명체이다. 따라서 비교의식보다는 절대의식을 최고의식보다는 유일의식을 가져야 한다. 그리고 행복하기 위해서는 남보다 잘

하려고 하기보다 이전보다 더 잘하려고 하고, 뛰어남보다 다름에 관심을 가지며 들러리 인생이 아니라 자신이 주인공이 되는 삶을 추구해야 한다.

4) 열등의식의 의미

열등의식(劣等意識, an inferiority complex)은 오스트리아의 정신과 의사인 아들러(Alfred Adler: 1870-1937)에 의해서 처음 도입되었다. 열등의식은 어떤 대상이나 사물 또는 사람 등에 대하여 능력, 외모, 물질, 환경 등과 같은 다양한 내용들이 판단척도가 되어 심리적으로나 정신적으로 위축 또는 왜소하게 느껴지는 상태가 일정기간 이상을 지속하게 되는 부정적 감정을 의미한다고 할 수 있다.

열등의식은 현실적 상태에 대하여 위축되거나 왜소하게 느껴지는 부정적인 감정에 의해서 파생되어 나오는 의식이기 때문에 어떤 형식으로든 부정적인 의식을 근거로 하여 목표를 추진하게 되며, 이로 인해서 심리적 압박감 또한 매우 크게 나타난다.

열등의식을 갖고서 이를 극복하고자 추진했던 목표의 중심에는 항상 비교대상이 자리 잡고 있다. 그렇기 때문에 그와 같은 열등의식을 갖고서 노력하는 사람의 내면에는 언제나 부정적인 시각과 부정적인 의식이 있는 것이다. 다시 말해서 비교대상과 관련하여 비교대상에 버금가는 수준에 있는 대상에 대하여는 존경이나 부러운 마음이 들겠으나, 비교대상에 근접하지 못하는 대상에 대하여는 열등의식을 유발했던 원인이 가치

기준이 되어 오히려 비교열위대상으로 격하시켜 생각하거나 부정하는 태도를 형성하게 되는 것이다.

따라서 열등의식은 사람들에게서 자신감을 빼앗아버리고 인간관계나 사회적인 일에 불필요한 걱정과 두려움을 갖게 만든다. 이는 겸손과는 차원이 전혀 다른 것으로 일종의 심리적인 위축감이 잠재의식 속에 깊숙이 숨어 있다가 외부로 표출되는 현상을 말한다.

5) 열등의식의 원인

열등의식의 원인은 단일 요소로 인해 형성될 수도 있겠지만 대부분은 복합적인 요소가 결합하여 형성되는 것을 볼 수 있다. 어떤 요소를 원인으로 하여 열등의식이 형성되었든 일단 형성된 열등의식은 삶에 지대한 영향을 미치게 된다.

열등의식을 생기게 하는 가장 큰 원인 가운데 하나는 어릴 적에 누구나 느끼는 비교약세의 감성과 우리사회가 항상 완벽한 사람을 요구함에서 많이 기인된다고 할 수 있다. 하지만 시간이 지나고 나이가 들면서 이러한 원초적인 열등의식에서 벗어나는 사람과 그렇지 못한 사람들의 차이는 단 한 가지 요인으로 구분된다. 그것은 바로 세상을 바라보는 시선과 시각의 차이 때문이다.

세상을 바라보는 시선과 시각에는 사람마다 천차만별로 다르겠지만 크게 둘로 나눈다면 거시적인 안목과 미시적인 안목으로 나눌 수 있다. 즉, 숲을 보느냐 나무를 보느냐는 것이다. 무릇 숲을 보는 사람은 나무를 잘 보지 못하고, 나무에 집중하는 사람은 숲을 보지 못하는 폐단이 있다. 따라서 바람직한 세상관은 숲과 나무를 동시에 정확하게 바라보는 것이다.

6) 행복의 발목을 잡는 열등의식

열등의식이 높은 사람은 다른 사람이나 다른 상황을 바라볼 때 사실보다 확대해서 보거나 다소 과장된 시각으로 바라보는 경향이 짙다. 또한 바라보는 대상도 항상 자신보다 월등히 나은 비교우위에 치중하는 경향이 높다. 그러다보니 언제나 자신은 부족하고 결함이 많은 상대적 박탈감을 느껴 불행감에 사로잡히게 된다.

건강한 사람은 'I am O.K, you are O.K'로 타인의 자원을 존중하지만, 건강하지 못한 사람은 'I am O.K, you are not O.K'로 다른 사람이 나보다 잘 되는 것에 불편한 감정을 느낀다. 이러한 사람은 남이 잘되는 것에 부정적이고 비합리적인 감정을 가지게 된다.

7) 열등의식을 극복하는 행복의 비결

열등감은 특수한 사람에게만 생기는 문제가 아니다. 열등감은 성장과정에서 타인과 나를 비교하면서부터 자연스럽게 만들어지기 때문에 대부분의 사람들은 모두 저마다의 열등감을 품고 있다. 다만 정도에 따라서 차이가 있을 뿐이다. 하지만 누구는 이를 성공의 동력으로 삼는가 하면, 누구는 열등감에 지배당해 평생을 열등감의 노예로 지내기도 한다.

아인슈타인(Albert Einstein, 1879-1955)은 학창시절 수학을 못하는 열등생이었으며, 에디슨(Thomas Alva Edison, 1847-1931)은 아예 학교에서 쫓겨났었고, 엘비스 프레슬리(Elvis Aaron Presley, 1935-1977) 역시 첫 오디션에서 다시 트럭 운전이나 하라는 악평을 들었다. 하지만 이들은 모두 자신에 대한 믿음으로 열등감을 극복하거나 혹은 열등감 자체를 동력 삼아 성공을 향해 내달려 끝내 그것을 쟁취해냈다. 그렇다면 어떻게 열등감을 극복하고 행복해질 수 있을까?

첫째, 열등감 유발 원인을 직면해야 한다.

열등감을 부정하거나 무작정 이기려 하는 것보다 내 안의 열등감의 원인을 찾아서 먼저 마주해야 한다. 그리고 자신에게 처음 상처 입힌 말과 생각들이 정당하고 옳았는지를 객관적인 눈으로 바라보아야 한다. 혹시 자신이 이미 오래 전에 이겨내고 고쳐낸 단점들 혹은 처음부터 존재하지 않았던 단점에 지금까지 목매 있었던 것은 아닐까를 생각해 보아야 한다. 거대해 보이는 열등감의 핵은 의외로 작고 사소한 것이다. 열등감은 자신의 생각 여부에 따라서 충분히 이겨낼 수 있는 것이다.

둘째, 분명한 목표를 세우고 전진해야 한다.

과거 혹은 현재의 상처가 열등감을 만들었다면 행복한 미래와 충실한 현재의 삶으로 그것을 이겨낼 수 있다. 그러므로 자신이 원하는 것이 무엇인지 고민하고 분명한 목표를 정해서 충실하게 노력하는 것이 중요하다. 노력은 자부심을 만들어낸다. 스스로의 삶과 일상에 자신감과 자부심이 생기면 열등감이 끼어들 자리는 없어진다.

셋째, 자신의 긍정적인 부분을 찾아 스스로에게 칭찬을 해야 한다.

열등감 때문에 자신이 작고 하찮아 보인다면 지금부터 매일 거울 앞에서 자신과 주변의 장점을 하나씩 찾아 칭찬을 시도할 필요가 있다. 작고 사소해도 좋고 타인이 알아주지 않는 부분이라도 좋다. 작고 사소한 선행부터 자신의 신체부위, 자신의 소소한 장점 등을 찾아 칭찬을 하다보면 어느새 스스로를 바라보는 시선이 긍정적으로 변해 있을 것이다.

넷째, '완벽한 나' 대신 '있는 그대로의 나'를 추구해야 한다.

열등감의 반발작용으로 완벽해지려고 노력하는 경우가 많다. 어쩌다가 완벽이라는 고지에 도달해도 열등감이 심한 사람은 자신을 높이 평가하는 대신 '운이 좋았어'라는 식으로 자신의 노력을 깎아내린다. '완벽한 나'라는 목표는 허상(虛像)이다. 존재하지 않는 허상을 좇아 끝없는 달리기를 하는 동안에는 스스로에게 만족감을 느낄 수도 없고, 타인에게 좋은 평가를 받아도 부족하게만 느껴진다. 완벽한 나에게 다가가려는 노력 대신에 있는 그대로의 나, 솔직한 나를 받아들이기 위해 노력한다면 훨씬 삶이 만족스러워지고 행복해진다.

다섯째, 베풀고 봉사하는 삶을 추구해야 한다.

타인을 위해 봉사하고 선행을 베풀었을 때 느끼는 행복감은 만족스러운 물건을 샀을 때의 행복감을 넘어선다. 베푸는 삶은 자신의 삶을 보다 가치 있게 만드는 행위이며, 자신이 타인에게 도움이 되는 존재라는 것을 인식시켜 자존감을 높여 줄 수 있다. 자신의 힘으로 타인을 돕고 스스로를 자랑스럽게 느끼게 되면 자존감도 높아가고 행복지수도 올라가게 된다.

【 열등의식 검사 】

본 검사의 총 문항수는 32문항이며 각 문항에 대한 응답은 4단계로
되어있다 점수 범위는32점에서 128점이며 점수가 높을수록 열등감이
높음을 나타낸다.

◙ 다음은 평소의 자기 자신에 대한 생각을 알아보는 질문이다. 해당
되는 곳에 V 하기 바란다.

열등의식 평가 문항	아니다 1	그저 그렇다 2	그렇다 3	아주 그렇다 4
1. 나는 얼굴이 잘 생긴 사람을 보면 열등감을 느낀다.				
2. 나는 용기가 있는 친구를 보면 열등감을 느낀다.				
3. 나는 아버지(또는 어머니)의 학력이 낮아서 열등감을 느낀다.				
4. 나는 머리가 나쁜 것 같아서 열등감을 가지고 있다.				
5. 나는 키에 대해서 열등감을 가지고 있다.				
6. 나는 지도력이 강한 친구를 보면 열등감을 느낀다.				
7. 나의 아버지(어머니)의 외모에 대해서 열등감을 가지고 있다.				
8. 나는 여러 사람 앞에서 말을 잘 하는 친구를 보면 열등감을 느낀다.				
9. 나는 피부(색, 잡티, 여드름, 거침 등)에 대하여 열등감을 가지고 있다.				
10. 나는 사교성이 좋은 친구를 보면 열등감을 느낀다.				
11. 나는 아버지의 직업이 좋지 않아서 열등감을 가지고 있다.				

열등의식 평가 문항	아니다 1	그저 그렇다 2	그렇다 3	아주 그렇다 4
12. 나는 공부를 잘 하는 친구를 보면 열등감을 느낀다.				
13. 나는 몸이 약해서 튼튼하고 건강한 친구를 보면 열등감을 느낀다.				
14. 나는 적극적이고 활동적인 친구를 보면 열등감을 느낀다.				
15. 나는 우리 집이 가난해서 열등감을 가지고 있다.				
16. 나는 특정교과(영어회화, 미술 등)를 잘 하는 친구를 보면 열등감을 느낀다.				
17. 나는 뚱뚱해서(또는 말라서) 열등감을 느낀다.				
18. 나는 남자친구(또는 여자친구)를 잘 사귀는 친구를 보면 열등감을 느낀다.				
19. 나는 형제나 친척들 중에 잘난 사람 (직업, 학력, 지위, 명예 등) 이 없어서 집안에 대해 열등감을 가지고 있다.				
20. 나는 능력이 있는 (유능한 , 똑똑한) 사람과 같이 있으면 열등감을 느낀다.				
21. 나는 운동선수나 운동을 잘 하는 친구를 보면 열등감을 느낀다.				
22. 나는 성격이 모가 나고 까다로워서 성격이 원만한 사람을 보면 열등감을 느낀다.				
23. 나는 문화시설(좋은 승용차, 대형TV 등)을 잘 갖춘 집에 가면 열등감을 느낀다.				
24. 나는 예능(음악, 미술, 노래, 춤 등)이 뛰어난 친구를 보면 열등감을 느낀다.				

열등의식 평가 문항	아니다 1	그저 그렇다 2	그렇다 3	아주 그렇다 4
25. 나는 신체적(눈, 코, 귀, 입, 손, 발 등) 결함이 있어 열등감을 가지고 있다.				
26. 나는 주위 사람들(부모, 형제, 친구 등) 로부터 인정을 받는 친구를 보면 열등감을 느낀다.				
27. 우리 집은 가정불화가 심해 가정에 대한 열등의식을 가지고 있다.				
28. 나는 글을 잘 쓰는 친구를 보면 열등감을 느낀다.				
29. 나는 몸매가 나빠서 열등감을 가지고 있다.				
30. 나는 재치 있고 유머가 뛰어난 친구를 보면 열등감을 느낀다.				
31. 나는 부모가 없어서 (사망, 한부모, 부모재혼, 등 열등감을 느낀다.				
32. 나는 판단이 빠르고 발표력이 좋은 사람을 보면 열등감을 느낀다.				

출처: 김응만(1995) 열등의식 측정도구

총점: 점

70점 ～ 90점: 경미한 열등감을 느끼는 상태(관찰과 개입을 요함)

91점 ～ 110점: 심한 열등감을 느끼는 상태

111점 이상: 극심한 열등감을 느끼는 상태

5. 불안지수 낮추기 코칭

1) 불안지수의 의미

현대인들이 공통적으로 경험하는 강한 심리증세 중 하나가 있다면 불투명한 미래에 대한 불안증이라고 할 수 있다. 끊이지 않은 전쟁의 소식, 테러리스트들의 무차별 습격 등 범 정치적인 이슈에서부터 각종 강력범죄와 사고, 이혼, 문제 자녀, 난치병과 경제적 생존 등 수많은 문제들이 신체적·정신적인 위협으로 다가와 끊임없는 긴장과 불안에 시달리게 한다. 그래서 많은 사람들은 남들에게 뒤처지지 않을까, 사장(死藏)되지 않을까 하는 걱정과 불안감으로 긴장을 풀 수 없는 불안의 시대를 살아가고 있는 것이다. 불안(anxiety)[4]은 인간의 생존과 안전에 필요한 정서적 긴장을 동반하는 공포의 내적 정서 상태로 인류가 타락한 이후 지금까지 계속 갖게 되는 정서 중 하나이다(임용우, 1994). 불안 바이러스는 절망의 늪으로 빠뜨리고 죽음에 이르게 한다. 하지만 불안은 없애 버려야 할 우리의 적이 아니라 우리의 삶을 건강하고 안전하게 가도록 보여주는 신호등으로

---

[4] 영어의 anxiety, 독일어의 angst의 어원은 본래 라틴어의 "angustiae"와 독일어 "enge"에서 찾을 수 있다. "angustiae"와 "enge"의 뜻은 좁은 길, 좁은 장소를 뜻하는 것으로서 이는 어떠한 대상이나 사물을 이해하지 못하고 또한 전체를 그대로 받아들일 수 없는 개인의 여유 없는 마음의 상태를 말하는 것이다. 대상이나 사물을 받아들일 수 없고 환경에 적절히 적응해 나가지 못하는 데에 대한 무력감(helplessness)에서 불안이 싹트는 것이다. 이 무력감 상태의 불안은 어떠한 목적이나 대상이 명확하게 인식되기도 하지만 정확하게 지적해 내기 어려운 애매하고 모호한 것에 의해서 나타나기도 한다. 대상이나 목적이 명확하게 인식되든, 되지 않든 anxiety라는 말은 독일어의 Bekumment 또는 Besorge라는 말로 이는 '우려하다, 마음을 아파하다, 무엇을 두려워하다, 염려하다'라는 뜻으로 근심하고 걱정하는 것을 뜻한다.

생각할 수 있다.

불안감 때문에 열심히 집중하여 일하기도 하고 불안감 때문에 말과 행동을 삼가고 조심하여 안전을 유지할 수도 있기 때문이다. 반면에 과거의 여러 가지 충격과 상처를 받아 과장되고 자기 파괴적인 불안증으로 끊임없는 걱정과 긴장의 삶을 산다면 전문적 심리치료를 통해 다른 합병증으로 심화되지 않도록 해야 한다. 그래서 늘 우리에게 다가오는 불안감과 위기감이지만 우리는 그것을 성숙하고 건설적인 삶의 기회로 만들어야 한다.

일반적 범주에 따른 불안에 대한 구분으로는 정상적인 불안(normal anxiety)과 병적인 불안(pathological anxiety)이 있다. 정상적인 불안은 현실적으로 위험을 내포한 위협적인 상황에서 자연스럽고 적응적인 심리적 반응으로 나타나는 불안을 의미한다. 반면에 병적인 불안은 불안반응이 부적응적인 양상으로 작동하는 경우를 말한다. 즉 현실적인 위험이 없는 상황이나 대상에 대해서 불안을 느끼거나 현실적인 위험의 정도에 비해 과도하게 심한 불안을 느끼는 경우이다. 이처럼 병적인 불안으로 인하여 과도한 심리적 고통을 느끼거나 현실적인 적응에 심각한 어려움을 겪는 경우를 불안장애(anxiety disorders)라고 한다(Kendall, 2002).

2) 불안의 원인

현대 신경생물학자들은 '청반(locus coeruleus)'이 불안의 생물학적 장소라고 말하고 있다. 그리고 벤조디아제핀(Benzodiazepine)계 약물이 불안을 감소시킨다는 사실이 발견되면서, 이와 관련된 신경전달물질인 GABA(gamma-amino butyric acid: 감마 아미노부티르산)에 의해 활성화되는 억제신경이 불안의 원인이라고 한다. 게리 콜린스(Gary R. Collins)는 불안의 원인에 대해서 위협, 갈등, 두려움, 충족되지 않은 욕구들이라고 하였다. 정신역동적 입장에서는 성격구조 간의 역동적 불균형에 의해 경험되는 부동불안(free-floating anxiety)에서 불안문제가 기인된다고 보고 있다. 그리고 행동주의적 입장에서 불안은 환경자극에 대해서 조건형성된 학습의 결과로 보고 있으며, 인지적 입장에서는 불안한 사람은 자신이 위험에 처해 있다고 지각하는 경향이 있다고 본다.

3) 불안의 증상

불안의 신체적 증상으로는 위궤양, 두통, 가려움증, 등결림, 배탈, 가슴통증, 수면장애, 피로와 식욕상실 그리고 혈압의 변화와 근육긴장, 소화기의 화학적 변화 등이 발생하며 이런 증상들이 오래 지속될 경우에는 심각한 해를 끼치게 된다.

행동적 증상으로는 약물을 사용하거나 불안의 깊이와 실제를 부인하고 수면으로 불안을 피해보려고 하거나 작은 자극에 분노하며, 특별한 이유 없이 싸우거나 다른 사람을 탓하기도 한다. 이 외에도 비관주의, 완벽주의, 불확실성에 대한 인내력 부족, 문제 해결에 대한 자신감 부족 등이 나타난다.

기본적인 임상특징은 광범위하고 지속적인 불안으로써 어떤 특정한 환경조건에 한정되거나 또는 이들 환경조건에서 특히 강력하게 나타나는 불안이 아닌 경우를 말한다. 다른 불안장애와 마찬가지로 증상은 매우 다양하지만 지속적인 신경과민의 느낌, 전율, 근육긴장, 발한, 두중감(頭重感: 머리가 무거운 느낌), 심계항진(心悸亢進: 두근거림, Palpitations), 어지럼증 그리고 위상부(胃上部)의 불쾌감 등을 호소한다. 환자 자신이나 친척이 곧 병들거나 사고를 당하게 될 것이라는 두려움이 자주 언급이 되고 이와 함께 다양한 여러 가지 근심과 예감이 표현된다. 이 장애는 여성에게 더 흔하고 만성적인 환경적 스트레스와 관련된 경우가 많다. 경과는 다양하고 변동이 심하며 만성화되는 경향이 있다.

4) 불안지수를 낮춤으로 행복 만들기

불안 문제에 대한 현재 가장 활발하게 사용되고 있는 치료는 정신역동 심리치료와 인지행동치료 그리고 약물치료를 병행하는 것이다. 범불안장애를 치료하기 위해서 많이 사용되는 약물은 벤조디아제핀(Benzodiazepine) 계열의 약물이다. 이러한 약물은 자극에 대한 과민성을 저하시키고 사고와 행동을 감소시키는 진정효과를 나타내지만 몇 가지 문제점을 가지고 있다. 우선 일부 환자에게는 진정한 효과가 잘 나타나지 않으며 다량으로 복용하면 인지적·행동적 기능을 저하시켜 공부나 일상 활동을 곤란하게 만든다. 또한 장기 복용하는 경우에는 내성이 나타날 뿐만 아니라 신체적, 심리적 의존이 생겨 약물을 중단하기 어렵고 복용을 중단하게 되면 여러 가지 금단현상이 나타난다. 그래서 가바드(Gabbard)는 항불안제가 불안을 감소시키거나 없앨 수는 있지만 결국은 일시적인 해결책일 뿐이라고 하였다. 그리고 가장 큰 문제점은 약물을 계속 복용하고 있을 때에만 효과가 유효하기 때문에 약물치료 만으로는 불안을 야기한 숨겨진 요인을 밝혀낼 수 없다고 보았다.

인지행동기법을 통한 불안지수 낮추기는 불안감정을 가지고 있는 대상에게 걱정과 관련된 인지적 요인들을 이해시킨 후 걱정이라는 내면적인 사고과정을 자각하여 관찰하도록 격려하는 것이다. 즉 자신이 언제 어떤 내용의 걱정을 얼마나 오랫동안 하는지를 관찰하여 '걱정사고 기록지'에 기록하게 한다. 그리고 흔히 경험하는 주된 내용의 걱정을 떠올리게 하여 이러한 걱정이 과연 현실적인 것이며 효율적인 것인지에 대해 구체적인 논의를 한다. 이 과정에서 불안감을 가지고 있는 대상에게 걱정의 비현실성과 비효율성을 인식하게 하는 동시에 걱정에 대한 긍정적 신념 역시 수정하게 한다. 아울러 걱정이 떠오를 경우에 이를 조절하고 대처하는 방법을 습득시킨다. 인지행동기법과 더불어 불안지수를 낮추기 위한 방법으로 감정표현과 적극적 경청, 공감적 이해, 긍정적 존중, 목표 제시와 지침 제공, 불안 탈피 프로그램 등이 활용될 수 있다.

(1) 감정표현과 적극적 경청

불안과 염려에 놓여 있는 사람들에게 충분히 자신의 감정을 표현할 수 있도록 도와주며 적극적인 경청을 해야 한다. 특별히 두려움을 표현할 때 가로막거나 지시하지 않도록 주의해야 한다.

불안장애를 가지고 있는 사람에게 "염려할 것 없다"라는 식의 지시로는 그들의 근본적인 문제를 해결할 수가 없다.

(2) 공감적 이해

불안에 처한 사람을 돕기 위해서는 피상적으로 그들의 불안 심리를 바라보는 것이 아니라 공감을 통해서 불안을 이해해야 한다. 공감을 통해 그들을 이해하고 치료적 동맹관계가 결성되면 불안문제를 갖고 있는 사람들로 하여금 내면의 불안에 대해서 통찰을 얻도록 도와주어야 한다.

(3) 긍정적 존중

불안문제를 가진 사람은 심리적으로 위축되어 있기 때문 긍정적으로 존중해주어야 한다. 그리고 그들이 가치 있는 존재임을 인식할 수 있도록 도움을 주도록 해야 한다.

(4) 목표제시와 지침제공

불안장애를 가지고 있는 사람에게는 불안을 극복할 수 있는 목표를 세우게 하고 극복하는 과정에 대해서 구체적인 지침을 마련해 주는 것이 필요하다. 이러한 목표와 실행과제를 수행하기 위해서는 불안을 인정하고 불안을 극복할 수 있는 훈련을 하며 자신을 향한 모든 관심을 다른 사람을 돕는 데 에너지화 시키도록 해야 한다. 그리고 기도훈련을 통하여 불안으로부터 해방감을 체험하게 하며 일시적이고 가변적인 것이 아닌 영원한 것에 관심을 가지도록 한다.

(5) 불안 탈피 프로그램 활용

불안으로부터 탈피할 수 있는 프로그램에 적극적으로 참여하도록 한다. 음악을 듣게 하거나 적당한 운동과 적당한 수면, 자신의 감정을 다른 사람에게 말하기, 미리 염려하지 않기, 염려시간 제한하기 등의 프로그램을 구체화하고 적극적으로 실행하도록 한다.

【 불안지수 검사 】

본 검사는 Beck이 제작한 자기평가 불안척도이다. 각 문장을 자세히 읽어보고 오늘을 포함해서 지난 한 주 동안 자신의 상태를 가장 잘 나타낸다고 생각되는 번호에 표시하여 주기 바란다.

불안 평가 문항	전혀 느끼지 않았다 1	조금 느꼈다 2	상당히 느꼈다 3	심하게 느꼈다 4
1. 가끔씩 몸이 저리고 쑤시며 감각이 마비된 느낌을 받는다.				
2. 흥분된 느낌을 받는다.				
3. 가끔씩 다리가 떨리곤 한다.				
4. 편안하게 쉴 수가 없다 .				
5. 매우 나쁜 일이 일어날 것 같은 두려움을 느낀다.				
6. 어지러움(현기증)을 느낀다.				
7. 가끔씩 심장이 두근거리고 빨리 뛴다.				
8. 침착하지 못하다.				
9. 자주 겁을 먹고 무서움을 느낀다.				
10. 신경이 과민 하다 .				
11. 가끔씩 숨이 막히고 질식할 것 같다.				

불안 평가 문항	전혀 느끼지 않았다 1	조금 느꼈다 2	상당히 느꼈다 3	심하게 느꼈다 4
12. 자주 손이 떨린다.				
13. 안절부절 못하다.				
14. 미칠 것 같은 두려움을 느낀다.				
15. 가끔씩 숨쉬기 곤란할 때가 있다.				
16. 죽을 것 같은 두려움을 느낀다.				
17. 불안한 상태에 있다.				
18. 자주 소화가 잘 안되고 뱃속이 불편하다.				
19. 가끔씩 기절할 것 같다 .				
20. 자주 얼굴이 붉어지곤 한다.				
21. 땀을 많이 흘린다(더위로 인한 경우는 제외).				

출처: Beck 자기평가 불안척도

총점: 점

22점 ~ 26점: 불안상태(관찰과 개입을 요함)

27점 ~ 31점: 심한 불안 상태

32점 이상: 극심한 불안 상태

chapter 6 행복을 위한 의사소통 코칭

1. 의사소통 코칭

1) 의사소통 개념

의사소통은 사회적 관계 속에서 송신인과 수신인 간에 서로의 목표 달성을 위해 정보나 아이디어를 전달하고 이를 이해하는 과정을 의미하며 인간관계를 성립시키고 발달시키는 메커니즘이다(Cooley, 1956). 사람은 의사소통을 통하여 다른 사람을 이해하고 자신을 정확하게 파악할 수 있는 기회로 삼으며 사회 구성원으로서의 친밀한 인간관계를 형성해 나간다(최흥규, 2000).

의사소통의 영어 표현인 'communication'은 공통, 또는 공유를 의미하는 라틴어 'communis'에서 비롯되었다. 어원적 의미로는 하나 이상의 생물체가 다른 생물체들과 지식, 정보, 의견, 신념, 감정 등을 '공유화' 또는 '공통화' 하는 행동이다. 이런

'공유화' 또는 '공통화' 과정은 상징을 통해 이루어진다. 상징에는 일차적으로 언어가 사용되나 몸짓과 표정 같은 비언어적 요소까지 포함된다. 이러한 상징을 통해 사람은 자신의 생각이나 의견을 상대방에게 전달하고 상대방은 그것을 이해하는 방식으로 의사소통이 이루어진다(김정탁, 2004). 특히 언어는 사람을 다른 동물과 구별하는 가장 중요한 특성으로 사람의 삶을 의사소통 과정과 분리해서는 완전히 이해할 수 없다(이상화, 1992).

그리고 의사소통은 사람들 간의 사회적인 상호작용 안에서 일어나며 의사소통 행위는 다른 사람에게 영향을 미친다. 또한 구성원 한 사람으로부터 다른 사람에게 결정 전체, 즉 결정에 있어서 중요한 요소들이 전달되는 과정이다(Simon, 1957). 여기에서 중요한 것은 전달된 메시지의 내용에 관한 것이라기보다는 언어적 상호작용이 중요한 것으로 메시지의 전달 방식이나 전달 과정이다.

2) 의사소통 특성

사람과 사람 사이에 주고받는 대화가 서로 소통되기 위해서는 다음과 같은 몇 가지 특성이 고려되어야 한다.

첫째, 의사소통은 최소한 두 사람을 필요로 한다. 두 사람만 관련된 전형적 의사소통을 2인 의사소통이라고 한다. 그러나 2인 의사소통적 상황일지라도 반드시 두 사람에게만 국한되는 것은 아니며 두 사람 이상으로 구성된 소집단이나 조직체에서도 이와 같은 의사소통이 존재한다.

둘째, 의사소통에서 우리는 화자임과 동시에 청자이다. 직접적 대면관계 상황에서 누군가 먼저 말을 걸고 이야기하면 그 다음에 청자가 듣고 반응하는 것이 전형적이다. 그러나 이러한 순서적 대화가 아니라 말하면서 듣고 들으면서 말하는 두가지 역할을 동시에 수행한다.

셋째, 의사소통의 대부분은 면대면이다. 일반적으로 대인 의 사소통은 얼굴을 마주 대하고 대화 하는 것이다. 그러나 점차 시대가 발전하면서 반드시 면대면 상황에서만 의사소통이 이 루어지는 것이 아니고 통신과 다양한 매체를 통하여 의사소통 이 이루어지기도 하는데 이를 매체에 의해 중재된 커뮤니케이 션(media-mediated communication)이라고 한다.

넷째, 의사소통은 의도적 또는 비의도적으로 이루어진다. 누 군가에게 직언을 해야 하거나 남에게 어려운 부탁을 할 때와 같이 의사소통에 의도가 담겨져 있을 경우 할 말을 신중하게 생각해서 말해야 한다. 그러나 모든 상황이 이렇게 이루어지는 것이 아니라 때로는 전혀 의도하지 않는 방향으로 의사소통이 흘러가기도 한다.

다섯째, 한 번 이루어진 의사소통은 되돌릴 수 없다. 우리는 종종 과거로 되돌아가 당시에 한 말이나 행동에 대해서 없었던 것으로 하고 싶을 때도 있다. 그러나 이것은 불가능하며 이미 내뱉은 말이나 행동은 돌이킬 수 없다.

여섯째, 의사소통은 반복될 수 없다. 의사소통은 계속 진행 되는 과정이기에 같은 것을 반복하기란 불가능하다. 즉 같은 사람에게 같은 말을 하더라도 시간과 장소에 따라 그 말의 의 미와 반응은 달라질 수 있다.

일곱째, 의사소통은 상황 속에서 발생하고 상황으로부터 영향을 받는다. 의사소통은 사람과 사람 사이에서 이루어지고 사람은 언제나 어떤 상황 속에 처해 있게 된다. 의사소통을 하는 시간적, 공간적, 문화적, 심리적, 사회적 상황 등에 따라 해석과 반응이 달라지는 것이다(서혜석 외, 2017).

3) 의사소통 유형

(1) 공식적 의사소통과 비공식적 의사소통

의사소통은 채널에 따라 공식적 의사소통과 비공식적 의사소통으로 나눌 수 있다. 먼저 공식적 의사소통은 공식적 구조와 채널을 통해 이루어지는 것으로 조직 구성원에게 조직의 목표, 방침, 지시 사항을 알리고 구성원의 보고 내용을 관리자와 모든 구성원에게 알리는 데 그 목적이 있다. 그러므로 권한의 관계가 명확하고 편리하며 송신자와 수신자가 명확하여 책임 소재가 분명한 장점이 있다. 그러나 융통성이 없고 모든 구성원의 복잡한 요구나 감정을 솔직하게 전달하는 데는 어려움이 있다.

비공식적 의사소통은 자연발생적 인간관계 집단 내에서 이루어지는 의사소통이다. 그러므로 자연스러운 친분이나 신뢰관계를 기초로 하여 이루어지며 소문이나 잡담 또는 자연스러운 접촉 등의 형태로 소통하기 때문에 통제하기가 어렵다. 경우에 따라서는 왜곡되고 부정확한 정보를 유통시키기도 하나 조직 구성원의 의사를 비교적 솔직하게 전달할 수 있으므로 조직 관리자나 지도자에게 유익한 정보를 전달하는 수단이 되기도 한다. 또 공식적 의사소통으로는 전달될 수 없는 느낌, 기분, 감정 등을 표현하고 전달할 수 있어 구성원의 만족감을 높여 주기도 한다. 데이비스(Davis, 1959)는 비공식적 의사소통이 소문의 형태로 포도 넝쿨처럼 이루어지기 때문에 그레이프 바인(Grape Vine)으로 표현하고 있다. 그레이프 바인은 수평적일 때가 많으나 때로는 계층의 위계를 넘어 이루어지기도 한다(최세영 외, 2017).

(2) 수직적 의사소통과 수평적 의사소통

의사소통 방향에 따라 수직적 의사소통과 수평적 의사소통으로 구분할 수 있다. 수직적 의사소통은 위계 구조 속에서 이루어지는 것으로 하향적 의사소통과 상향적 의사소통으로 다시 구분할 수 있다. 하향적 의사소통은 상급자로부터 하급자에게 이루어지는 것으로 상의하달이라고 한다. 상향적 의사소통은 하급자에게로부터 상급자에게로 이루어지는 것으로 하의상달이라고 한다.

그리고 수평적 의사소통은 같은 직급과 직위를 가지고 있는 동료 간 혹은 부서 간에 이루어지는 의사소통이다. 같은 부서에 함께 근무하는 구성원 간에는 수평적 의사소통이 이루어지나 조직의 규모가 커지면 하위 부서나 조직 간에 추구하는 목표나 과업이 달라지고 이에 따라 갈등이 생길 수 있다. 이러한 갈등으로 야기되는 문제를 해결하기 위한 조정이 필요하며 동료 간의 단합과 부서 간의 조정 및 통합을 위해 수평적 의사소통은 필수적이다.

(3) 언어적 의사소통과 비언어적 의사소통

의사소통은 '말'로 표현하는 의사소통과 '말' 이외의 다른 것으로 의사를 전달하는 비언어적인 것으로 나눠볼 수 있다. 비언어적 의사소통은 표정, 행동, 옷차림, 말투와 분위기 등이 해당된다. 이 비언어적 의사소통은 언어적인 것보다 많은 것을 더 정확하게 전달할 수 있어 중요하다(유영주 외, 2009). 그렇기에 건강한 의사소통은 언어적인 메시지와 비언어적인 메시지가 일치되는 것이다. 그래야 오해와 갈등을 예방할 수 있다.

① 언어적 의사소통

언어적 의사소통은 대인관계에서 말로 표현하는 모든 의사소통으로 개인의 생각이나 감정을 말이나 글로 전달하는 방법이다. 사람이 의사소통할 때 가장 많이 사용하는 것은 언어이며 내면적 상태와 의도를 전달할 때 가장 효과적이고 강력한 수단이 된다. 언어적 의사소통에는 대화, 전화 통화, E-mail, 편지, 휴대 전화, 문자, SNS 등이 있다.

언어적인 의사소통은 제한된 정보를 제공하기도 하고 사용되는 단어가 개인에 따라 다양하다. 또 문화적 환경, 교육 수준 정도에 따라서도 서로 다를 수 있기 때문에 의미 전달에 있어서 한계와 왜곡이 발생할 수도 있다(함승애, 2017).

언어적 의사소통 과정에서는 깊고 복잡한 내면의 생각들을 생각나는 대로 표현하면 너무 길고 지루하여, 짧고 분명하게 만들어서 표현하려는 경향이 있다. 이러한 방법으로 일반화, 삭제, 왜곡 등으로 설명할 수 있다(이재창, 임용자, 2002).

첫째, 일반화는 개인의 구체적이고 사소한 경험을 전체 경험으로 확대하여 표현하는 것이다. 일반화에서 사용되는 표현에는 '모두, 전부, 아무것도, 더 이상, 조금도' 등의 수식어가 사용된다. 이 수식어들을 사용하여 한 가지의 사실을 전체로 확대하여 일반화하는 것을 말한다.

둘째, 삭제는 본래의 경험과 심층적 의미에 대한 언어적 표현 중 일부분을 제거 또는 누락시키는 표현을 말한다. 이러한 경우 그 언어나 문장은 미완성의 상태로 의사소통 됨으로 정확한 이해에 어려움을 주게 된다. 예를 들어 "난 어떻게 해야 될지 모르겠어."라고 표현하면 무엇을, 누구에게, 언제, 어디서 등의 구체적인 정보가 빠져 있는 것이다.

셋째, 왜곡은 타인이나 외부 사건 및 환경이 원인이 되어 그 결과 자기의 감정이 변화되었다고 표현하는 것이다. 예를 들어 "엄마는 나를 짜증나게 만든다."라고 표현하는 것이다. 왜곡의 또 다른 형태는 자기 자신이 타인의 마음이나 상태를 알고 있다고 왜곡하는 것이다. "남편은 나를 사랑하지 않아요."라고 말하는 것은 상대방에 대한 자신의 주관적인 왜곡으로 인해 오류를 범할 뿐 아니라 그로 인해 자신이 고통스러워질 수 있다.

따라서 언어적 의사소통만으로는 정확한 의미 전달이나 충분한 이해를 주고받는 데 한계가 있으므로 비언어적 의사소통과 조화롭게 이루어져야 한다.

② 비언어적 의사소통

비언어적 의사소통은 자신의 의사와 감정을 신체를 통해 표현하는 기술로서 팔과 손동작, 표정, 목소리의 높낮이, 몸짓, 자세, 시선, 악수, 포옹, 눈짓 그리고 신체적 움직임 등을 들 수 있다. 그리고 말투나 억양, 숨소리나 말의 속도 변화, 얼굴의 홍조, 말을 더듬는 것, 특정 단어를 힘주어 말하는 것, 입술과 눈동자의 변화, 다양한 몸짓 등은 언어적 표현을 더욱 분명하게 전달해 준다. 이러한 신체적 언어는 언제 말을 중단하고 주제를 전환할 것인가를 결정하는 데 도움을 준다(유영달 외, 2013).

또한 비언어적 의사소통은 언어적 소통으로는 표현할 수 없는 타인에 대한 미묘한 태도나 감정을 전달한다. 그러나 언어적 메시지와 모순될 수 있고 모호하기도 하며 문화에 따라 전달 방식이 다양하다. 비언어적 의사소통은 표현하기 어려운 복잡 미묘한 감정이나 태도 등을 전달하는 데 유용하게 사용되고 있다.

(4) 메타 의사소통

메타 의사소통(meta-communication)은 의사소통 자체에 대한 의사소통을 의미한다. 의사소통 방법에 대해 의사소통하거나 송신자가 수신자에게 어떻게 이해해야 하는가에 대한 정보를 전달할 때와 같은 상황에서 메타 의사소통이 발생한다.

"나는 당신이 나한테 그런 어투로 말하는 것이 싫어.", "당신은 나한테 화난 것처럼 보여.", "내 얘기 명심해!" 등과 같이 의사소통 자체에 대해 의사소통하는 것으로 자신의 욕구를 표현하고 혼란을 바로 잡을 수 있다. 그러나 한편으로는 부정적인 언어를 공개적으로 말할 때 관계에 부정적인 결과를 초래할 수도 있다.

(5) 기능적 의사소통과 역기능적 의사소통

인간관계에서 모든 의사소통이 기분 좋게 이루어지지 만은 않는다. 때로는 서로에게 상처를 주기도 하고 갈등을 일으키기도 한다. 특히 건강한 가족 내에서는 이런 문제가 아니더라도 지속적인 의사소통을 통해 갈등을 해결하고 건강한 가족관계를 유지하지만 가족이 건강하지 못하면 문제가 왜곡되어 가족들 간의 오해와 갈등은 점점 더 깊어지게 된다.

의사소통 과정 중 상호 간 메시지가 불일치할 때는 역기능이 일어나는데, 이는 의사소통 과정에 긴장감이 작용할 때 나타난다. 사티어(Satir, 1916~1988)는 의사소통 유형을 5가지로 나누었는데 회유형, 초이성형, 비난형, 산만형 4가지 유형은 역기능적으로, 일치형은 기능적 의사소통으로 구분하였다. 그리고 이 4가지 역기능적 의사소통 유형 외에 이중 구속 메시지와 잘못된 의사소통이 반복적으로 일어나는 악순환이 있다고 하였다.

① 이중 구속 메시지

이중 구속 메시지(Double-bind communication)는 언어적 메시지와 비언어적 메시지가 일치하지 않거나 수행할 수 없는 상반된 메시지를 전달하여 수신자를 혼란스럽게 만드는 것을 말한다. 이러한 의사소통은 가족이 위기나 갈등에 처해 있을 때 많이 사용되며 자녀들에게는 병리적인 의사소통의 모델이 된다. 청소년 자녀를 둔 부모들은 자녀에게 "너도 이제 다 컸으니까 자기 일은 스스로 알아서 할 수 있어야 해. 그렇지만 아직 네 맘대로 살기에는 너무 어려!"라는 말을 한다면 이중 메시지로 자녀를 혼란스럽게 한다.

② 악순환

의사소통은 자극과 반응을 끊임없이 주고받는 순환적 관계이다. 그런데 의사소통 과정에서 오해가 발생하면 그것을 반복하면서 점점 더 깊은 오해와 갈등 속으로 빠지기 쉽다. 예를 들어 청소년 자녀가 담배 피우는 것을 본 부모가 자녀를 나무랐을 때 부모가 전달하고 싶은 주요 메시지는 자녀의 건강에 대한 걱정이다. 그러나 자녀가 이를 간섭과 구속으로 받아들인다면 부모에게 반항할 수 있다. 그러면 부모는 자녀의 행동을 자신에 대한 거부와 도전으로 받아들이고 더 큰 권력을 행사하려 할 수 있다. 이런 식으로 부모와 자녀가 서로의 메시지를 제대로 해석하지 못하면 악순환이 일어나게 되는 것이다. 또 어떤 행동이나 말의 원인과 결과를 규정하는 것이 있는데, 자신의 입장에서 원인과 결과를 규정함하여 결과적으로는 오해와 갈등이 생기게 된다. 공부하라는 잔소리를 듣기 싫어하는 자녀에게 어머니는 "네가 공부를 너무 안 하니까 엄마가 잔소리를 하지!"라고 말한다. 하지만 자녀는 "엄마가 자꾸 잔소리를 하니까 공부하기 싫어지잖아요!"라고 대답한다. 서로 자신의 입장에서 규정하고 상대방을 비난하고 있다. 서로가 상대방의 입장에서 문제를 바라보고 방법을 찾는다면 해결책이 보일 것이다 (유영주 외, 2009).

4) 의사소통 과정

인간관계에서 의사소통은 대상과 상황, 목적에 따라 다양한 종류의 의미를 나누게 된다. 인간관계가 한 번의 만남으로 끝날 수도 있고 진실한 상호 작용 속에서 심리적, 지적, 사회적으로 성장하며 발달하기도 한다. 반면에 거짓되거나 그릇된 관계 속에서 이루어지는 의사소통은 심리적·정서적으로 퇴행하게 하고 심하게는 정신적 고통을 경험하게 하기도 한다. 사람과 사람 사이에서 어떤 의미를 공유하기 위해 이루어지는 의사소통은 한사람을 성장시키거나 파괴시킬 수 있는 존재론적 의미를 지니고 있다. 그러므로 여러 목적에 맞는 적절한 의사소통을 할 수 있어야 한다.

(1) 형식적 의사소통(인사)

사람은 살면서 의미도 없고 대화 후에도 아무것도 남는 것이 없는 의사소통을 많이 한다. 길을 가다 우연히 만난 이웃, 형식적이고 공식적인 모임에서 우연히 옆자리에 앉게 된 사람, 음식점에서 종업원이 손님에게 하는 인사 등의 상투적인 대화를 하는 경우가 그 예이다. 사람과의 관계는 형식적인 인사라 할지라도 반복을 통해 점차 심층적으로 변화하고 발전하게 된다. 그러므로 일상적인 대화도 약간의 주의와 노력을 좀 더 기울인다면 인간관계를 더욱 풍성하게 해줄 수 있을 것이다.

(2) 사실 및 정보 교환

사실 및 정보 교환 의사소통은 일상적으로 지나가며 하는 인사나 형식적인 관계보다 한 단계 진전된 수준의 대화로 사실과 정보를 교환하는 대화이다. 예를 들어 동창회 모임, 수업 시간에 만나 나누는 대화는 서로 간에 별로 친하지는 않지만 정치, 경제, 스포츠, 패션, 드라마 등 여러 사실에 대해 개인적인 의견이나 판단 없이 이야기를 나누게 된다. 흔히 자기 자신과는 무관한 남에 대한 사실과 정보이기에 마찰이나 갈등 등의 충돌을 일으키지 않으며, 한 두 명이 하기 보다는 여러 명이 함께 참여하게 된다. 그러나 이런 의사소통에서 참여자들은 각각 알고 있는 정보의 내용을 얻을 수 있는 원천으로 활용하기도 하고, 말하는 사람의 태도, 표정, 전체적 분위기에 대한 암묵적 관찰로 비슷한 사람끼리 유유상종의 관계망을 형성한다(김종운, 2017).

(3) 생각 및 의견 표현

생각 및 의견 표현의 의사소통은 자신의 생각과 의견에서부터 점점 자기 자신의 일부가 노출되기 시작하는 단계이다. 즉 말하는 사람의 생각이나 의견에 자신의 일부가 들어있기에 위험 부담이 있다. 말하면서 상대방의 태도에 따라 존중받음을 느끼기도 하고, 반대로 마음에 상처를 받기도 하는 것이다. 따라서 의견을 표현할 때 상대방이 나의 말을 듣고 싶어 하는지, 나와 이야기할 시간이 있는지, 과연 내 이야기를 잘 들을 것인지, 이 이야기를 해도 후회하지 않을 믿을 만한 사람인지 등을 살피게 된다. 그리고 자기 자신도 내가 왜 이 말을 하고 싶은지, 내가 이 말을 하고 나서 어떤 기분일지, 내 생각과 의견을 제대로 전달할 수 있을지 등을 살펴보게 된다.

생각과 의견을 주고받으면서 인정되거나 수용되었다면 유쾌한 의사소통을 하게 될 것이고 이전에 몰랐던 상대방의 의견이나 생각에 대해 새로운 것을 알게 됨으로 뿌듯함을 느끼게 될 것이다.

서로가 깊숙한 내면의 이야기를 나누지 않을지라도 자신의 생각과 의견이 표현되는 과정이므로 말하는 사람이나 듣는 사람이 조심하고 유의해야 할 의사소통 단계라고 할 수 있다.

(4) 느낌 표출

우리는 살아가면서 대부분은 일시적이거나 업무적인 관계로 생각 및 의견을 표출하는 단계까지만 관계를 맺고 산다. 그러나 중요한 타인, 즉 잘 아는 사람이나 친밀한 관계를 지닌 중요한 타인과 대화를 할 때에는 자기 자신을 개방하고 느낌을 표출하면서 서로의 느낌을 공유하는 의사소통을 하게 된다. 사람의 생각이나 느낌은 그 사람의 것이기에 옳고 그름으로 판단할 수 없다. 자신처럼 느끼지 않았다고 해서 잘못되었다거나 틀렸다고 할 수 없으며 강요할 수도 없다. 진정한 인간관계는 어느 정도의 시간이 소요되는 작업이다.

인간관계에서 잦은 헤어짐이나 파괴는 결국 자신의 자존감에 상처를 입히게 된다. 자존감이 손상되지 않으면서 성장하는 의사소통을 하기 위해서는 자신의 느낌을 말하기 전에 스스로의 감정을 의식에서 꺼내 있는 그대로 자각하는 연습을 해야 한다(서혜석 외, 2017). 그러나 이 연습은 쉽게 할 수 있는 것이 아니며 마음속으로 상대방에 대해 어떤 판단을 했을 때 그때에 자신은 어떤 감정을 가지고 있는지 들여다보는 것이다. 내면에 부정적인 감정을 가지고 있다면 그 감정에 대해 내가 이 감정을 있는 그대로 인정하고 받아들여 주는 '자기수용'이 필요한 것이다. 진정한 의사소통을 원한다면 자신의 느낌을 말할 수 있어야 하고 상대방의 느낌을 무비판적으로 받아들일 수 있는 성숙이 필요하다.

(5) 감정 이입

대부분의 사람들은 상대방도 자신과 같은 눈을 가졌다고 생각하는 경향이 있다. 내가 어떤 것을 보았을 때 생각하고 느끼는 것처럼 상대방도 같을 것이라고 생각한다는 말이다. 그러나 사람들은 각각 서로 다른 외모만큼이나 다른 눈으로 사물을 보고 인식한다. 그래서 상대방을 이해하려면 서로 다른 차이를 받아들이고 상대방이 경험한 내면세계를 알고자 노력해야만 한다.

감정 이입은 상대방의 입장에서 상대방의 생각과 감정을 그대로 느끼고 이해한다는 뜻이다. 그러므로 이 단계까지 이르기 위해서는 오랜 시간의 훈련과 노력, 깨달음의 시간이 필요하다. 많은 사람과의 만남에서 모두 감정 이입의 대화를 할 필요는 없다. 감정 이입의 의사소통을 하기 위한 기본 조건은 다음과 같다(서혜석 외, 2017).

첫째, 사람의 신비함에 대한 겸허한 마음을 가져야 한다. 우리는 나 자신도 모두 알 수 없는 존재이기에 함부로 남을 단정하거나 추측하지 않아야 한다. 그러기 위해서는 먼저 자신의 방어기제를 이해하여 인식의 왜곡 현상을 깨닫고 균형 잡힌 눈으로 사람과 상황 그리고 사물을 대해야 한다.

둘째, 남을 판단하지 않아야 한다. 사람은 변화하는 존재이기에 그때그때 보이는 모습만으로 전 생애를 판단하거나 단정하지 않아야 하는 것이다.

셋째, 듣는 사람의 입장에서 성급하게 누구 탓을 하지 않아야 한다. 상대방이 어떤 기분을 느낄 때에는 여러 가지 원인이 있을 수 있으므로 원인을 추측하지 말고 있는 그대로의 느낌만

표현해 주어야 한다.

넷째, 상대방을 모르면 모른다고 하고 상대방에 대해 물어보아야 한다. 상대방에 대해 자신이 혼란스러운 감정을 느끼거나 상대방의 대화 내용의 일부를 가지고 전체를 추측하는 경우 오해와 거짓말이 기하급수적으로 불어날 수 있다. 이럴 때는 차라리 솔직하게 묻고 대답하는 단순함이 필요하다.

다섯째, 감정을 말할 때에는 서로를 존중해야 한다. 자신이 속상하거나 화나거나 슬프거나 울고 싶은 여러 감정을 가질 수 있듯이 상대방도 그런 감정을 가질 수 있으므로 그 감정에 대해 판단하지 않아야 한다.

여섯째, 느낌을 의지와 지성으로 통합하여야 한다. 감정에 대해 느끼는 것을 그대로 행동하는 것이 아니라 그 느낌을 있는 그대로 받아들인다. 그리고 왜 그런 느낌이 드는지, 그 느낌을 처리하기 위해서는 어떤 것이 필요한지를 깨닫게 한다. 그 깨달음대로 실행하는 것을 '통합된 인격'이라고 할 수 있으며 이것이 성숙한 모습이다. 감정 이입은 감정을 억압하거나 왜곡하는 것이 아니다. 그렇다고 제멋대로 자신과 남의 인격을 함부로 대하거나 날뛰지도 않는 것이다. 그러므로 건강한 인격의 성숙함이 표현되는 감정 이입의 소통은 한 순간에 이루어질 수 없고 오랜 시간이 소요되는 전 생애적인 과정이라 할 수 있다.

5) 의사소통 방해 요인

의사소통은 송신자와 수신자 그리고 주고받는 의미의 3가지 요소로 구성되어 있고, 어떤 사람과 어떤 내용을 나누는가에 따라 질과 내용이 결정된다. 그래서 상대방이 어떤 사람인가를 인식하는 것이 중요하나 이에 앞서 자기 자신이 어떤 존재인가를 인식하는 것이 더 중요하다. 인간관계나 의사소통을 방해하는 요인으로는 자기개념에 대한 무지, 방어기제, 인지적 왜곡, 실수를 용납하지 않거나 감정 억압 및 부적절한 표출 등이 있다.

(1) 자기개념 무지

우리는 사물을 있는 그대로 보고 사고한다고 생각하지만 실제로 우리의 지각과 인식은 서로 다른 우리의 얼굴만큼이나 모두 다르다. 그리고 감정이나 행동 반응도 모두 다르다. 그러므로 타인을 이해하는데 상대방의 입장에서 사물을 보려는 자세가 필요하다. 자신의 판단 기준으로 타인의 행동을 평가하는 것은 오해와 갈등을 일으키기 때문에 상대가 왜 그렇게 행동할까를 이해하려면 먼저 상대의 눈으로 보는 자세가 필요하다.

진지한 내면의 감정과 생각이 일치된 모습은 자신의 마음에 평화를 주며 상대방에게도 신뢰감을 준다. 온전한 자기개념에 근거한 신뢰감은 의사소통의 기초가 된다(김진숙 외, 2017).

(2) 자기방어

사람들은 대부분 자신을 올바르게 인식하지 못하며 또 스스로 의식적 또는 무의식적으로 일종의 가면을 쓰고 살고 있다. 자신을 있는 그대로 보이면 '약해 보일 까봐, 싫어하거나 흉 볼까봐, 떠날까봐 두려워서' 등의 이유로 상대방의 판단 기준에 자신의 행동이 합당하게 보이도록 위장하며 상처받기 쉬운 자아를 보호한다. 이를 방어기제라고 하는데, 대부분의 방어기제는 무의식적으로 이루어진다. 드물게는 예술적인 또는 인류에 공헌하는 차원의 행동으로 승화하는 경우도 있지만, 자아 방어 기제는 허약하고 상처받기 쉬운 자아를 보호하기 위한 임시방편으로 가면 뒤에 감춰진 진정한 자아는 발견하기 어렵다. 진정한 자아가 성장·발전하지 못하면 타인과의 인간관계도 건전하게 형성될 수 없고 의사소통에도 좋지 않은 영향을 미친다. 따라서 타인의 방어기제를 이해하는 것도 필요하지만 먼저 스스로 어려움에 부딪힐 때 문제를 직시하고 건설적으로 해결하려고 하는지, 아니면 방어기제 속으로 숨어버리는지를 점검해 보아야 한다. 그 첫 번째 과제는 솔직하고 정직한 모습을 보이는 것이다(권석만, 2004).

(3) 인지적 왜곡

인지적 왜곡이란 현실을 항상 비현실적인 방법으로 해석하는 그릇된 사고의 습관이다. 비현실을 습관적으로 그릇되게 해석하기 때문에 자신도 모르게 현실과 단절되며 현실 속의 사건이나 사물을 단정적·주관적으로 판단하게 된다. 이러한 인지적 왜곡의 특징은 다음과 같다(김혜숙 외, 2016).

첫째, 지나친 일반화로 어떤 사람이나 상황 및 사건의 그 일부를 본 후 세상의 원리를 다 본 것처럼 해석하는 것이다.

둘째, 단정적으로 이름을 붙이는 것으로 사물이나 사건 또는 인물 등에 상투적인 이름을 붙여 세상의 현실을 바르게 보지 못한다.

셋째, 선택적으로 여과하는 경우로 다양한 경험 속에서 일부 부정적인 것 또는 긍정적인 것만 골라 선별적으로 인지하고 관심을 두며 기억에 남겨 의사소통에 장애를 유발한다.

넷째, 이분법적인 사고로 대부분의 상황이나 사건에 선과 악, 흑과 백, 성공과 실패 등으로 양분하여 애매모호한 상황을 인정하지 않는다.

다섯째, 지나친 자기비난과 자책감을 갖는 경우로 자신이 하지 않은 잘못까지도 자기 탓으로 돌리면서 스스로 비난하고 자책한다.

여섯째, 모든 상황과 사건을 자기와 연관시키는 것으로 세상의 흐름이나 사건 및 현상 등에 모두 자기가 개입되어 있다고 여긴다.

일곱째, 지레짐작하는 경우로 무슨 일을 자기식대로 짐작해서 결론을 내려 객관적이고 신중한 검토 없이 상대방의 의도를 자기가 보는 대로 단정한다.

여덟째, 통제 오류의 경우로 자기 자신이 세상을 통제할 수 있는 전지전능하다고 여기거나 아무것도 자기 뜻대로 되는 것이 없다는 극도의 무기력감으로 인해 현실을 왜곡한다.

(4) 실수

우리는 살면서 주의 부족, 경험 부족, 노력이나 연습 부족, 판단이나 계획의 잘못, 부적절한 감정 폭발, 성급함이나 꾸물거림, 건망증 등의 다양한 이유로 인해 실수를 하는 일이 생긴다. 그리고 그 실수에 대한 평가가 두려워 감추거나 변명하고 합리화까지 하게 되는 경우도 있다. 또한 실수할까봐 새로운 시도를 피하거나 사람 만나는 일에 소극적이고 위축되기도 한다.

실수는 사람의 가치나 존중감과는 무관하다. 사람은 완벽한 존재가 아니기에 누구나 실수할 수 있다는 것을 받아들여야 하는 것이다. 이는 실수를 되풀이하라는 뜻이 아니다. 같은 실수를 반복하기 싫다면 실수의 원인을 찾고 노력해서 행동의 변화를 가져오도록 해야 한다는 것이다. 어린아이가 넘어지는 것이 두려워 걸음마 연습을 하지 않는다면 어떻게 되겠는가? 따라서 실수는 완성을 위한 연습이라는 것을 인식하여야 한다.

(5) 부적절한 감정

많은 사람이 자신의 감정을 정확하게 인식하지 못하거나 다른 사람에게 표현하는 것을 어려워한다. 감정을 좋고 나쁨이나 미성숙한 사람이 표현하는 유치한 것으로 생각한다거나 감정을 드러내면 손해를 본다고 생각한다. 그렇지 않은 경우도 있지만 많은 경우 상대방으로부터 무슨 말을 듣고 화가 났다면 그 감정은 상대방의 말에 대한 자신의 반응이지 상대방이 일부러 화를 돋구기 위한 것은 아니다. 즉 자신에게 대기하고 있던 감정이 외부 자극에 의해 표출된 것뿐이다. 그래서 같은 말이라도 사람마다 다르게 반응할 수 있는 것이다.

이러한 이유들로 감정을 표현하기보다는 숨기거나 억압하는 경우가 많으나 감정이 억압되면 오히려 여러 부정적인 일들이 생긴다. 감정을 잘 표현하면 상대방은 정말 내가 어떤 사람인지 알게 되고 내가 좋아하고 싫어하는 것, 소중하게 여기는 것, 가치 있게 여기는 것 등을 알게 된다. 이러한 표현들이 건강하게 서로 표출 할 수 있는 관계가 형성되었을 때 진정한 의사소통이 이루어지며 우리의 존재 의미를 파악할 수 있게 된다.

6) 효과적인 의사소통

의사소통은 사람이 살아가는 데 매우 중요하나 이를 효과적으로 한다는 것은 쉽지 않다. 효과적인 의사소통을 위해서는 먼저 편안한 마음으로 대화를 나눌 수 있는 환경이 마련되어야 한다. 그리고 서로 간에 관계를 가지려는 태도와 함께 상대를 위한 배려가 있어야 한다. 또 소통 과정에서 발생하는 변화에 대해 개방적이고 유연하게 대처할 수 있어야 한다.

하버마스(Habermas)는 의사소통 타당성에 대해 이해 가능성, 진리와 효율성, 정당성, 진솔성이 있어야 한다고 하였다(Habermas, 1979: 68; 1984: 329). 이는 타인과 소통함에 있어 부정적 감정으로 대하지 않아야 함을 시사한다.

집단내에서도 의사소통이 원활하게 이루어져야 한다. 집단 구성원끼리 서로 의사소통을 하지 않는 집단은 문제가 무엇인지 파악하는 데 어려움이 있고 문제해결 능력도 떨어진다.

(1) 효과적인 의사소통 원칙

효과적인 의사소통 과정은 명확하게 보내기와 정확하게 받아들이기의 두 가지 요소로 구성되어 있다. 명확하게 보내기 위해서 말하는 사람은 듣는 사람이 잘 알아들을 수 있도록 적절한 크기로 정확하게 말해야 한다. 그리고 말하는 사람은 듣는 사람에게 익숙한 말로 메시지를 보내야 한다. 말하는 사람은 듣는 사람이 여러 가지 메시지를 한꺼번에 전달받기보다 한번에 한 가지의 메시지를 전달받을 때 보다 이해하기 쉽다는 것을 기억해야 한다.

효과적인 의사소통을 위한 원칙은 다음과 같다(이재열, 2009; Ellenson, 1982).

첫째, 감정 이입을 한다. 효과적인 의사소통을 위해서는 상대방의 입장에서 생각해 보는 태도, 온정과 이해의 감정을 전달하는 태도가 필수적이다. 감정 이입은 다른 사람의 기쁨을 함께 나누고 다른 사람의 슬픔 속에 들어가 그 사람과 공감하도록 돕는다. 결국 상대방과 더욱 친밀한 관계를 만들어 준다.

둘째, 피드백의 활용이다. 피드백은 상대방에게 그의 행동과 결과가 어떠한지에 대해 정보를 제공해 주는 것을 말한다. 또한 정보의 의미를 정정하거나 조정하며 내용을 명확히 하고 초점을 맞추어 주는 과정이다. 전달되는 내용이 명백하게 전달되고 있는지를 알아보기 위해 피드백을 통해 의사소통에서 발생할 수 있는 오해나 부정확성에서 기인된 문제를 해결할 수 있다.

셋째, 안정된 감정을 유지한다. 정서적으로 혼란 상태에 있으면 메시지를 왜곡하기 쉽고 전달하고자 하는 메시지를 명확하게 표현하지 못하게 된다. 이때는 심리적 안정을 찾을 때까지 의사소통을 보류하는 것이 바람직하다.

넷째, 경청의 자세를 갖는다. 의사소통은 한 사람이 말을 하고 다른 사람은 듣는 방식으로 이루어진다. 이때 단순히 상대방이 하는 말뿐 아니라 생각과 감정을 알아차리는 마음의 귀를 갖고 이야기를 귀 기울여 듣는 것이 중요하다.

다섯째, 장애물에 대해 인식한다. 말하는 이나 듣는 이는 자신의 과거 경험, 선입견, 신념, 가치관, 관심사가 스스로의 지각에 영향을 미친다는 사실을 인식하고 그러한 관점에서 메시지를 검토할 필요가 있다.

여섯째, 적절한 침묵과 반응의 사용이다. 상대방의 말을 주의 깊게 들어주면서 침묵을 지킴으로써 상대방이 계속 말할 수 있도록 한다. 침묵은 나와 상대방 모두에게 말과 생각을 정리할 시간을 준다.

일곱째, 권력 사용과 타인 조종을 피한다. 권위자의 위치에 있는 사람들은 다른 사람에게 마음대로 행동할 수 있는 권리가 있다고 생각하기 쉽다. 권위자가 효과적인 의사소통을 하고 있다면 다른 사람을 통제하고 조작하는 데 힘을 사용하기보다는 최선의 결정에 도달하기 위해 다른 사람이 의견을 편안하게 말할 수 있는 분위기를 조성할 것이다.

여덟째, 인격 대 인격의 관계를 유지한다. 우리가 상대방을 한 인격체로 존중하고 진정으로 돕고 함께하고자 하는 마음을 전달한다면 의사소통의 길은 쉽게 열리게 될 것이다. 이러한 느낌은 비폭력적이고 평화적인 대화가 가능하도록 할 것이며 이는 두 사람의 관계에서 뿐만 아니라 더 큰 집단의 구성원 사이에서도 효과적인 의사소통을 가능하게 할 것이다.

아홉째, 상대방을 신뢰한다. 상대방을 신뢰한다는 것은 상대방에게 솔직하게 마음을 열어야 한다는 것을 말한다. 신뢰는 신뢰를 낳고 불신은 불신을 낳는다. 만약 상대방을 신뢰하는 마음으로 대한다면 자신도 그 보답으로 상대방으로부터 신뢰를 받게 된다. 또한 상대방을 신뢰한다는 것은 상대방에게 예의를 갖추고 그의 입장을 고려하면서 상대방의 관점을 인정하고 장점을 격려하며 강화해 주는 것을 말한다.

(2) 개인적인 책임

의사소통에서 개인적인 책임이 중요한 이유는 스스로 자기 삶을 통제하고 자신의 욕구, 가치, 목표에 대해서도 스스로 결정하며 자신의 욕구를 충족시키기 위한 주도권을 가졌기 때문이다. 현재와 미래의 목표를 향해 스스로 결정하고 노력해야 하는 것은 개인적인 책임인 것이다. 어떤 사람의 경우는 개인적인 책임이어야 되는 부분까지 환경이나 운명, 운수, 신의 섭리 등에 의해 결정 되는 것이라고 생각하며 막연한 기대 속에 자신의 삶을 내맡기기도 한다. 그러나 자신이 타인과 나눈 대화 중 자신의 한 말에 대해서는 자신에게 책임이 있다. 그리고 효과적인 의사소통은 자신이 원하는 것을 잘 알고 상대방에게 자신의 욕구를 무례하지 않고 적절하며 정직하게 표현하는 것이다. 또한 내적 통제력을 갖고 스스로를 통제함과 동시에 타인, 환경, 사회와도 균형과 조화를 유지할 수 있어야 할 것이다.

(3) 자기표현 기술

자신의 가치관, 욕구, 소망이 무엇인지를 알고 생각과 감정을 다른 사람에게 적절히 말함으로써 욕구를 충족시키는 주도적인 행동을 자기표현 기술이라고 한다. 자기표현 기술은 다른 사람을 평가하거나 분석하는 것이 아닌 타인의 말과 행동에 대한 자신의 감정을 말로 표현하는 것이다. 이러한 자기표현의 장점은 다음과 같다.

첫째, 자신이 다른 사람에게 개방적이고 솔직하게 내가 누구이며 무엇을 생각하고 믿고 있는지를 나타낼 때 기분이 좋아진다. 이로 인해 자존감의 증진을 가져온다.

둘째, 타인에게 자기표현을 할 때 자신에게도 자기표현을 하게 되어 자기 자신의 생각이나 감정에 친밀해져서 자아인식의 증진을 가져온다.

셋째, 자신을 괴롭히는 것에 관해 행동하거나 말할 때 자신이 화내거나 좌절하는 일이 훨씬 감소하게 된다.

넷째, 자기표현은 자신이 누구이며 자신의 생각과 감정, 좋아하는 것과 싫어하는 것 등에 관해 다른 사람들이 보다 정확하게 이해하도록 도와준다. 그리하여 자신에 대한 오해, 왜곡, 고정 관념을 감소시켜 준다.

다섯째, 자신의 욕구와 소망이 무엇인지 다른 사람들에게 알릴 때 혹시라도 발생할 수 있는 오해와 갈등을 피할 수 있다. 그 결과로 친밀한 관계가 형성될 수 있다.

여섯째, 자기표현은 자신의 중요한 욕구를 충족시킬 수 있는 기회를 크게 증가시킬 것이다.

그런가 하면 자기표현의 단점은 이로인해 다른 사람들이 자신의 견해와 비교 하여 차이 또는 가치의 충돌이 생길 수 있고, 자신의 견해와 다름으로 인해 거리감을 느낄 수도 있다(김진숙 외, 2017).

7) 의사소통 기술

(1) 언어적인 의사소통 기술
① 공감적 이해력을 높이라

의사소통에서 말하는 사람과 듣는 사람 사이의 심리적 관계 형성(rapport)의 여부는 매우 중요하다. 서로 위협이 없는 안전한 분위기가 될 때 자신을 열고 깊은 대화를 할 수 있으며, 열린 대화를 통해서 서로의 성장을 돕는 촉진적 관계가 이루어질 수 있다.

특별히 심리적 거리를 좁히는 대화를 위해서 공감적 이해(empathic understanding)가 필요하다. 헬라어에서 공감은 '안에서 고통 받음(suffering in)'이라는 뜻을 가지고 있다. '공감(共感)'이라는 용어는 문자 그대로 서로 함께 느끼는 것으로써 상대방의 심리 속으로 들어가서 마치 자신의 감정처럼 느끼는 것이다. 이것을 일컬어 '감정 이입'이라고도 하는데, 이것은 상대방이 말하는 동안 그의 감정 속으로 '느껴 들어가는 것(feeling into)'을 뜻한다.

② 상대방의 말을 잘 경청(Listening)하라

경청은 단지 소리를 듣는 행위가 아니라 소리를 마음에 담는 것이다. 우리들은 날마다 수많은 소리를 들으면서 산다. 그 중에 대부분은 마음에 담기보다는 흘려보내는 경우가 많다. 경청은 다른 사람과 대화를 할 때 자신이 필요한 정보만 듣거나 자신에게 유리한 말이나 필요한 말들만 선별해서 듣는 것이 아니다. 건설적인 대화를 위해서는 적극적인 경청을 통해 상대방의 말을 정확하게 파악하고 이해하는 과정이 매우 중요하다. 그렇다면 적극적인 경청의 요소들은 무엇인가?

첫째, 경청은 이해하기 위해서 듣는 것이다. 경청의 목적은 상대방의 약점을 잡아서 내가 이기기 위함이 아니라 상대방이 생각하고 느끼는 것이 무엇인지를 배우고 이해하기 위함이다. 이를 위해서는 우선적으로 상대방의 말을 이해하고자 하는 의지가 있어야 한다. 이러한 의지와 관심이 없으면 경청하는 것이 불가능하다. 상대방의 말을 진지하게 경청하지 못하게 하는 요소 중 하나는 경청하는 것이 곧 상대방의 말에 동의한다는 오해 때문이다. 그러나 이해하려고 경청하는 것이 상대방의 말에 전적으로 동의한다는 의미가 아니다. 상대방을 존중하고 진지하게 여긴다는 표현인 것이다. 상대방의 말을 진지하게 듣는 것 자체가 갈등해소에 직접적인 영향을 준다. 조용히 경청하는 자세는 진정한 겸손을 보여주며 자신의 유익만 구하는 것이 아니라 상대방의 유익도 구하고 있음을 나타낸다. 이러한 자세는 상대방의 닫힌 마음의 문을 열게 하며 상호존중의 분위기를 만든다.

둘째, 경청은 상대방이 말하는 동안 인내를 가지고 기다려주는 과정이다. 많은 경우에 상대방의 말을 끝까지 듣지 않고 성급하게 상대방의 말을 중단시킬 때가 많다. 특히 제한된 시간에 대화를 하거나 상대방의 말에 동의하지 않는 내용이 있을 때 상대방의 말이 끝나기도 전에 급하게 상대방의 잘못을 지적하고 반론을 펼치기도 한다. 이러한 성급한 대응은 대화의 분위기를 험악하게 만들고 문제의 핵심을 파악하고 해결하는 대신 서로의 말에 감정적으로 대응하게 만든다. 상대방의 말을 끝까지 듣기 위해서는 성급하게 결론을 내리지 말아야 한다. 사람의 생각은 표현하는 말보다 3-5배 정도 빠르게 진행되기 때문에 상대방의 말이 끝나기도 전에 스스로 결론을 내리고 단정해 버리게 된다. 그러므로 경청 중에는 의지적으로 생각을 절제하고 상대방 말에 집중할 수 있는 훈련이 필요하다.

기본적인 경청의 자세를 SOLER로 설명하면 다음과 같다.

- **ㄱ자로 앉기(Squarely)** 자신의 어깨가 상대방의 어깨와 90°로 L−위치에서 마주 보고 앉는다.

- **열린 자세(Open posture)** 웅크리고 있는 것이 아니라 어깨를 편 자세로 상대에게 당신이 방어적이 아니라 열려 있다는 것을 나타낸다.

- **앞으로 약간 기대기(Lean forward)** 상대방 쪽으로 약간 자세를 기울이는 것은 그 사람 말에 관심을 가지고 듣고 있으며 함께하고 있다는 것을 강조하는 메시지를 전달한다.

- **시선 맞추기(Eye contact)** 뚫어지게 응시하는 것이 아니라 부드럽게 시선을 마주치는 것은 상대방에게 관심이 있다는 것을 나타낸다.

- **편안한 자세(Relax)** 긴장이 풀린 상태로 상대방을 대하면 상대방도 긴장을 풀 수 있게 된다.

　서양에서는 대화할 때 눈을 맞추는 행위가 매우 중요하다. 동양문화 특히 한국문화에서는 어른과 대화할 때 눈을 바라보면 도전적이고 반항하는 행위로 간주된다. 그러나 일반적으로 말하는 상대방의 얼굴에 시선을 두는 것은 상대방의 말을 집중하고 있다는 메시지를 준다.

　이 외에도 적극적 경청의 비언어적인 표현으로는 고개를 끄덕이는 행위나 상대방의 말에 '음, 그래요, 그렇군요'라고 반응하는 것들이 있다. 그리고 적극적인 경청을 위해서는 상당한 노력이 필요 한데 다음 10가지를 주의 할 필요가 있다. ㉠미리 판단하지 말아야 한다. ㉡자신의 생각을 덧붙이지 않는다. ㉢내가 들은 것이 상대방이 이야기한 것의 전부라고 생각하지 말아야 한다. ㉣상대방의 이야기를 다른 방향으로 유도하지 않는다. ⑩사고방식이나 가치관이 자신과 다르더라도 마음을 닫지 않아야 한다. ⑭이야기한 내용을 다른 의미로 해석하지 말아야 한다. ⑭말이 끝나기도 전에 대답하거나 대답을 준비하지 않는다. ⑩상대방의 말을 끝까지 듣는다. ⑭상대방의 말을 올바르게 듣는데 두려움을 갖지 않는다. ⑭공평하게 서로의 말을 듣는다.

③ 반영기술

감정의 재진술인 반영(reflection)은 대상자의 생각, 느낌, 행동 등을 거울처럼 비추어 되돌려 주는 기술을 말하는 것이다. 반영은 대상자의 감정을 정확하게 헤아려줌으로써 마음의 문을 여는 섬세하고도 중요한 기술이다. 그리고 반영은 대상자의 언어적 행동뿐만 아니라 비언어적 행동에 대한 세심한 관찰을 통해 감정 상태를 읽어 줄 수 있다는 점에서 치료적 효과가 높은 기법이다.

반영을 하는 요령은 먼저 대상자의 감정 상태와 그 감정의 원인을 탐색하여 공감하고 이해한다. 그리고 대상자의 욕구를 파악하여 다음과 같은 형식으로 내담자에게 되돌려 준다. 즉, 반영은 "당신은 ~(사건, 상황, 사람, 생각) 때문에 ~(기분, 느낌, 감정)을 느끼시는군요. 당신은 ~하기를 원하는데"라는 형태를 취한다. 여기서 문장의 순서는 얼마든지 바꾸어서 진술할 수 있다.

④ 긍정적으로 지지하라

긍정적 지지(positive support)는 상대방의 문제를 긍정적으로 이해하는 것을 의미한다. 상대방의 관심사를 대수롭지 않게 여기거나 속되다고 정죄해 버리고 상대방이 잘못되었다고 쉽게 단정해버리면 관계가 더 이상 진전되기 어렵게 된다. 사람들은 비판의식이 강한 사람들과는 대화를 하지 않으려는 성향이 있다. 가정에서도 비판의식이 높은 부모에게는 자녀들이 자신의 문제를 쉽게 드러내지 않기 마련이다.

이를테면 한 임신한 여성이 출산을 앞두고 염려와 불안이 지나쳐서 괴로워하다가 남편에게 이야기를 하게 되었다고 했을 때, 남편이 아내에게 "아니, 이 세상의 절반이 여자고 여자라면 누구든지 아이를 낳는데 뭘 그렇게 겁을 내? 그건 쓸데없는 걱정이야"라고 말한다면 아내는 더이상 할 말도 없고 대화는 계속 진행되기 어려울 것이다. 긍정적 지지란 아내의 입장에서 그의 마음을 이해하면서 "출산을 앞두고 많이 불안하고 힘들지? 나도 기도하고 있으니 힘을 내"라고 이야기 해 줄 수 있어야 하고 상대방을 심리적으로 지지해주어야 한다는 것이다. 긍정적 지지는 대화뿐 아니라 상담에 있어서도 기본적인 테크닉이다. 대화의 시작은 이처럼 "그럴 수 있다"고 생각하는 자세에서 시작될 수 있는 것이다. 자신의 생각에 '세상에 그럴 수가…'하는 입장을 가지고 있다면 누가 그에게 자신의 문제를 털어 놓을 수 있겠는가? 누구든지 문제를 당하는 사람에게 있어서는 항상 어렵고 힘든 것이다. 문제에 직면해 있지 않은 사람은 다른 사람의 문제를 볼 때 별로 어려운 문제가 아니라고 생각하지만 문제에 직면해 있는 사람은 자신의 문제가 이 세상에서 가장 해결하기가 어렵고 힘든 것이라고 생각한다. 그것을 긍정적으로 지지해줄 때 대화의 상대자는 편안함을 느낄 것이다.

⑤ 칭찬과 격려하라

사람은 지적에 의해서 바뀌는 것이 아니라 칭찬과 격려를 통해서 바뀐다는 말이 있다. 칭찬은 가장 빠르게 자신감과 행복감을 갖게 하고 자석처럼 서로 끌어 당겨 하나가 되게 할 뿐 아니라 불가능도 가능하게 만드는 위대한 힘이 있다. 칭찬과 비난은 상반된 위치에 있어 칭찬의 무게가 커지면 비난의 무게는 자연히 줄어든다.

의사소통에서 칭찬과 더불어 격려(encouragement) 또한 중요하다. 격려는 개인이 삶에 대처하는 긍정적인 태도를 증진시켜 행동과 도전을 할 수 있도록 돕는 행위이다. 격려는 "당신은 무척 좋아졌습니다.", "당신은 참 잘하셨습니다.", "당신은 많이 발전하고 있습니다." 등의 말로써 상대방을 치켜세워 주고 가능성을 강조하는 가운데 상대방의 의지를 장려시켜 주는 방법이다. 일반적으로 사람들은 꾸지람보다는 칭찬 듣기를 더 좋아하기 때문에 이러한 방법은 사람을 변화시키는 데 큰 힘을 가지고 있다. 그리고 열등감이 강한 사람일수록 격려 받고자 하는 강도가 크기 때문에 피해의식에 젖어 있는 사람에게는 이런 방법의 대화가 필요하다. 이때 격려와 책망을 동시에 하게 될 경우 격려를 먼저하고 책망을 나중에 해야 효과가 더 있다. 또한 격려는 길고 구체적이어야 효과가 있는데, 그 방법은 과거 행동이나 사실에 기초하여 하는 것이다. 또한 직접적인 격려도 좋지만 제3자로 하여금 격려하게 하는 것도 매우 좋은 격려의 방법이다.

⑥ 개방적 질문을 사용하라

상대방에게 적절하게 질문을 할 수 있다는 것은 상호 간의 대화가 생산적이고도 바람직한 방향으로 나아갈 수 있음을 뜻한다.

그러나 질문할 때 주의해야 할 점은 "왜~"로 시작하는 문장은 사용하지 말아야 한다. "왜~"로 시작하면 혼란스러운 대답을 유도하기 때문에 되도록 피해야 한다. 즉, "왜 당신은 그런 일을 했어요?", "왜 당신은 늦었지요?", "왜 당신은 항상 그런 식으로 행동합니까?"와 같은 질문은 결실 없는 대답만을 유도하기 쉽다.

여기에서 조금 형태를 바꾸어 "무엇"이라는 의문사를 넣어 상대방에게 질문하면 대화가 좀 더 부드럽고 효과적으로 진행될 것이다.

다음에 나오는 두 대화의 차이점을 비교해 보라.

"왜 당신은 내 이야기를 의심스러워하지?"
"모르겠어요. 단지 그런 생각이 들 뿐이에요."

"당신이 의심스러워하는 것은 어떤 이유에서일까?"
"아마도 나 자신이 확신이 없기 때문인 것 같아요"

우리가 "무엇"이라는 단어를 써서 질문을 한다고 해도 반드시 상대방의 대답을 얻을 수 있다는 보장은 없다. 그러나 이러한 식의 질문은 자연스러운 대화를 유도해 가는 데 있어서 단도직입적으로 "왜"라는 말로 물어보는 것보다는 훨씬 효과적이다. 우리가 "왜"라는 질문으로 상대방과 이야기하다보면, 그는 추궁을 받는 느낌을 받기 때문에 움츠러들어 침묵을 지키기가 쉽다. 반면에 좀 더 완곡한 표현으로 "무엇이~"라고 질문을 하게 되면, 상대방에게 마음의 여유를 주고 서로의 대화가 계속 될 여지를 만들어준다. 이것을 다른 말로 개방적 질문(WHAT)과 폐쇄적 질문(WHY)이라고도 한다.

질문할 때 주의사항

* **질문의 의도를 분명히 해야 한다:** 질문을 길게 하면서 질문의 의도와 요지를 분명히 밝히지 못한다면 분명한 대답을 들을 수 없다. 또한 의문사 하나만을 던지는 무의미한 질문도 피해야 한다. 예를 들어"왜 이렇게 국이 짜?", "왜 들어왔니?"와 같은 것이다. 이것은 상대방에게 당혹감과 혼란을 가져오고 대화가 끊어지는 중요한 요인이 된다.

* **자기주장을 내세우기 위한 질문을 피하라:** 자기주장을 이끌어내리려는 심문과도 같은 질문은 상대에게 압박감이나 모욕감을 줄 수 있다.

* **톱니바퀴식 질문을 피하라:** 꼬리에 꼬리를 무는 질문은 상대방으로 하여금 대화할 의욕을 상실하게 한다. 질문은 언제나 대화를 앞으로 이끌고 발전시키는 모습이 있어야 한다.

* **대답을 강요하지 말라:** 질문은 반드시 대답이 있어야 하겠지만 대답을 강요해서는 안 된다. 오히려 상대방이 대답하지 않는 이유를 상대방의 비언어적 표현이나 분위기를 통해 찾아야 한다.

＊ **대답을 끝까지 들어라:** 자신의 질문에 대해 상대방이 중언부언하며 길게 대답한다 할지라도 대답을 끝까지 들어야만 한다. "그 대답은 말미에 언제든지 다르게 변할 수 있다. 따라서 상대방의 대답을 중간에 잘라서 말해서는 결코 안 된다.

⑦ 나 – 메시지(I-message)로 표현하라

상대방이 나에게 무리한 요구나 무례한 태도를 보여서 내가 무시당했다고 느끼게 되고 기분이 상할 수도 있는 경우가 있을 수 있다. 그러나 상대방이 나의 불쾌한 감정을 간파하지 못하거나 혹은 잘못 알고 있다고 하더라도 원활한 인간관계를 위해서는 내가 느끼는 감정의 원인에 대한 진술, 자신의 감정 상태에 대한 정보, 타인의 행동과 행동 변화에 대한 바람을 포함하는 메시지를 상대방에게 정확하게 전달하여야 한다.

나 – 메시지(I-message) 사용은 상대방의 감정을 상하게 하지 않으면서 자신이 하고자 하는 말을 상대방에게 정확하게 전달할 수 있게 한다. 나 – 메시지를 사용하면 상대방에게 공격적이지 않으면서 자신의 감정은 분명하게 전달되며 오히려 상대방과의 관계를 개선시킬 수 있다.

⑧ 감정대화(Feeling-talk)를 하게 하라

감정대화(Feeling- talk) 또는 자기표현은 내면의 감정을 분명하고 직접적으로 사람에게 알리는 기술이다. 감정을 말로 표현함으로써 말하는 사람과 듣는 사람이 상황을 명확하게 이해하고, 부정적인 감정을 즉각 표현함으로써 갈등이 축적되는 것을 예방한다.

대화의 파국을 너무 미리 앞서 예상하는 것과 어떤 특정한 신념을 가지고 대화를 하게 되면 감정표현이 저해될 수 있다. 예를 들어 '큰 소리로 말하면 마음 약해 보일 거야' '아내가 충격을 받을 거야' '내가 이성을 잃을 거야' '관계가 회복불능으로 악화될 거야' 등이 그것이다. 특히 남성은 대부분 이러한 생각을 갖고 있으며, 감정표현에 대한 유연하지 않은 인식 때문에 감정이 담긴 대화를 하기가 힘이 든다.

부부 관계를 고민하는 사람들 중에서 감정대화의 필요를 더 많이 느끼는 쪽은 여성이다. 남성은 보통 이러한 기대를 충족하는 것을 힘들어하고, 아내가 왜 그렇게 감정대화를 중요하게 여기는가를 공감하지 못한다.

부부 관계뿐만 아니라 부모 자녀 관계에서도 올바른 감정대화가 필요하다. 우리 문화에서 남자다운 것이란 적극성, 강인함, 경쟁심, 독립성 그리고 용기를 표현하는 것이다. 아들이 울거나 감성적으로 약한 마음을 표현하면 "다 큰 사내 녀석이 그러면 못쓴다."라고 야단친다. 감정을 표현하는 것은 여자나 하는 짓이고 남자다운 사람은 여성스러운 행동을 피해야 한다고 말한다. 반면에 여성은 분노의 감정을 직설적으로 표현하는 것이 숙녀답지 못한 행동이라고 교육시키기도 한다.

하지만 이렇게 남성과 여성이 다르게 사회화 되었다는 사실을 인정하고, 자연스럽게 감정대화를 통해 발전적으로 표현하는 방법을 배워야 한다. 감정대화를 하려면 먼저 대화자는 자신의 감정을 느끼고 말로 표현할 수 있어야 한다. 그리고 상대방이 이해할 수 있도록 자신의 말을 편집한다. 마지막으로 상대방은 그 경험을 듣고 확인해줌으로써 감정대화가 반복될 수

있도록 만들어야 한다. 그러나 속마음을 모두 드러내기보다는
적당한 수준의 정직함이 필요하다.

(2) 비언어적 의사소통 기술

① 얼굴표정

얼굴표정은 개인의 감정을 표현하는 비언어적 수단이다. 버
드 휘스텔(Bird whistell, 1970)에 의하면 인간은 얼굴을 사용하여 무
려 25만 가지 이상의 표정을 만들 수 있다고 한다. 얼굴표정은
사람의 감정 상태와 태도를 가장 잘 드러내기 때문에 상대에
대한 첫인상은 그 사람의 얼굴 표정을 통해 가장 많이 얻을 수
있다고 한다. 즉, 표정은 전형적인 비언어적 행위의 표현인데
예를 들면 웃는 얼굴 표정은 기쁨, 즐거움을 뜻하며 우는 얼굴
표정은 주로 슬픔을 나타낸다. 이처럼 인간의 희로애락을 나타
내는 얼굴 표정을 통해 우리는 타인의 정서에 대한 공감이 증
가하며 감정이입이 더 잘 일어난다. 문화와 언어의 차이를 극
복하는 가장 단순하면서도 효과적인 문화 간의 의사소통 수단
이 얼굴표정인 것이다.

② 시선맞춤(eye-contact)

인체에서 눈은 중요한 역할을 하는 부위 가운데 하나이며 대
화에서도 시선은 굉장히 중요하다. 일반적으로 '아이 컨택(eye-
contact)'으로 불리는 시선맞춤은 상대에 대한 관심, 애정, 사랑
등을 표현한다. 상대와 대화를 주고 받으면서 서로가 시선을
맞추지 않는 것은 상대방의 이야기가 지루하거나 무관심하다
는 것을 의미한다.

③ 신체언어(body language)

의사소통의 과정에서 손, 발, 머리, 몸 등 신체의 움직임을 적절하게 사용함으로써 전달하려는 메시지의 의미를 더욱 분명하게 전달하거나 강력하게 할 수 있다. 비언어적 표현으로써 몸동작은 여러 가지가 있을 수 있는데 상대방과 대화를 하면서 적절한 손짓을 섞어준다면 메시지의 의미를 명확하게 해주며, 특정한 단어나 구절을 강조하고 상대방의 주의를 집중시키는 역할을 할 수 있다. 또한 인간관계에서 신체접촉은 친밀성과 밀접히 연관되며 일반적으로 상대방에 대한 신뢰, 관심, 애정, 격려 등의 의미를 갖는다. 신체접촉의 대표적 예로 악수는 오늘날 흔히 볼 수 있는 신체접촉 행위인데, 우리나라에서도 머리를 약간 숙이는 인사법과 함께 악수는 많이 사용되는 비언어적 행위 표현이다. 주로 친구와 친근한 인사로 잘 사용되지만 요즘엔 공사를 막론하고 빠뜨릴 수 없는 예절동작이 되었다. 다른 신체접촉으로는 포옹이 있는데 포옹은 악수와 마찬가지로 상대방에게 관심이나 우정을 표현하는 비언어적 행위표현의 하나이다. 가족이나 연인 간에는 애정의 의미로 포옹을 많이 하지만 우리나라에서는 보편적이지 않다.

④ 목소리 어조

목소리는 감정을 반영하게 된다. 따라서 크고 힘이 있는 어조는 공격성이나 자신감을 나타내며 약하고 잘 들리지 않는 어조는 철회나 두려움 혹은 자신이 없음을 뜻하고 단조로운 어조는 흥미를 잃었음을 뜻한다.

의사소통 기술이라는 것은 자신의 생각이나 감정을 타인에게 정확히 전달하고 타인이 표현하는 생각과 감정을 정확히 받아들이는 기술이다. 효과적인 의사소통을 위해 말로 표현하는 언어적인 부분과 얼굴표정, 제스처, 목소리의 높낮이 등 비언어적인 기술을 적절히 사용함으로 자신이 전달하고자하는 생각과 감정을 상대방에게 정확하게 전달하고, 상대방의 생각과 감정 등을 주관적인 관점이 아닌 객관적인 시점에서 정확히 받아들일 수 있도록 노력을 기울임으로 행복한 의사소통을 할 수 있게 된다.

2. 직장 내 의사소통 코칭

1) 직업의 의미

사람들은 이 땅에서 행복하고 의미 있는 삶을 원하는데, 직업은 이러한 삶의 목표를 달성하기 위한 중요한 수단이 된다. 직업(職業, occupation)의 사전적 의미는 개인이 사회에서 생활을 영위하고 수입을 얻을 목적으로 한 가지 일에 종사하는 지속적인 사회 활동이다. 현대사회에서 직업의 의미는 경제적 안정, 사회적 역할 분담, 개인의 자아실현을 목표로 하는 지속적인 육체적·정신적 노동이나 일이라고 할 수 있다.

사람들은 직업을 통해 경제적 소득을 올리고 사회적 역할을 수행하며, 자신의 창의성을 발휘해서 자아실현의 기회를 가지게 된다. 그리고 직업적 활동을 통해 사회에 참여하고 봉사하여 공헌의 기회도 가지며, 직장에서 접촉하는 사람들과의 협동적인 사회관계 속에서 많은 보람을 얻기도 한다.

직장은 인생에서 가장 많은 시간을 보내는 곳이기에 자신이 하는 업무에 대해서 만족하지 못하고 조직(organization) 구성원들과의 관계가 원만하지 못하게 될 경우 인생의 많은 시간을 불행하게 보내게 된다. 이러한 측면에서 볼 때 직장에서의 업무와 인간관계의 만족도는 인생의 만족도를 결정하는 중요한 역할을 하게 된 것이다. 따라서 직업선택과 조직생활에서의 인간관계와 소통기술은 매우 중요하다.

2) 직장에서의 인간관계

(1) 직장 구성원의 특성에 따른 인간관계 유형

직장은 공동의 목표와 업무수행을 위해 구성된 조직으로써 인적 구조는 그 규모나 직장 특성에 따라 매우 다양하다. 따라서 취업을 하게 되면 이러한 직장의 인적 구조 속에 편입되어 직장 내의 인간관계에 적응해야 한다. 직장은 대부분 위계적 인적구조를 지니므로 상사와 부하직원으로 구성되어 업무를 수행하는 독특한 인간관계의 장이다. 이러한 직장에서는 매우 다양한 인간관계가 펼쳐진다. 권석만(2004)은 직장 내의 인간관계를 네 가지 유형으로 설명하고 있다.

첫째, 화합 응집형이다. 이 유형은 직장 구성원 간에 긍정적 감정과 친밀감을 지니는 동시에 직장에 대한 소속감과 단결력이 높은 경우이다. 이런 유형의 직장에는 구성원들의 정서적 관계를 중시하는 리더십의 상사가 있는 경우가 대부분이다. 업무분담이 명료하고 구성원 간의 갈등이 적으며 비교적 자유로운 직장 분위기를 지니고 있다. 서로 개인적인 대화를 나눌 수 있는 회식의 기회가 많고 구성원의 경조사에 서로 적극적으로 참여한다. 따라서 구성원들은 직장 중심적인 인간관계를 나타내는 경향이 있다.

둘째, 대립 분리형이다. 이런 유형의 직장은 구성원들이 서로 적대시하는 두 개 이상의 하위집단으로 분리되어 있는 경우이다. 비슷한 하위집단 간에서는 서로 반목하지만 자신의 하위집단 내에서는 서로 친밀감을 지니며 응집력이 높다. 이런 하위집단은 흔히 부서별로 형성되기도 하지만 같은 부서 내에서도 친교관계에 따라 분리될 수 있다. 직장 전체의 통합적인 운영을 위해서는 매우 취약성을 지니고 있는 인간관계 구조라고 할 수 있다. 흔히 이런 직장에 신입사원이 들어오면 서로 자신의 집단으로 끌어들이기 위한 노력이 이루어진다.

셋째, 화합 분산형이다. 이런 유형은 직장 구성원 사이에 비교적 호의적인 관계가 유지되지만 직장에 대한 응집력이 미약한 경우이다. 지도력이 있는 상사가 없거나 개인주의적 성향이 강한 구성원으로 구성되어 있는 경우에 이런 형태가 나타날 수 있다. 이런 직장의 구성원들은 서로에 대한 깊은 수준의 공개나 정서적 교류가 일어나지 않는 피상적인 인간관계를 유지하는 경우가 많다. 이런 유형의 직장인들은 직장 내 인간관계보다 직장 밖의 인간관계를 중시하는 직장 탈피적인 인간관계를 나타내게 되며 업무가 끝나면 각자의 인간관계 영역으로 뿔뿔이 흩어지는 현상이 나타낸다.

넷째, 대립 분산형이다. 이 유형은 직장 구성원 간의 감정적 갈등이 심하며 직장의 인간관계에 구심점이 없는 경우이다. 이런 유형의 직장인들은 직장에 대한 애착이나 소속감을 느낄 수 없다. 직장에서 찾을 수 있는 의미는 경제적 수입밖에 없으며 직장에서 자신에게 부여된 업무만 할 뿐 구성원 간의 협조나 협동이 잘 이루어지지 않는다. 이런 유형의 직장인은 직장에 대한 만족도가 매우 낮으며 업무의 효율도 저하될 수밖에 없다.

(2) 직장 내 역할에 따른 관계 유형

직장 안에는 직장상사와 부하직원 그리고 선후배, 동료 등으로 인적 구성원이 이루어지는데, 각 구성원의 역할 유형에 따라서 직장생활의 만족도는 달라질 수 있다.

① 직장상사의 유형

직장상사의 유형은 역할의 내용에 따라 다양하게 구분될 수 있다. 퀸(Quinn, 1988)은 상사의 유형과 역할을 생산자, 지시자, 감독자, 혁신자, 중계자, 조정자, 촉진자, 후견자 8가지로 세분하였다. 이러한 구분은 역할의 유사성에 따라 다음과 같이 5가지로 분류될 수 있다.

첫째, 상사역할은 업무 지휘자이다. 업무 지휘자는 부하직원들에게 업무를 설정하고 수행방식을 지시하며 목표달성을 위해 부하직원을 독려하는 역할을 하는 상사이다.

둘째, 감독 평가자로서 부하직원들이 업무를 제대로 수행하고 있는지를 평가하고 감독하는 역할이다.

셋째, 선도 혁신자의 역할로 부하 직원에게 새로운 기술과 지식을 전수할 뿐만 아니라 솔선수범하여 새로운 업무수행 방식이나 문제해결 방식을 생각해 내고 실현하는 상사이다.

넷째, 중계 조정자로서 부하직원 간의 업무 협조체계를 조정하고 부서의 대표로서 타부서나 경영층에 부서의 입장을 설명하고 필요한 지원을 얻어내는 역할을 한다.

다섯째, 화합 촉진자로서 부하직원들에게 관심과 애정을 보이고 부서 직원 간의 팀워크를 조성하여 의사결정에 부서원들을 참여시키는 역할이다.

② 부하직원의 유형

부하직원의 유형은 상사를 대하는 태도에 따라 여러 가지 유형으로 나눌 수 있다.

첫째는 추종형이다. 이러한 부하직원은 상사의 의견을 존중하고 순종하여 잘 따르는 유형이다. 이러한 추종형에는 소극적 추종형과 적극적 추종형이 있다. 소극적 추종형은 상사의 지시나 결정을 불만 없이 순종하지만 상사에 대한 적극적인 추종행동은 나타내지 않는다. 반면, 적극적 추종형은 상사를 찬양하고 상사의 비위를 잘 맞춤으로써 상사와의 친교관계를 위해 적극적으로 행동하는 유형이다.

둘째는 저항형이다. 이런 유형의 부하는 특히 권위적이고 지배적인 상사에 대해서 불만을 느끼고 이의를 제기하는 등 저항행동을 나타낸다. 이러한 저항형에도 적극적 저항형과 수동적 저항형이 있다. 적극적 저항형은 상사의 부당한 지시에 대해 노골적으로 이의를 제기하고 반발하는 사람인 반면, 수동적 저항형은 부당함을 느껴도 외형적으로 반항하지 않지만 간접적인 방법으로 상사에게 협조하지 않고 피해를 입히는 유형이다.

셋째는 합리형이다. 이들은 일방적 추종이나 저항보다는 상사의 지시 내용에 따라 합리적 판단에 의해 대처한다. 이들은 상사에 대한 정당한 칭찬과 반발을 할 줄 아는 자기주장성을 지니고 있다. 상사를 존중하되 부당한 지시에 대해서는 정중하게 이의를 제기한다.

넷째, 분리형이다. 이런 유형의 부하직원은 상사와 소극적인 관계를 맺으며 상사의 지시에도 정서적인 반응을 보이지 않고 무관심한 태도를 보이는 유형으로 조직 몰입도가 낮다.

③ 동료관계 유형

동료관계 유형은 개인에 따라서 돌출형, 희생형, 원만형, 위축형으로 구분할 수 있다(권석만, 2004).

첫째, 돌출형은 동료에 대한 경쟁의식이 강한 사람으로 상사에게 자신의 업무능력이나 성취를 과장되게 표현하거나 각별한 충성 행동으로 상사의 애정을 독점할 수는 있으나 동료들로부터 빈축을 사거나 따돌림을 당할 수 있다.

둘째, 희생형은 동료를 위해서 자신의 이익을 희생하거나 손해를 감수하는 유형이다. 이런 사람들은 경쟁관계의 긴장을 참지 못하거나 동료들로부터 소외되는 것을 두려워하는 경향이 있고, 내면적으로 동료나 조직에 대한 불만을 지닐 수 있다.

셋째, 원만형은 업무활동이나 상사와의 관계에서 동료들과 균형을 이루는 동시에 동료관계에서 협동과 경쟁의 균형감각을 지닌 사람이라고 할 수 있다.

넷째, 위축형은 자신의 직무능력에 대한 자신감이 없고 동료들에게 열등감을 지니며 동료관계에서 소극적인 행동을 보인다.

3) 직장 내의 갈등

직장이란 다양한 생각을 가진 사람들과 여러 부서로 이루어진 집단이므로 의견 차이나 이해의 대립으로 인해서 갈등이 자주 생길 수밖에 없다. 개인이나 각 부서가 자기에게 유리한 쪽에서 의견을 주장하기 때문에 직장 조직에서는 갈등의 소지가 언제나 있기 마련이다.

최근에 취업포털 커리어가 직장인 752명을 대상으로 '오피스 우울증'에 관한 설문조사를 실시한 결과, 전체 직장인의 75.5%가 오피스 우울증을 겪고 있는 것으로 나타났다. 그 원인으로는 '직장 내 인간관계'가 16%로 가장 높은 비율을 차지했다.

최근 직장 풍토가 성과 위주가 되면서 경쟁이 더욱 강화되고 개인, 팀, 부서의 성과를 중시하게 되어 직장 내 인간관계 문제가 더욱 심화되고 있다. 따라서 현대인들에게 있어서 직장은 인생의 보람을 얻는 곳인 동시에 스트레스의 원천이기도 하다.

직장은 업무수행을 위한 위계 조직사회이기 때문에 업무를 지시하는 상사와 이를 수행하는 부하직원 간에 갈등이 생겨나기 쉽다. 상사와 부하직원 간에 원만한 상호작용이 이루어지지 않을 때 갈등의 악순환은 계속될 수밖에 없다. 특히 상사와의 갈등은 일방적인 경우가 많다. 업무적인 부분에서 상사의 기대(상사의 스타일 포함)에 부응하지 못하는 경우이거나 인성적인 부분에서 상사의 자질과 성격 등에 기인한다. 상사와의 갈등의 특징 중 하나는 부하직원이 상사로 인하여 고민하고 스트레스를 받고 있지만 상사는 그 부하직원과 갈등관계에 놓였다고 생각하지 않는다는 것이다. 즉, 상사이기 때문에 부하직원이 느끼는 그러한 갈등과 스트레스를 공감하지 못하는 것이다. 따라서 이러한 경우는 지속적으로 부하직원에게 스트레스의 요인이 되기도 한다.

그리고 직장 내에서 동료직원은 협력자인 동시에 경쟁자이기 때문에 여러 가지 갈등이 생길 수 있다. 특히 업무가 공정하게 배분되지 못하거나 업무를 수행하는 스타일에 차이가 있을 때나 승진과 관련되는 경우 심한 갈등을 가져올 수 있다.

특히 직장 내 갈등을 일으키는 요인 가운데 인간성에 기인하는 경우가 의외로 많다. 최고 경영자의 지나친 사적 이기심은 부하 직원들로 하여금 힘든 직장생활을 하게 한다. 같은 팀 내에서도 이기적인 성격으로 인한 갈등의 요소도 많이 찾아온다. 즉, 지나친 자기업무 집착이라는 이기심으로 오는 경우이다. 또한 성격이 다혈질일 경우에 그렇지 않은 사람들의 감정을 건드림으로써 상대방에게 갈등의 씨앗을 제공하기도 한다. 이러한 성격적인 부분에서 오는 갈등은 인성적인 부분에서 기인하기 때문에 해결의 실마리를 찾기가 쉽지는 않다.

그뿐만 아니라 직장에 전념 하다보면 가정에 소홀하게 되고, 가정생활에 충실하다보면 업무수행이 저하되는 경우가 발생하기 때문에 직장인에게 있어서 직장-가정 갈등(WFC: work-family conflict) 또한 현실적으로 해결해야 할 문제이다.

4) 직장 내 의사소통 코칭

직장에서 가장 중요한 것은 무엇일까? 바로 의사소통이다.

일본에서 경영의 신으로 추앙받는 마쓰시타 고노스케(松下幸之助, 1884-1989)는 "기업 경영의 과거형은 관리이다. 경영의 현재형은 소통이다. 경영의 미래형 역시 소통이다."라는 말로 의사소통의 중요성을 강조하였다. 그럼에도 불구하고 의사소통은 가장 어려운 경영 과제 중 하나이다. 최근 헤럴드경제가 취업포털 인크루트와 함께 20-40대 직장인 608명을 대상으로 '직장 내 소통'에 대해 설문조사를 진행했는데 결과는 참담했다. 응답자의 37%가 '직장 안에서 전혀 소통이 되지 않는다.'고 답했기 때문이다. '어느 정도 소통이 이뤄지지만 만족할 만큼은 아니다.'라는 응답도 39.8%를 차지해 직장인 10명 중 8명 정도(총 76.8%)가 직장 내 소통에 만족하지 못하고 있는 것으로 나타났다. 직장에서의 소통을 원활하게 하기 위해 가장 필요한 것이 무엇인가? 라는 질문에 대해서 '상사 및 부하직원과의 정기적인 간담회나 점심식사 등 소통의 자리(26%)'를 첫 번째로 꼽았다. 그리고 가장 이야기 나누고 싶지 않은 직장 동료 유형에 대해서 '본인이 하고 싶은 이야기만 하는 유형(68.6%)'을 지목했다. 자율적으로 참여하는 즐거운 직장 분위기는 조직원들의 사기를 높이고 창의적 업무태도를 촉진하여 조직성과로 이어진다. 이런 좋은 직장(GWP: Great Work Place) 분위기를 위해서는 조직 내의 의사소통 활성화와 구성원 간 신뢰가 필수적이다.

직장의 같은 팀에 속한 사람들은 하루 중 배우자보다도 더 많은 시간을 함께 보내는 존재이다. 따라서 이 관계에서 문제가 생기면 하루하루가 괴로운 것은 너무나 당연하다. 따라서 직장 내에서 발생되는 인간관계 문제에 대한 효과적인 의사소통의 방법은 매우 중요하다고 볼 수 있다. 직장 내 효과적인 의사소

통을 이루기 위해서 다양한 의견이 있겠지만 다음 두 가지로
종합하여 제시하고자 한다.

(1) 소통 기회 만들기

첫째, 관심을 가져라. 사람은 누구나 인정과 관심을 받고 싶
은 욕구가 있다. 따라서 직장 내에 구성원 관계에서 작고 사소
한 일에도 관심을 가지고 대하는 태도가 중요하다. 일상에서
인사를 할 때도 겉치레나 형식적으로 하는 것이 아니라 반갑고
친절한 태도로 하되, 근황을 묻는 등 관심을 표현하는 것은 서
로의 친밀감 유지를 위해서 중요하다. 어머니가 편찮으시다면,
"요즘 어머님은 좋아지셨어요? 고생이 많으시겠네요."하면서
안부를 묻는 등 상대방에게 관심을 보일 때 상대방은 마음의
문을 열게 된다. 누군가에게 관심을 갖는다는 일은 그 자체가
참으로 의미 있는 일이다. 관심을 갖는다는 것은 내가 보고 싶
은 영역뿐만이 아니라, 내가 보고 싶지 않은 영역까지 확대해
가는 것으로 서로 하나가 되는 길이다.

둘째, 타이밍을 포착하라. 직장 내 구성원들과 인간관계를
발전시키기 위해서 적절한 타이밍을 포착하는 것이 필요하다.
자신이 하고 싶은 말이 있다고 해서 급히 어딘가를 가는 사람
을 붙잡고 장황하게 긴 이야기를 나누는 것은 상대방을 불편하
게 하는 일이다. 따라서 상대방이 어디를 가고 있는 중인지 현
재 무엇을 하고 있는 중인지를 알아보고 나서 상황에 따라 대
화의 기회를 포착해야 한다. 똑같은 내용의 메시지일지라도 타
이밍에 따라서 다른 반응과 결과가 나타나기 때문에 상대의 감
정과 여건을 배려하는 것이 중요하다.

셋째, 적절한 장소를 찾아라. 사람의 감정은 장소와 분위기에 따라서 다른 느낌을 가지게 된다. 따라서 긴밀한 이야기를 나눌 때는 적절한 장소를 알아 두는 것도 중요하다. 인간관계가 미숙한 사람은 만남의 장소에 대해서 무지한 경우가 많다. 그래서 대화의 기회를 포착해도 적절한 장소를 찾지 못해 기회를 잃는 경우가 많다.

넷째, 공통 화제를 잘 준비하라. 어려운 상사나 친밀하지 않은 동료와의 만남이 주어진다면, 다소 긴장되고 부담스러운 경우가 발생한다. 이런 상황에서 대화가 겉돌거나 오랜 침묵이 지속되면 만남이 만족스럽지 못하게 될 수도 있다. 따라서 만남의 목적에 부합되는 공통 화제를 준비하는 것이 필요하다.

다섯째, 의사소통을 방해하는 변수를 차단하라. 직장 내 구성원들에 대한 무관심, 여유 없이 바쁘게 사는 생활, 인간관계에서 지나치게 소극적이고 수동적인 태도, 타인에 대한 불신감과 비판적 태도 등은 소통을 방해하는 요인들이므로 극복하기 위한 노력이 필요하다.

(2) 직장 내 역할의 관계에 따른 의사소통 코칭

첫째, 상사와의 관계

"직장은 자신이 선택할 수 있지만 상사는 선택할 수 없다."는 말이 있다. 켈의 법칙(Kel's Law)에 의하면, 조직에서 직급이 한 단계 멀어질 때마다 심리적 거리감은 제곱으로 커지고, 직급 간에는 점점 두꺼운 벽이 존재하게 된다고 한다. 예를 들어 동료와의 거리가 1일때, 상사와의 거리는 2가 되고, 심리적 거리감은 4가 된다. 직급이 한 단계 더 높은 상사와의 거리는 3이 되고, 심리적 거리감은 9가 되는 것이다. 이는 그만큼 직장 내에서 상사와의 소통이 쉽지 않음을 의미한다. 그러므로 직장에서 상사와 원만한 의사소통을 이루기 위해서는 심리적 거리를 좁히는 기술이 필요하다. 따라서 업무처리에 있어서 상사의 뜻을 먼저 파악하되 곤란한 하명(下命) 사항이 있을 때는 상대의 마음을 상하지 않는 지혜로운 방법을 통해서 의사를 피력해야 한다. 그리고 상사를 대할 때는 존경과 공손의 태도를 갖추어야 한다. 부하직원이 상사에게 표현하는 최고의 표현은 '덕분과 덕택'이라는 말이 있다. 혹시 상사의 태도가 자신이 보기에 마땅치 않게 보일 때도 불평불만을 하기 전에 상사를 이해하고 존경하는 태도를 보여줘야 한다. 상사도 인간이기에 완벽할 수 없고 실수할 수 있다. 책임이 주어지는 상사의 위치에 있게 되면 때로는 외로움이 동반된다. 모든 인간은 존중받고 싶은 심리를 가지고 있으므로 상사를 대할 때 공손한 태도로 긍정적인 반응을 하게 되면 원만한 소통관계를 유지하게 될 것이다.

둘째, 부하직원과 관계

상사는 무게를 잡거나 거드름을 피우는 존재가 되어서는 안 된다. 상사는 부하직원 혹은 후배에게 동기부여를 위해 경청하며 언제나 배려하는 마음을 가지고 든든한 지원군이 되어야 한다. 하지만 업무와 관련해서는 부하직원 혹은 후배들이 무능력한 존재가 되지 않도록 충고와 피드백을 해 주어야 한다. 충고와 피드백을 줄 때는 당연히 할 수 있는 일을 했다 하더라도 인정하고 격려함으로써 동기부여를 고취시켜줄 수 있어야 한다.

셋째, 동료와의 관계

동료는 직장에서 가장 가까운 친구로 일을 하다 보면 부탁도

하고 협조를 구하기도 한다. 하지만 동료는 친하면서도 경쟁을 해야 하는 묘한 관계이다. 따라서 동료를 대할 때 경쟁을 우선으로 하느냐 협력관계를 우선으로 하느냐에 따라서 동료가 아군이 되기도 하고 적군이 되기도 한다. 동료는 직장에서 만난 관계지만 평생을 함께하는 소중한 벗이 될 수 있는 관계이다. 동료라고해서 늘 마음에 맞는 사람만 만날 수 있는 것은 아니다. 따라서 자신과 생각이 다른 동료에 대해서 자신의 의지로 상대를 바꾸려고 하기 보다는 있는 그대로 인정하고 상대방 입장에서 생각하고 공감하며 함께 win-win할 수 있는 방안들을 모색해 나가야 할 것이다.

3. 친구관계 의사소통 코칭

1) 친구의 의미

우리는 인생을 살면서 다양하고 많은 사람들을 만나며 살게 되는데, 그 많은 모든 사람들과 의미 있는 관계를 맺고 살기는 힘들다. 그러나 사람마다 그 정도가 다를지라도 소수의 사람과는 더 잦은 만남과 친밀한 관계를 유지하게 된다. 이렇게 서로를 잘 알고 마음과 뜻이 통하며 정을 느끼는 관계가 친구인 것이다. 이런 친구는 마음속에 의미 있고 소중한 존재가 된다.

친구의 사전적 의미는 '오래도록 친하게 사귀어 온 사람'이라고 정의된다. 이러한 친구와 나누는 정다운 애정을 우정이라고 한다. 우정은 연인에게 느끼는 낭만적 사랑이나 가족에게 느끼는 가족애와는 구분된다. 데이비스와 토드(Davis & Todd, 1985)는 우정과 사랑에 관한 가설적 모델을 개발하였다. 그는 기본적으로 친구관계는 두 사람이 서로 호혜적 관계로 기쁨, 수용, 믿음, 존중, 상호 지원, 신뢰, 이해, 자발성 요소가 포함된다고 하였다. 즉 '함께 있으면 즐겁다.', '있는 그대로 수용 한다.', '서로 깊게 신뢰한다.', '서로 존중한다.', '서로 도와주고 믿을 수 있다.', '서로 비밀이 없다.', '서로 이해할 수 있다.', '있는 그대로 내보일 수 있다.' 등이다.

우정과 사랑은 두 사람 관계의 특징으로 구분할 수 있다. 상대방에 대한 체험과 태도가 중요하다. 우정과 사랑은 매우 유사하며 많은 공통점을 지닌다(Davis & Todd, 1985). 그러나 낭만적 사랑에는 '열정'과 '보호'라는 요소가 추가되어 있다. 즉 열정은 '매혹적이다.', '성적 욕망을 느낀다.' 등의 경험을 의미하며, 보호는 '그대를 위해 무엇이든 할 수 있다.', '우리는 무조건 한편이다.'라는 태도를 의미하는 것이다. 낭만적 사랑을 경험하는 부부나 애인은 친구에 비해서 상대방을 훨씬 더 매혹적으로 느낄 뿐 아니라 '이 세상에 오직 하나뿐인 존재'라고 느끼는 정도가 더 강했다(김중술, 1994).

친구에 대한 규범적 정의는 없으나 친구는 어떠해야 한다는 생각은 개인의 주관적 신념으로 친구관계에 많은 영향을 미치게 된다.

2) 친구의 특성

친구관계는 가족, 연인, 직장 동료의 관계와는 구분되는 것으로 다음과 같은 몇 가지 특성을 갖는다.

첫째, 대등한 위치의 인간관계이다. 나이나 출신 지역, 출신 학교나 학력 그리고 사회적 신분 등에 있어서 비슷한 사람과 맺는 친밀한 관계이다. 이러한 점이 친구 관계가 상사와 부하 직원의 관계, 스승과 제자의 관계, 부모와 자녀의 관계와 구분되는 것이다.

둘째, 가장 순수한 인간 지향적인 관계이다. 상대방의 개인적 속성과 그에 대한 호감과 우정이 친구관계를 형성하는 중요한 요인이 되고, 인간적으로 그냥 좋을 뿐 아니라 만남이 즐겁고 유쾌하기 때문에 유지된다. 친구관계에서 얻게 되는 현실적인 이득은 이차적인 부속적 효과일 뿐이다.

셋째, 사람과의 관계 중 가장 자유롭고 편안한 관계가 친구관계이다. 대등한 위치에서 맺는 관계이기 때문에 관계를 맺고 푸는 것은 전적으로 개인의 자유이다. 자신을 가장 자유롭고 솔직하게 표현할 수 있는 관계이기에 친구 사이에는 자기 공개가 가장 심도 있고 광범위하게 이루어질 수 있다. 가족이나 직장 동료에게는 할 수 없는 이야기도 친구 사이에서는 허심탄회하게 할 수 있는 것이다.

넷째, 친구관계는 여러 가지 측면에서 유사점을 지닌 사람들이기 때문에 서로 공유할 삶의 영역이 넓다. 나이, 학력, 지식수준, 사회적 신분 등에 있어서 유사한 사람들과 맺어지는 경향이 있고 삶의 체험이 유사하기 때문에 서로의 만남이 즐겁고 편안하다.

다섯째, 구속력이 적어 해체되기 쉽다. 가족이나 직장처럼 유지해야 할 외부적 강제 요인이 적기 때문에 관계의 해체가 어떤 인간관계보다 용이하다. 따라서 그 관계를 유지하기 위한 자발적이고 적극적인 노력을 기울이지 않으면 악화되고 해체되기 쉬운 관계이다(이위환, 김용주, 2015).

3) 친구의 기능

친구관계도 다른 인간관계와 같이 여러 가지 사회적·정서적 지지와 도구적 지원을 얻을 수 있는 사회적 자원이다. 친구관계의 기능을 긍정적 측면에서만 살펴보면 다음과 같다.

첫째, 친구는 중요한 정서적 공감자이며 지지자가 된다. 만나면 편안하고 힘이 되어 자신의 고통, 갈등, 고민 등을 털어놓을 수 있다. 친구와 이야기를 나누며 위로를 받고 힘을 얻게 되는 것이다. 자신이 약해지고 비난을 받을 때, 이해해 주고 지지해 주며 위로해 줄 사람이 있다는 것은 인생에 있어서 큰 힘이 된다.

둘째, 자기 자신과 자신의 삶을 평가하는 주요한 비교 준거가 되는 것이 친구이다. 우리는 타인과의 비교를 통해서 자신을 평가하게 되는데, 자신과 비슷한 사람과의 비교 자료가 더 신뢰할 만하다. 그래서 친구관계는 그 어떤 것보다 자신을 평가하는데 풍부한 정보와 자료를 제공하는 유익한 대상이 된다.

셋째, 친구관계는 가치관, 인생관, 종교관 등이 같을 때 서로 생각과 체험을 나누고 공유하게 된다. 공통의 화제, 관심사, 취미가 같은 사람들끼리 나누는 재미와 즐거움은 관계 유지에 중요한 원천이 된다. 대화를 통해 공감과 지지를 받기 때문에 자신의 사고방식과 신념에 대한 확인을 받게 되면서 만남이 갈수록 즐거워지는 것이다.

넷째, 친구는 안정된 소속감을 제공한다. 대부분의 친구관계는 집단을 이루게 되며, 이 친구 집단에 소속됨으로 긍정적 경험과 안정된 소속감을 얻게 되는 것이다. 결국 자기가치감과 안정감을 제공하는 준거 집단이 되는 것이다.

다섯째, 친구는 삶에 현실적인 도움을 준다. 살면서 곤경에 빠지거나 도움이 필요한 상황에서 도움을 요청할 수 있고 도움이 되는 친구관계는 잘 유지될 수 있다. 여기에는 정서적이거나 물질적 도움뿐 아니라 지식 및 정보 제공과 교환들이 포함된다. 사람과의 관계가 유지되는 데는 일방적인 것이 아니라 서로 형태는 다를 지라도 주고받는 관계일 때 유지되는 것처럼 친구관계도 서로 균형 있게 도움을 주고받으므로 더욱 견고해진다.

따라서 친구관계가 해체되지 않고 유지되기 위해서는 이러한 기능과 역할이 있는 것을 알고 노력하여 관계가 심화될 수 있도록 하여야 할 것이다.

4) 친구관계의 유형

친구관계의 유형은 다양하게 분류될 수 있겠지만, 김종운과 박성실(2017)에 의하면 네 가지 유형으로 구분된다.

첫째, 우정의 강도에 따른 친구관계이다. 우정의 강도가 높을수록 친구관계는 깊어지게 된다. 유쾌하고 편안한 친구는 부담스럽고 불편한 친구보다 우정의 강도가 높다고 할 수 있다. 우정의 강도는 심리적·물리적 투자의 양과 비례하고, 만남의 지속시간이나 빈도와 관계가 있다.

둘째, 형성 요인에 따른 친구관계이다. 형성요인에 따라서 일차적 친구와 이차적 친구로 구분된다. 일차적 친구관계는 학연, 지연, 혈연에 기반을 두고 형성되며, 반복적 만남에 의해서 관계가 형성되고 지속되는 경향이 있다. 반면에 이차적 친구관계는 관심사, 취미, 가치관 등을 공유함으로써 형성되기 때문에 상황적 요인보다는 개인적 특성에 따르는 친구관계이다.

셋째, 목적에 따르는 친구관계이다. 어떤 목적에 따라 친구관계를 형성하느냐에 따라서 쾌락적 친구, 효용적 친구, 인격적 친구 등으로 구분될 수 있다. 이중에 인격적 친구는 덕성 (virtue)에 의해서 맺어진 친구라고 볼 수 있다.

넷째, 기능에 따른 친구관계이다. 기능에 따라 연합적 친구관계(associative friendship), 수혜적 친구관계(receptive friendship) 그리고 상호적 친구관계(reciprocal friendship)로 구분해 볼 수 있다(Resisman, 1981). 연합적 친구관계는 공간적 근접성, 유사성, 업무의 공유 등에 의해서 맺어진 친구관계로 단기적이고 피상적인 수준으로 가볍게 만나는 친구관계이다. 수혜적 친구관계는 한 사람이 상대방에게 주로 베푸는 역할을 하는 친구관계로 멘토와 멘티 관계가 이에 해당된다. 그리고 상호적 친구관계는 동등한 위치에서 상호 이해와 신뢰에 근거한 친구관계를 의미한다.

5) 친구관계의 발전과 해체

인간은 2세 때부터 자기중심적 상호작용을 하다가 학령기가 되면 아이의 특성에 따른 다른 친구를 선별하여 사귀기 시작한다. 이 시기에 아이들이 중요시 하는 특성은 용모나 소유물 등 아주 단순한 것들이다. 그러나 점차 나이가 들면서 자기중심성이 감소하고 친구 선택에 있어서 내면적 속성을 중시하게 된다. 특히 사춘기에 접어들면 친구관계는 더욱 친밀해지고 활발해진다. 그래서 가족으로부터 심리적으로 이탈하여 친구들과의 연결망을 형성하기 시작한다. 친구관계는 대체로 후기 청소년기와 초기 성인기에 정점을 이루게 된다.

인생에서 친구만큼 소중한 것이 없지만 친구관계에서 특히 금전적으로 이해관계가 개입되면 갈등이 초래되고 와해될 수 있다.

어떤 절친한 친구 두 사람이 스위스를 여행하며 관광을 하다가 강변에서 '물에 빠진 사람을 구해주는 자에게는 5,000불을 줌'이라는 표지판을 보게 되었다. 이것을 본 두 사람은 둘 중 하나가 물에 빠지고 하나가 건져주면 5,000불을 벌어 공짜로 관광을 할 수 있겠다는 생각을 하게 되었다. 그래서 한 사람이 물에 빠져 허우적대기 시작했다. 그런데 밖에 있는 다른 친구가 구하러 올 생각을 하지 않고 바라보고만 있는 것이다. 한참을 허우적거리다가 죽을 것 같아 겨우 밖으로 기어 올라와서 "이 친구야 약속이 틀리잖아? 내가 물에 빠지면 건지러 오기로 해 놓고 왜 꼼짝도 안 하고 있는 거야?" 그러자 그의 친구는 답하기를 "저 푯말 밑에 작은 글씨를 보게." 자세히 보니 '죽은 자를 구출해 내면 10,000불을 줌'이라고 쓰여 있었다. 그러자"너를 믿고 뛰어 든 내가 잘못이다 이 나쁜 놈아!"라고 했다고 한다.

권석만(2014)은 친구관계 악화 혹은 해체 원인을 접촉과 관심의 감소, 갈등해결 실패, 친구에 대한 실망, 투자와 보상의 불균형, 이해관계의 대립 등에서 비롯된다고 하였다. 우리가 더불어 살아가는 세상에서 친구는 참으로 소중한 존재이지만 친구관계는 자발적이고 강제성이 없기 때문에 구속력이 약하다. 따라서 친구에 대한 기대와 믿음이 깨지게 되면 관계에 위기가 발생하게 되고, 관계가 악화되거나 해체되기도 쉽다. 친구관계가 악화되거나 해체되는 원인들에 대해서 강문희 등(2019)은 네 가지를 제시했다.

첫째, 상대방을 대할 때 우월감을 가지고 마음을 위축시키는 언행을 일삼거나 경쟁하려고 하면 당하는 입장에 있는 친구는 관계를 청산할지 아니면 맞설지를 놓고 갈등하게 된다.

둘째, 서로의 기대 정도가 다를 때 친구관계에서 갈등을 느낄 수 있다. 한쪽 친구는 친밀관계를 형성하는 데 있어서 점진적으로 노력하고 자신을 조금씩 공개하려 하고, 다른 친구는 자기개방을 급격하게 하여 심리적 부담을 주면 갈등을 빚게 된다.

셋째, 성격 차이로 인해서 갈등이 생겨나기도 한다. 내성적인 사람은 마음속의 생각이나 느낌을 표현하기 힘들어하는 반면, 외향적인 사람은 말이 빠르고 표현양이 많아 서로의 입장에 따라서 갈등이 생길 수 있다.

넷째, 가치관의 차이로 친구관계의 갈등이 유발될 수 있다. 서로의 다른 견해를 좁히지 못할 경우 친구 간에 불협화음이 생기게 된다.

6) 친구관계 의사소통 코칭

우리는 살아가면서 친구들로 인해서 삶의 의미와 여러 즐거움을 누리지만, 종종 친구관계에서 비롯된 문제로 갈등과 위기를 경험하기도 한다. 따라서 친구관계에서 갈등이나 다툼을 미리 예방하고, 이미 일어난 갈등과 다툼의 상황을 잘 해결하고 소통하기 위해서는 우(友)테크 코칭기술이 필요하다. 친구 간의 원만한 관계 유지와 소통을 위해서는 타인을 배려하는 마음과 지속적인 자기 성숙이 요구된다. 좋은 친구관계를 유지하며 소통하기 위한 전략을 정리하면 다음과 같다.

첫째, 친구에게 감정적인 지지자가 되어라. 친구의 말을 잘 경청해주며 따뜻한 마음으로 배려해주고 잘 공감해 줄 때 친구는 힘과 용기를 얻게 되고 좋은 소통관계를 유지하게 될 것이다.

둘째, 친구의 장점을 칭찬하라. 사람은 지적에 의해서 바뀌는 것이 아니라 격려와 칭찬에 의해서 바뀐다는 말이 있다. 따라서 친구의 단점을 지적하기에 앞서 칭찬하고 격려하려고 할 때 좋은 소통관계를 유지하게 될 것이다.

셋째, 친구의 필요에 대해 자발적인 태도를 가지라. "풍요로울 때는 친구가 나를 알아보고 어려울 때는 내가 친구를 알아본다."라는 말이 있다. 사람은 자기중심적인 성향이 강하기 때문에 자신의 감정과 입장에서 다른 사람을 생각하고 판단하기가 쉽다. 하지만 친구가 어려움에 처해 있을 때는 입장을 고려하여 친구의 필요에 대해서 자발적으로 대해야 한다. 이렇게 되면 친구와의 소통과 깊이는 더하게 될 것이다.

넷째, 친구의 사생활을 존중하고 보호해야 한다. 친구와 관계가 가까울지라도 친구의 사생활에 대해서 지나치게 간섭하고 개입하려고 하면 소통에 문제가 생기게 된다. 따라서 친구로부터 사생활을 지나치게 간섭받아 친구관계가 불편하게 될 경우는 자신의 불편한 감정을 솔직하게 이야기하는 것이 도움이 된다.

다섯째, 서로의 신뢰관계를 유지해야 한다. 때로는 친구가 자신의 생각과 다르게 말하거나 행동하게 될 때가 있을 수 있다. 하지만 친구에 대한 신뢰를 지키려고 노력할 때 더 나은 관계 형성과 소통이 이루어질 수 있다.

여섯째, 불편감정이 생길 때는 허심탄회하게 흉금(胸襟)을 터놓고 마음을 나누어야 한다. 이렇게 마음을 열고 털어놓게 될 때 불편한 감정은 이완된다.

일곱째, 친구가 베푼 친절이나 고마움에 피드백을 주라. 가까운 친구일수록 작은 고마움이나 친절에 대해서 감사한 마음을 전해야 한다. 작은 정성이라도 감사를 표현하게 될 때 상대에 대한 배려와 따뜻함에 감동하게 되고 우정도 더욱 돈독해질 수 있게 된다.

여덟째, 서로의 차이점을 인정하라. 오랜 친구일수록 생활습관이나 태도에서 비슷한 점이 많이 발견되지만 개인 특성에 따른 차이도 많다. 따라서 서로의 개성을 인정하면서 수용적인 태도로 대하는 것이 원만한 소통을 위해서 중요하다.

아홉째, 필요하면 다른 사람의 도움을 구하라. 친구관계에서 갈등 상황이 생겨서 소통이 되지 않을 때 혼자 고민하고 괴로워하기 보다는 두 사람 사이에 중재 역할을 해줄 수 있는 사람이 있다면 도움을 요청할 필요가 있다.

친구관계가 잘 유지되기 위해서는 서로의 노력이 필요하다. 친구관계를 유지하고 발전시키기 위한 자기평가 항목은 다음과 같다.

숫자 1부터 10까지의 각 문항에 대한 자신의 평가 점수를 찾아 숫자 위에 동그라미로 표시한 다음, 점수의 합과 평균을 구한다.

【 친구관계 유지·발전을 위한 자기평가) 】												
번호	문 항	판 정										
		부정적			보통			긍정적				
1	같이 무엇인가를 하며 지낸다.	1	2	3	4	5	6	7	8	9	10
2	무엇인가를 서로 나누어 쓴다.	1	2	3	4	5	6	7	8	9	10
3	서로의 느낌이나 의견을 솔직히 이야기한다.	1	2	3	4	5	6	7	8	9	10
4	우정이 지속될 수 있음을 믿는다.	1	2	3	4	5	6	7	8	9	10
5	나의 잘못을 솔직하게 시인한다.	1	2	3	4	5	6	7	8	9	10
6	친구를 무시하지 않는다.	1	2	3	4	5	6	7	8	9	10
7	친구의 이야기를 잘 들어준다.	1	2	3	4	5	6	7	8	9	10
8	친구의 심정을 알아준다.	1	2	3	4	5	6	7	8	9	10
9	친구의 좋은 점을 이야기해 준다.	1	2	3	4	5	6	7	8	9	10
10	친구와의 비밀 또는 약속을 지킨다.	1	2	3	4	5	6	7	8	9	10
총점 및 평균		총점 ( ) 평균 ( )										
출처: 안선모(2005). 토마토 친구(변함없는 친구 사귀기 비법). 참고.												

4. 부부관계 의사소통 코칭

1) 부부관계 의미

부부관계란 서로 다른 가정에서 자란 두 사람이 결혼을 통하여 맺게 되는 비혈연적 관계로써, 지속적이고 매우 밀접한 전인격적 관계이다. 부부는 인생에 있어서 가장 중요한 동반자이다. 행복한 부부관계는 화목한 가족관계의 뼈대이며, 한 개인의 행복을 결정하는 가장 중요한 인간관계이다(권석만, 2004).

결혼생활은 이제까지 자라온 환경이나 경험이 다른 두 남녀가 공동의 생활을 하는 것이며, 결정과 적응을 필요로 하는 일이 많기에 여러 가지 어려움에 직면하게 된다. 따라서 가족생활에서 직면하게 될 갈등이나 예상하지 못한 문제들을 해결하는 의사소통기술을 습득하지 못하면 어려움에 처하게 된다.

특히 결혼초기의 긴장과 갈등은 사회적, 경제적, 종교적, 교육적 배경이 서로 유사하지 않을 경우에 더 많이 존재하며, 이러한 배경들을 서로 공유하고 있다 하더라도 결혼생활은 긴장과 갈등이 존재한다. 특히 가치관 차이와 경제적 어려움은 부부 상호 간의 정서적 안정을 해치고 상호의존의 느낌을 감소시키며, 부부 각자의 부모의 요구도 결혼생활에 어려움을 증가시킨다(김태련, 장휘숙, 1996).

2) 부부관계 특성

가족의 기본은 부부로부터 시작된다. 그러므로 부부관계가 건강해야 그 가족이 건강하게 세워질 수 있다. 부부관계의 특성을 살펴보면 다음과 같다.

첫째, 부부는 각자 서로 다른 환경에서 성장하고 만남으로 이루어졌기에 두 사람의 서로 다른 역사와 가치관을 합의하는 과정을 거쳐야 한다. 부부는 각자의 생각과 감정, 생활 습관에 대해 충분한 대화로 모든 영역에서 협의를 이루어 나가야 하는 관계이다.

둘째, 부부관계는 자발적임과 동시에 법적 근거를 가지고 있다. 서로 간에 자발적인 선택과 결정에 의해 이루어지지만 법적으로 묶어져 있는 관계이므로 자의적으로 탈퇴할 수 없는 관계이다.

셋째, 부부는 촌수가 없는 한 몸의 관계이다. 가족관계에서 다른 가족은 모두 촌수가 존재하지만 부부관계는 무촌으로 좋을 때는 완전한 하나를 이룰 수 있으나 관계가 깨지면 상관이 없어지는 양면성을 가지고 있다.

넷째, 부부관계는 과거와 현재와 미래를 공유하는 관계이다. 현재의 삶은 과거의 추억과 미래의 목표를 하나로 공유해 나갈 때 질적으로 향상되고 발전할 수 있다.

3) 부부관계 중요성과 적응

부부관계는 한 가정의 행복과 불행을 나누는 잣대가 될 수 있으므로 다음과 같은 관계의 중요성을 알고 잘 적응해 나가야 한다.

첫째, 부부관계는 행복한 삶을 위해 다른 어떤 관계보다 우선되어야 한다. 부부관계보다 자녀와의 관계를 우선시한다거나 자녀의 교육을 위해 부부가 떨어져 살게 되면 부부관계가 소원해질 수 있다. 행복한 부부 사이에서 건강한 자녀를 양육할 수 있으므로 무엇보다 부부관계를 우선시하여야 한다.

둘째, 부부관계는 사회 전체에 영향을 미친다. 가정이 사회 공동체의 기본이 되므로 건강한 부부관계는 건강한 사회의 기초를 제공하게 되는 것이다. 부부관계가 건강하지 못하면 가정이 깨질 수 있고 이로 인해 자녀 문제, 이혼 문제 등 다양한 문제를 야기할 수 있다.

셋째, 부부관계는 자녀의 심리적, 정서적, 행동적 특성에 영향을 준다. 부부관계가 건강하여 밝고 행복한 분위기를 만들 때, 이 환경에서 자란 자녀는 심리적·정서적으로 안정되어 건강하게 성장하게 된다. 반면에 부부관계가 불안정하여 자녀를 등한시하게 되면 자녀는 분노의 감정과 부정적 정서를 갖게 된다. 이로 인해 이 자녀는 사회생활에도 부적응적인 양상을 보일 수 있다.

이처럼 행복한 부부관계를 이룬다는 것은 매우 중요하지만 모든 일이 저절로 이루어지지는 않는다. 복잡하고 다양한 여러 상황 가운데서 적응을 위한 수많은 노력을 통해 만들어지는 것이다. 즉 경제적 문제, 종교, 애정 표현 방법, 친구관계, 성관계, 생활 철학, 도덕과 관습에 관한 처신, 자신 또는 상대방의 부모를 대하는 방식 등 수없이 많은 문제들을 대할 때 서로 간의 의견 차이를 이해하고 수용하며 조화시켜 나가야 한다.

4) 부부관계에 영향을 미치는 요인

성공적인 부부관계를 위해서는 많은 요인이 영향을 미친다. 지난 30년간 결혼 만족과 관련된 메타분석 결과에 의하면, 결혼생활 만족도에 영향을 미치는 요인으로 의사소통, 갈등 해결 방법, 분노 및 스트레스 조절, 부부의 성(性), 원 가족과의 관계, 역할 분담 및 자녀 양육 등이 있다(김희진, 2004). 또 다른 연구에서는 우울, 자존감, 갈등 대처 방법이 여성의 부부관계 만족도 변화에 통계적으로 유의하였고, 남성의 경우는 자존감과 갈등 대처 방법만이 유의한 것으로 나타났다(박병선, 배성우, 2011). 그리고 서미아(2014)는 중년기 부부 적응에 영향을 주는 요인으로 의사소통 부족으로 인한 부부 갈등, 긍정감정, 가사 분담 및 자녀 양육과 관련한 성 역할 태도, 부부 상호 간의 애정 표현이 영향을 미친다고 하였다. 남인순과 박영신(2015)은 중년 여성의 부부 갈등 요인에 대해 연구하였는데 대표적 원인은 성격 차이, 시댁과의 갈등, 이해관계 부족이라고 하였다. 한편 최규련(2015)은 부부관계에 영향을 미치는 결혼 전후 요인에 대해 설명하였는데 이에 대해 살펴보면 다음과 같다.

(1) 결혼 전 요인

결혼 전 요인은 첫째, 각자가 살아온 가족 배경이 중요한 영향을 미친다. 부모의 부부 생활은 자녀에게 모델로 작용하는 것이다.

둘째, 결혼하는 사람의 연령과 성숙도에 따른 영향이다. 결혼 연령이 너무 낮으면 부모 됨의 준비 부족, 원하는 직업을 갖지 못함으로써 오는 적은 수입, 정서적 미성숙, 자아인식의 결핍, 개인적 발달의 성취 부족, 경우에 따라서는 교육 기회의 제한과 그에 따른 교육 수준의 저하 등으로 결혼 생활에 어려움을 겪게 된다.

셋째, 결혼 전 교제 기간으로 인한 영향이다. 교제 기간이 충분하면 서로에 대한 성격이나 생활 습관 등 여러 가지 파악할 기회가 많을 뿐 아니라, 서로에 대한 기대와 목표를 공유하고 있으므로 갈등 유발 가능성이 낮아진다. 그리고 갈등이 생겨도 효과적인 의사소통을 통해 더 원만하게 해결할 가능성이 높다.

넷째, 서로에 대한 충분한 이해와 순수한 사랑의 동기이다. 어떤 조건 때문이 아니라 순수한 사랑이 동기가 되고, 공통된 흥미와 목표가 결혼 동기로 작용했을 때 성공적인 결혼 생활을 이루게 된다.

다섯째, 혼전 임신 여부로 인한 영향이다. 준비되지 않은 혼전 임신일 경우는 결혼에 대한 강요와 압박감, 덫에 걸린 것 같은 후회감, 결혼 생활 준비 부족, 교육이나 직업 계획 차질 등 부정적인 영향으로 더 어려움을 겪을 수 있다.

여섯째, 결혼에 대한 부모의 동의 문제이다. 부모의 동의를 받고 결혼한 부부는 결혼 생활 중 어려움에 직면하였을 때 부모로부터 격려와 지지를 받을 수 있다. 그러나 부모 동의 없이 결혼하고 어려움이 생기게 되면 이것이 오히려 부부관계의 악화를 가져오는 부정적 위협 요인이 된다. 따라서 부모의 동의를 받았을 때 더 행복하고 성공적인 결혼생활을 할 수 있게 된다.

(2) 결혼 후 요인

결혼 후 요인은 첫째, 부부의 태도와 관련된 것으로 부부 중 한 사람이 일방적이거나 지배적이고 경쟁적이며 비하하는 태도를 보이면 결혼생활이 실패할 가능성이 높다.

둘째, 부부 간의 관심사나 흥미의 유사성이다. 부부 간에 공통된 취미를 갖거나 관심사가 일치할 때 함께할 기회가 많아지고 서로를 이해하고 공감할 가능성이 높기 때문이다. 교육 수준, 사회경제적 지위, 성장 지역, 종교 등의 문화적 배경이 유사하면 가치관, 역할 기대, 일상적 상호 작용의 측면에서 일치감이 높아 갈등 요인이 감소한다. 또한 가족, 자녀, 사랑, 종교, 철학 등에 공통된 관심을 두는 경우가 돈, 명예, 향락 등에 관심 두는 부부보다 결혼생활에 성공 가능성이 높다.

셋째, 안정적인 친인척 관계이다. 부부 모두 배우자 원가족과의 조화로운 관계를 위해 서로 노력해야 한다. 친인척 관계가 좋으면 더 안정되고 성공적인 부부관계가 되기 때문이다.

넷째, 경제적인 요소로 비교적 안정되고 적절한 수입이 제공되면 부부 간의 갈등이 줄어들고 성공적인 결혼 생활로 이어질 확률이 높다. 반면에 수입이 불충분하고 불안정할 때는 부부 간의 갈등과 불화가 많아지고 결혼생활 실패의 원인이 되기도 한다.

다섯째, 종교 활동에 함께 참여하는 부부가 더 성공적인 결혼생활을 하는 것으로 알려졌다. 종교는 부부관계의 성공에 기여하는 가치와 일치되고 함께할 기회가 많아짐으로 부부 공통의 활동과 동료감을 증가시키기 때문이다.

5) 부부관계 의사소통 코칭

부부관계는 어떤 인간관계보다 친밀한 관계여야 한다. 부부 간 독단적이고 방어적인 의사소통은 관계를 악화시키지만 성실하고 지지적인 의사소통은 관계를 촉진시킨다. 부부 간 성공적인 의사소통을 위한 방법들은 다음과 같다.

(1) 긍정적 마음을 가져라: 상호 간의 인성, 신뢰, 존중, 이해를 토대로 서로 긍정적인 마음을 가지고 소통해야 한다.

(2) 상호 간에 존중하라: 부부 간에 상호 존중을 솔직하게 표현하면 위협을 느끼지 않으므로 방어적 의사소통도 감소하게 된다. 배우자를 존경하는 마음이 있으면 비록 의견이 어긋나고 모욕적인 말을 하더라도 상대방에게 화를 내는 일은 적어진다.

(3) 공통의 준거 틀을 가져라: 비슷한 문화적 배경을 가진 부부는 경험, 생각, 태도 등이 비슷하기 때문에 준거 틀이 유사하여 의사소통이 더 잘 이루어진다. 그러나 과거의 생활 경험이 다르면 같은 사건에 대해서도 견해가 다를 수 있다. 이때 서로의 준거 틀에 대한 대화를 충분히 하고 서로를 이해하면 불일치를 극복해 나갈 수 있다.

(4) 경청하라: 잘 들어준다는 것은 상대방의 말과 함께 감정도 듣는 것으로 아무리 강조해도 부족하지 않다. 이는 상대방의 메시지에 대하여 흥미를 가지고 있으며 존중하는 것을 나타

낸다. 그러므로 상대방은 자신의 생각이나 감정을 더 잘 표현하게 된다.

(5) 메시지의 의미를 확인하라: 불명확한 메시지에 대한 부정확한 해석은 오해와 갈등의 원인이 됨으로 서로의 의사소통의 내용 및 방법을 재확인하여 그 의미를 정확하게 파악하여야 한다.

(6) 공감하라: 잘 경청하는 방법 중 하나인 공감은 부부 간 사소한 일에서도 배우자의 감정, 분위기, 요구에 대한 이해를 높여 준다. 공감의 정도가 높아지면 언어적 의사소통 없이도 배우자의 내적 감정 상태를 알 수 있다.

(7) 상대방의 감정을 알고 있다는 것을 알려라: 감정이 언제나 논리적이지는 않다. 배우자가 자신의 감정 상태, 특히 부정적 감정 상태를 알려 준다면 부정적 감정은 해소될 수 있을 것이다.

(8) 자신의 의견을 분명히 말하라: 상대방의 기분을 상하지 않게 한다는 명분 아래 말하는 것을 피하는 것은 좋지 않다. 이는 상대방을 공격하는 것이 아니라 자신의 감정을 표현하는 것으로 직접적으로 표현해야 한다.

(9) 자기노출을 하라: 상황에 따라 적당한 자기노출을 해야 하는데 표현 방법에 유의하여 부정적 감정도 긍정적으로 표현

할 수 있어야 한다(Stinnett et al., 1984).

【 부부 행복지수 검사 】

1. (나의 배우자는) 나와 이야기를 나눌 때
   ① 자기 이야기를 더 많이 한다.
   ② 그런대로 잘 들어준다.
   ③ 열심히 귀 기울여 듣는다.

2. 내가 쓴 돈에 대해
   ① 꼬치꼬치 캐묻는다. 가계부나 영수증을 확인하기도 한다.
   ② 가끔 확인해 보기도 하지만 그다지 의심하지 않는다.
   ③ 100% 신뢰하고 인정해 준다.

3. 내 실수에 대해
   ① '또 실수했구나' '언제쯤 철이 드나'라는 태도를 취한다.
   ② '그럴 수도 있지' '스스로 해결해야지'라는 태도를 취한다.
   ③ '나 같아도 실수 했겠다' '어떻게 도와주지'라는 태도를 취한다.

4. 아이들 앞에서 나의 단점에 대해
   ① 험담뿐 아니라 공격적인 말도 서슴지 않는다.
   ② 없는 것은 아니나 될 수 있으면 피하려고 한다.
   ③ 아이들 앞에서 반드시 피한다.

5. 식사시간에
   ① 혼자 먹고 얼른 일어선다.
   ② 가끔은 바쁘게 먹을 때도 있지만 같이 먹으려고 애쓴다.
   ③ 수저를 들고 놓는 시간이 거의 나와 일치한다.

6. 내가 몸이 아프면
　① '또 일거리 생겼구나'라고 여긴다.
　② 무심한 태도를 취한다.
　③ 열심히 도와준다.

7. 내가 새로운 일을 배우겠다고 하면
　① 돈은 어디서 나오냐며 핀잔부터 한다.
　② 잘 해보라고 한다.
　③ 정보를 주면서 재정적인 지원을 아끼지 않는다.

8. 부부 간 다툼과 갈등이 생기면
　① 오래 가고, 싸웠다 하면 심하게 한다.
　② 그냥 피해버린다.
　③ 오래 끌지 않으며 먼저 사과해서라도 풀려고 애쓰는 편이다.

9. 나의 직업과 일에 대해
　① 기회만 오면 빨리 바꾸라고 재촉한다.
　② 불만은 없지만 그렇다고 좋게 여기지도 않는다.
　③ 적성에 가장 잘 맞는 일이라고 여기며 자랑스러워한다.

10. 부부관계에 있어서
　① 자기중심적이어서 거의 만족이 없다.
　② 그저 그래서 무덤덤한 편이다.
　③ 서로 만족하고 불만이 없다.

11. 친정 혹은 시댁에 대해
　① 불평을 자주 늘어놓는다.
　② 의무는 다하려 한다.
　③ 아주 자랑스러워한다.

12. 결혼기념일 생일 등을
 ① 거의 챙겨주지 않는다.
 ② 가끔은 챙겨준다.
 ③ 잘 챙겨주고 빠뜨리지 않는다.

13. 부탁에 대해
 ① 몇 번이나 이야기를 해야 들어주는 편이다.
 ② 그런 대로 들어준다.
 ③ 즉시 들어준다.

14. 나에게 쓰는 말은
 ① 경어나 애칭을 거의 쓰지 않는다.
 ② 환경에 따라 다르게 쓴다.
 ③ 꼬박꼬박은 아니지만 경어와 애칭을 쓴다.

15. 나의 신통치 않은 아이디어에
 ① 무시하고 면박을 줄 때가 많다.
 ② 빙긋이 웃어준다.
 ③ 대단한 것이라고 추켜 세워준다.

〈진단방법〉

각 문항마다 ①은 1점, ②는 4점, ③은 7점 점수를 더해 총점을 낸다.

▶▶ 65점 이상: 남편과 아내가 서로를 존중하고 있는 편이다.

▶▶ 50~65점 사이: 배우자가 그런대로 존중해주는 편입니다. 그
러나 세월이 흐르면 애정이 점점 식을 수 있기
때문에 부단히 사랑을 키워가야 한다.

▶▶ 49점 이하: 배우자가 무시하고 인정하지 않는 편이다.

5. 부모자녀 관계 의사소통 코칭

부모와 자녀와의 관계는 인간관계에서 혈연으로 묶인 가장 가까운 관계이다. 부모자녀 관계는 본능적 애착이 강한 관계로서 독특한 양상을 나타냄과 동시에 사회적 관계이기도 하다. 자녀가 태어나 처음으로 사회적 관계를 맺는 가정환경은 자녀가 어떤 사람으로 성장하는가를 결정하는 중요한 변수가 된다(김정옥 외, 2015; 최혜경, 2015; 엄태완, 2008; 송혜경, 2001). 해가 갈수록 사회적 연장자에게 무조건적 순종을 요구하던 풍조는 줄어들고 있다. 그러나 부모와 의사소통 중에 자녀의 말은 종종 말대꾸로 취급되며 무시되거나 거부당하고 있다. 따라서 부모와의 의사소통을 개방적으로 형성 및 유지할 수 있는 구체적인 방안의 연구와 지속적인 관심 그리고 가정 문화의 재조성이 필요하다. 가정 내에서 이루어지는 개방적인 의사소통이야 말로 올바른 인간관계를 형성할 수 있도록 돕는 기초가 되기 때문이다.

1) 부모자녀 관계의 특징

부모자녀 관계는 부부관계와 아울러 가족관계의 중요한 영역으로 부부관계뿐 아니라 자녀와도 조화로운 관계를 유지하여야 한다. 부모가 자녀에게 관심을 보이고 충분한 시간을 함께 보내며 필요한 때에는 기꺼이 지원할 때 자녀는 부모가 자신을 돌보고 있음을 느낀다. 이것은 형제자매 관계, 높은 자존감, 학업적 성공 그리고 적절한 도덕적 발달과도 관계가 있다(Rice, 1979).

(1) 혈연적인 관계

가장 일차적이며 본능적인 애착이 가장 강한 관계이다. 선택의 여지없이 숙명적으로 주어지는 관계로서 싫든 좋든 평생을 유지해야 하는 관계이다.

(2) 수직적이고 충족적인 관계

부모와 자녀는 20~40여 년의 나이 차이와 함께 능력과 경험에 현저한 차이가 있다. 그러므로 자녀는 일방적으로 부모를 따르고 의존해야 한다. 부모 역시 어린 자녀를 일방적으로 보호하고 양육해야 하는 위치에 있다. 이런 점에서 서로 불평등한 자격과 위치에서 일방적인 상호 작용이 일어나는 수직적인 관계이다.

(3) 인격 형성에 중요한 관계

부모와의 관계는 자녀의 입장에서는 최초로 맺는 인간관계로 부모의 양육을 통해 자녀는 성격을 형성해 간다. 또 부모의 입장에서 자녀는 사랑의 결실이자 자신의 피를 물려받은 분신과 같은 존재이다. 따라서 거의 본능적이고 무조건적인 애정으로 자녀를 보호하고 양육한다.

(4) 교육의 장

자녀는 부모를 통해 사회의 기본적인 적응 기술을 배운다. 그리고 부모는 자녀에게 사회의 도덕적 규범과 가치를 가르친다. 즉 가장 기본적인 사회화 과정이 부모와 자녀의 관계 속에서 일어난다. 따라서 부모는 자녀가 닮아가는 동일시의 대상이며 인생의 모델이 된다.

(5) 세월에 따른 관계 속성 변화

자녀가 어릴 때는 일방적인 의존적 관계이지만 자녀가 성장해 가면서 의존적 관계에서 독립적 관계로 변화해 간다. 특히 자녀가 청소년기에 접어들면 자녀는 부모의 보호나 통제에서 벗어나려 하여 변화와 갈등이 초래된다. 그러다가 자녀가 성숙해 감에 따라 부모는 노쇠해져 오히려 부모가 자녀에게 의존하게 되고 자녀는 부모를 부양해야 하는 위치에 서게 된다(최세영 외, 2017).

2) 부모 양육 태도와 가족의 상호 작용

부모자녀 관계는 부모의 성장 환경에서의 경험과 성격뿐 아니라 현재의 부부관계 및 직장과 같은 사회적 환경에 의해서 영향을 받는다. 그리고 가족생활 주기에 따라 부모자녀 관계도 변화한다. 자녀의 개인적 성장 발달과 함께 부모의 역할에 대한 인식도 변화하기 때문이다(정현숙 외, 2002).

세계 어떤 나라에도 뒤지지 않을 정도로 우리나라의 교육열은 높다. 반면에 가정에서 가르치고 보여 주어야 할 부모의 역할은 소홀히 하는 경향이 있다. 학교가 하지 못하는 부분을 감당해 주어야 할 부모의 역할이 있으며 부모의 양육 태도는 자녀에게 중요한 영향을 미친다.

(1) 부모의 양육 태도 유형

① 민주적인 부모(Democratic parenting): 민주적인 양육 태도를 가진 부모는 분명한 규칙과 기대를 설정하고 이것에 대해 자녀들과 논의한다. 비록 자녀들의 관점을 이해한다 해도 부모의 기준을 강요하는데 이유와 권위를 사용한다. 심리적으로 건강하고 행복한 아이들이나 학교생활에 성공하는 아이들은 대체로 균형을 이룬 가족, 민주적인 부모 밑에서 성장하는 것으로 보고된다(Kouneski, 2000).

② 권위적인 부모(Authoritarian parenting): 권위적인 부모는 상당히 엄격한 규칙과 기대감을 갖고 이것을 자녀에게 강요한다. 이러한 부모는 자녀가 순종하기를 기대하고 요구한다. 가족이 결속되어 있는 정도가 아주 끈끈하게 밀착되어 있거나 구조화되거나 완강한 틀에서 융통성을 지니는 가족 체계에서 가능하다. 이러한 유형이 더욱 강력해지면 가족은 상당히 밀착되어 있는 불균형의 가족으로 변할 가능성이 높다. 이 유형은 자녀가 권위에 반항하는 청소년기일 때 문제가 많이 발생한다.

③ 허용적인 부모(Permissive parenting): 이 유형에서의 자녀는 부모의 규준에 맞추어 행동하도록 강요받는 일이 드물며, 자녀의 생각이 더 우선적으로 고려되는 경우가 많다. 따라서 혼란스럽게 밀착된 체계로 갈 가능성이 많아 자녀는 심리적으로 건강하지 않을 수 있다.

④ 거절하는 부모(Rejecting parenting): 부모가 거절하는 태도를

가질 때 자녀가 어떻게 행동하는지에 관해 기대가 작거나 자녀의 욕구에 그다지 관심을 보이지 않게 된다. 자녀는 부모로부터 사랑과 보호를 받고 있다는 느낌을 갖기 어렵고 미성숙하거나 심리적인 문제를 가질 수 있다.

⑤ 관여하지 않는 부모(Uninvolved parenting): 이 유형의 부모는 자녀를 무시하거나 부모의 활동에 방해가 되지 않는 한 자녀의 기호대로 행동하도록 내버려 두는 경향이 있다. 이러한 자녀는 정서적 지지도 받지 못하고 일정한 규칙이나 기대도 부족한 상태로 방임되어 문제가 지속될 가능성이 높다(최세영 외, 2017).

(2) 부모의 바람직한 양육 태도

부모의 바람직한 양육 태도는 다음과 같다.

첫째, 부모의 행동 양식은 자녀에게 매우 큰 영향을 미친다. 심리학자들은 약 10개월쯤 된 아이의 옹알이는 부모가 사용하는 언어의 억양과 소리가 그대로 반영되고, 가정의 분위기는 물리적 환경보다 심리적 환경이 더 많이 영향을 미친다고 말한다. 특히 6세 이하 때에 부모는 아이의 거울로 작용되므로 부모는 자신들의 심리적 상처가 무엇인지 점검할 필요가 있다.

둘째, 부모는 화목한 삶의 모범을 보여야 한다. 부부의 화목은 가족 전체의 화목을 이끄는 열쇠가 된다. 화목한 가정생활이 영위될 때 자녀들은 심리적 안정감을 가지게 되는 것이다.

셋째, 애정적 분위기를 조성해야 한다. 애정이 결핍된 사람들에게서 나타나는 두드러진 특징 중 하나는 정서적으로 안정감이 없다는 것이다. 정서의 산소라고 불리는 애정은 1차적으로 가정에서부터 공급된다. 자녀를 맹목적인 사랑이나 감시가 아닌 이해와 절제된 사랑으로 대할 때 균형 있는 자녀로 성장할 것이다. 사랑은 받아 본 자가 사랑을 나눠주는데 익숙하다.

넷째, 자녀에 대한 부모의 지도는 일관성이 있어야 한다. 부모가 감정에 좌우되어 변화무쌍하거나 어머니는 항상 까다롭고 아버지는 느긋하여 갈피를 잡을 수 없다면 교육에 일관성이 없어진다. 아이가 잘못해서 어머니가 체벌하고 있는데 아버지는 무조건 괜찮다고 한다면 문제가 된다. 가정에서 올바른 가치관을 가지고 일관성 있게 지도하면 때로 자녀들이 엉뚱한 생각을 하거나 행동을 하다가도 되돌아오게 된다.

다섯째, 10대 자녀를 창의적으로 대해야 한다. 10대 자녀는 적은 양의 도파민(dopamine)을 지닌 뇌를 변화시키고 있다(Forbes et al., 2012). 그리하여 높은 비율의 위험 행동 즉 흡연, 음주, 위험한 운전, 약물 사용, 비행, 모험, 위험한 스포츠, 반항 행동, 성행위 등에 참여할 가능성이 높다(Becker, 2010). 또 신기성 추구(seeking novelty), 또래 영향, 유전 요인, 뇌 기능 등은 청소년의 취약성을 설명하는 요소이다. 따라서 부모와 10대 자녀 간의 갈등은 돈과 독립 문제 등으로 자주 일어나게 되어 양육자로서 이전과 다른 도전들을 제기한다(문은식 외, 2018).

10대 자녀와의 갈등을 줄이기 위한 제안은 다음과 같은 것들이 있다.

① 부모가 자녀를 비난하기보다 좋아하는 것을 자녀가 할 수 있도록 하여 모범적인 행동을 한 것에 대해 인정해 준다.

② 부모는 자녀의 일부 행동을 무시하고 싶을지라도 필요시에는 직접 개입하여 다루어야 한다. 예를 들어 성행위 등에 따

른 문제가 있다.

③ 10대 자녀가 어떤 문제에 직면했을 때 최대한 경청하고 자녀 대신에 결정하는 것을 피하며 정보를 제시한다. 예를 들어 어느 고등학교, 어느 대학에 응시 할 것인지는 자녀가 결정해야 할 일이다.

④ 높은 활동 수준(high activity levels)에 대하여 인내한다. 지속적으로 음악을 높은 소리로 듣고 오랜 시간 동안 친구와 통화하는 행동 등을 보일 수 있다.

⑤ 10대 자녀와 함께 레저 활동에 참여한다. 자녀와 함께 캠핑이나 여행하기, 영화보기, 식사하기 등을 통해 그들이 의사소통하는 맥락과 환경을 허용한다.

3) 부모자녀 간 의사소통 코칭

(1) 부모자녀 간 의사소통 장애 요인 이해하기

부모와 자녀는 상호 역할이 다르고 세대 차이로 인해 의사소통이 원만하지 못한 경우가 많다. 연구에 의하면 부모자녀 간 역기능적 의사소통은 청소년의 우울감과 자살 생각에 직접적인 영향을 미침과 동시에 우울감을 통해 자살 생각에 간접적인 영향도 미치는 것으로 나타났다(이근영, 최수찬, 공정석, 2011; 최혜경, 2015). 이처럼 중요한 부모자녀 간 의사소통에 있어서 장애가 되는 요인을 살펴보면 다음과 같다.

첫째, 부모가 자녀의 정서 상태나 능력을 고려하지 않고 원하는 것을 일방적으로 이야기하는 것이다. 자녀는 이에 대해 부모의 요구가 부당하다고 주관적으로 판단하며 부모를 비난만 하고 수용하지 않는 것이다.

둘째, 세대 차이로 인한 단어 사용의 차이가 있다. 세대 간에 다르게 사용되는 단어나 그 의미를 정확하게 이해하지 못하면 오해가 빈번하게 일어난다.

셋째, 부모의 권위주의적이고 독단주의적 태도이다. 권위주의적 부모의 태도를 자녀는 자신이 무시당하는 것으로 생각하고 일방적인 지시로만 여기게 된다.

넷째, 자녀는 부모의 상태나 행위에 민감한 반응을 보인다. 부모의 감정이 나쁠 때는 좋은 결과를 기대하기 어렵다는 판단 아래 의사소통을 주저하게 된다.

다섯째, 부모의 부정적인 대화 방법이다. 협박, 비난, 욕설, 설교, 명령, 경고의 대화 유형은 자녀로 하여금 반발을 느끼게 하고 반항하게 만들어 원활한 의사소통이 이루어지지 않는다.

여섯째, 부모는 자녀를 이해하지 못한다고 생각하는 자녀들의 편견이다. 부모는 자녀보다 연장자로서 생활 경험이 많으며 양육자이기 때문에 부모의 견해를 강력하게 피력하는 반면 자녀는 자기 자신을 부모에게 이해시키려고 하기 보다는 부모는 자신을 이해하지 못한다고 단정짓고 의사소통의 필요성을 부인하게 된다.

일곱째, 자녀의 자아 긍정성 결여이다. 자아 긍정성이 낮은 자녀는 부모와의 관계에서 위축되고 불안 의식이 유발되어 편안한 의사소통이 이루어질 수 없다(김순옥, 1993).

(2) 부모자녀 간 효율적 의사소통 기술

첫째, 적극적으로 경청하기: 부모와 자녀 간의 대화에서 특히 중요한 것은 '경청'이다. 자녀의 이야기를 조용히 들어주는 태도는 '너의 생각이 어떤지 듣고 싶구나!', '너의 느낌을 받아 줄게.'라는 비언어적 메시지를 전달하게 되어 자녀의 생각과 마음을 알 수 있게 해 준다. 성급한 판단으로 자녀의 말을 끊어버리지 말고 자신의 문제를 충분히 설명할 수 있도록 기다리며 적극적으로 '경청'해 주는 것이다.

둘째, 반응 보여 주기: 부모는 자녀가 말을 할 때 맞장구치며 고개를 끄덕이거나 미소를 짓는 등의 비언어적 표현이나 "아, 그랬구나.", "정말", "어머나!", "너무 화가 났겠다.", "정말 힘들었겠구나." 등의 언어로 반응을 보여 준다. 자녀의 이야기를 열심히 듣고 있다고 느낄 수 있도록 언어적 또는 비언어적 표현으로 반응할 필요가 있다.

셋째, 말과 감정을 공감해 주기: 자녀가 말할 때 부모가 자신의 감정을 말로써 공감해 주면 자녀는 자신의 말을 부모가 진심으로 받아들인다고 느끼게 된다. 부모는 충고나 질문 등은 피하며 자녀의 말과 감정을 공감하기 위해 때론 자녀의 말을 그대로 반복해 준다. 예를 들면 자녀가 "친구들이 나를 미워해서 정말 화가 났어."라고 할 때 "친구들이 너를 미워한다고 느껴져서 정말 화났겠구나."라고 말해 주는 것이다.

넷째, 나 -전달법으로 표현하기: 나를 주어로 시작하여 어떤 상황에 대한 책임을 상대방에게 미루지 않고 자신의 느낌으로 전달함으로써 상대방에 대한 직접적인 공격을 피할 수 있다. 자녀에게 자신의 생각과 느낌의 원하는 바를 이야기하고 자녀의 생각과 느낌의 바라는 것을 들어준다. 이를 통해 부모는 자녀의 잘못된 행동을 비난하는 것이 아니라 잘못된 행동으로 인한 부모의 마음을 부드럽게 표현함으로써 자녀 스스로가 잘못된 행동의 문제점을 파악하고 수정해 나가는 효과를 얻을 수 있다.

다섯째, 자신의 감정 알아차리기: 부모가 자녀에게 화가 났을 때는 한 박자 쉬어 가는 것이 좋다. 이때 화를 통제하려면 자신의 감정이나 기분을 그대로 받아들여 주는 것이다.

참고문헌
찾아보기

국내 서적

강문희, 이광자, 박경(2019). **인간관계의 이해**. 서울: 학지사.

권석만(2008). **긍정 심리학**. 서울: 학지사.

권석만(2017). **젊은이를 위한 인간관계의 심리학**. 서울: 학지사.

권석만, 유성진, 임영진, 김지영(2010). **CST 성격강점검사**. 서울: 학지사 심리검사연구소.

권선중, 김교헌, 이홍석(2006). 한국판 감사성향 척도(K-GQ-6)의 신뢰도 및 타당도. **건강, 11**(1), 177-190.

김광수(2019). **긍정심리학: 성격강점 기반 인성교육**. 서울: 학지사.

김명소, 김혜원, 차경호(2001). 심리적 안녕감의 구성개념 분석: 한국 성인 남녀를 대상으로. **사회 및 성격, 15**(2), 19-40.

김명철(2006). 체조선수들이 인식한 코칭 행동범주에 관한 연구. **한국체육사학회, 45**(4), 293-305.

김상균(1997). 학생비행예방 및 선도를 위한 복지 프로그램개발에 관한 연구. 서울: 서울대사회복지연구소.

김순옥(1993). 부모의 의사소통행위가 10대 자녀의 의사소통 개방성에 미치는 영향. **인문과학, 23**, 215-234.

김승현(2013) 여가활동 참여 대학생들의 여가정체성 및 여가만족과 생활만족의 관계. 용인대학교 대학원 박사학위 논문.

김영화(2012). **학교폭력, 청소년 문제와 정신 건강**. 서울: 한울.

김은정(2018). **코칭의 심리학**. 서울: 학지사.

김정탁(2004). **禮 & 藝: 한국인의 의사소통사상을 찾아서**. 서울: 한을.

김종운(2017). **만남 그리고 성장을 위한 인간관계 심리학**. 서울: 학지사.

김종운, 박성실(2011). **인간관계 심리학**. 서울: 학지사.

김진숙, 김지은, 연미희, 이인수(2017). **인간관계와 의사소통**. 서울: 창지사.

김창대(2002). 몰입(Flow)이론을 적용한 진로상담 모형. **청소년상담연구, 10**(2), 한국청소년상담원. 23-45.

김태련, 장휘숙(2013). **발달심리학**. 서울:박영사.

김현수(2007). 한국형 리더십코칭의 스킬. 한국 산업 및 조직심리학회 추계학술
대회 및 심포지엄 발표집, 31-42.

김현수, 유동수, 한상진(2008). **한국형 코칭**. 서울: 학지사.

김희진(2004). 한국 부부의 결혼만족에 영향을 미치는 요인에 관한 연구. **상담학
연구, 5**(3), 839-853.

노지혜, 이민규(2005). 나는 왜 감사해야 하는가?: 스트레스 상황에서 감사하기
가 안녕감에 미치는 영향. 한국심리학회 연차학술발표회논문집, 454-
455.

노향규(2009). 용서 변화 현상 모델의 목회상담적 적용. 장로회신학대학교 박사
학위논문.

류태영(1996). **이스라엘 농촌사회구조와 한국 농촌사회**. 서울:양영각.

문은식, 박선환, 정미경, 최순영(2018). **대인관계 심리학**. 고양: 공동체.

민진홍(2016). **땡큐파워: 성공하는 습관을 만드는 하루1분, 21일 감사일기의 힘**.
서울: 라온북.

박경애, 이명우, 권해수, 김동일(1997). **천재들의 삶과 꿈**. 청소년대화의광장.

박근수, 유태용(2007). 일 몰입의 선행변인 및 결과 변인에 관한연구. **산업 및 조
직, 20**(3), 219-251.

박병선, 배성우(2011). 부부관계 만족도의 종단적 변화양상과 예측요인-성별 간
차이를 중심으로. **한국가족복지학, 34**, 41-76.

박영례(2006). 자녀양육에서 어머니 플로우 경험의 탐색. 숙명여자대학교 석사
학위논문.

박주태(2006). 한국교회 영성훈련을 위한 새로운 방안: 렉시오 디비나. 호남신학
대 박사학위논문.

박혜성, 홍창희(2008). 고등학생들의 분노표현방식에 따른 감정표현기법과 인지
이완기법의 효과. **한국사이코드라마학회, 11**, 53-69.

백승숙(2003). 교사-학생관계와 자아존중감, 정신건강, 학업성취도와의 연관성
에 관한 연구. 경희대학교 석사학위논문.

서덕남(2009). 감사프로그램이 청소년의 분노조절에 미치는 효과. 청주교육대학
교 석사학위논문.

서은국(2014). **행복의 기원**. 서울: 21세기북스.

서혜석, 김영혜, 강희양, 이난(2017). **의사소통과 대인관계**. 파주: 정민사.

석지현(1994). **선으로 가는 길**. 서울: 일지사.

설기문(2002). **인간관계와 정신건강**. 서울: 학지사.

손운산(2004). 치료, 용서 그리고 화해. **한국기독교 산학논총, 35**(1), 241-283.

송정아, 전영자, 김득성(1998). **훈련중심 부모역할교육**. 서울: 교육과학사.

심수명(2004). **인격치료**. 서울: 학지사.

애나김(2015). **쓰면 이루어지는 감사일기의 힘**. 파주: 도서출판 평단.

양경윤(2014). **한 줄의 기적, 감사일기**. 파주: 쌤앤파커스.

양정하(2005). 사회복지 정책론의 전개과정과 의의. **경남정보대학논문집, 33**, 34-53.

엄태완(2008). 청소년의 무망감 관련요인과 자살 생각의 관계: 사회적 지지의 효과 중심으로. **청소년학연구, 15**(5), 211-237.

오오현(2002). 기독교인 용서프로그램: 개발 및 적용. 계명대학교 박사학위논문.

오윤선(2007). **기독교 심리학의 이해**. 서울: 예영B&P.

오윤선(2011). **말씀묵상기도를 통한 청소년 분노조절하기**. 서울: 예영B&P.

오윤선(2017). **교육심리학**. 서울: 창지사

오윤선(2017). **심리검사의 이해와 활용**. 파주: 양서원.

오윤선(2019). **대인관계와 의사소통**. 서울: 창지사.

오윤선(2019). **청소년 문제와 보호**. 파주: 양서원.

오윤선(2019). **청소년 심리 및 상담**. 서울: 양성원.

오인경(2003). 구성주의 교수-학습 전략으로서의 코칭(coaching)의 역할 및 프로세스: 외국 기업 사례 비교. **기업교육연구, 5**(2), 5 - 25.

유영달, 이희영, 김용수, 이동훈, 하도겸, 유채은, 박현자, 천성문, 이정희, 박성미, 윤가현, 오미성, 권혜란(2007). 죽음의 불안과 노화과정. **한국노년학연구, 16**, 157-171.

유영주, 이인수, 김순기, 홍성례, 최희진(2009). **건강가족의 이해**. 서울: 교문사.

유현실(1998). 재능의 발달과정에 관한 연구: 체육 재능을 중심으로. 서울대학교 석사학위논문.

윤혜상(2000). **의사소통 및 인간관계**. 서울: 청구문화사.

이강욱(2008). **아이를 바꾸는 학습 코칭론**. 서울: 토담미디어.

이근영, 최수찬, 공정석(2011). 부모-자녀 간 역기능적 의사소통과 학업스트레스가 청소년의 자살생각에 미치는 영향. **청소년학연구, 18**(5), 83-107.

이만홍(2006). **영성치유**. 서울: 한국영성치유연구소.

이명녀(2016). 친구관계별 일반계 고등학교 여학생의 스트레스 토착심리분석. 인하대학교 석사학위논문.

이민호(2007). 코칭리더십의 공공부문 도입에 관한연구. 단국대학교 석사학위
　　논문.

이상화(1992). **대화의 철학. 대화에 대한 실천 철학적 고찰: 하버마스의 의사소통
　　능력이론을 중심으로.** 서울: 서광사.

이선희(2007). 리더십 코칭 연구의 현재와 미래. 한국 산업 및 조직심리학회 추
　　계학술대회 및 심포지엄 발표집, 9–18.

이수용(2002). **인간관계의 심리.** 서울: 학지사.

이수호, 한태영(2008). 성과관리 코칭과 피드백 환경이 인사평가 공정성에 미치
　　는 영향. **한국 산업 및 조직심리학회, 21**(1), 59–81.

이위환, 김용주(2015). **현대 사회와 인간관계론.** 고양: 공동체.

이의용(2014). **내 인생을 바꾸는 감사일기.** 서울: 아름다운동행.

이재열(2009). **생활 속의 인간관계론.** 서울: 북코리아.

이재창, 임용자(2002). **인간관계론.** 서울: 문음사.

이희경(2007). 임원코칭(Executive Coaching)의 현황과 전망. 한국 산업 및 조
　　직심리학회 추계학술대회 및 심포지엄 발표집, 43–53.

임도희(2008). 치유무용(Healing Dance)이 뇌졸중을 가진 허약노인에 미치는 영
　　향. 이화여자대학교 박사학위논문.

임용우(1994). 시험스트레스 과정에서의 불안, 대차 및 학업성취. 서울대학교 박
　　사학위논문.

장　훈(2001). 몰입경험과 심리적 적응지표의 관계와 관한 연구: 인터넷활동 중
　　심으로. 고려대학교 석사학위논문.

전병재(1997). **인간과 사회.** 서울: 경문사.

전진선, 문미란(2008). **인간관계의 심리 이론과 실제.** 서울: 시그마프레스.

정원식(2007). **세계의 리더를 키운 유대의 자녀교육.** 서울: 샘터.

정진홍(2012). 힐링 현상과 관련하여 생각하고 싶은 것. **철학과 현실, 94,** 74–88.

정태혁(2004). **명상의 세계.** 서울: 정신세계사.

정현숙(2001a). 언어와 문화 간 커뮤니케이션. **한국인과 문화 간 커뮤니케이션.**
　　175–204.

정현숙(2001b). 우리는 왜 문화 간 커뮤니케이션을 알아야 하나. **한국인과 문화
　　간 커뮤니케이션.** 31–43

조남두, 윤경원(2010). **인간관계론.** 서울: 동문사.

조영철(2007). **금융세계화와 한국경제의 진로: 민주적 시장경제의 길.** 서울: 후마
　　니타스.

조영한(2012). 한국사회에서 신자유주의 읽기. **커뮤니케이션학회**, 8(2), 22-63.

최규련(2006). **가족학**. 한국가족학 연구회편. 서울: 학지사.

최세영, 한주빈, 오봉욱(2017). **대인관계기술 향상을 위한 인간관계론**. 파주: 정민사

최인철(2016). **나를 바꾸는 심리학의 지혜**. 서울: 21세기북스.

최창국(2010). 영성형성의 실천적 방법으로써 말씀묵상기도. **복음 실천신학**, 21, 124-151.

최헌진(2003). **사이코드라마: 이론과 실제**. 서울: 학지사.

최혜경(2004). **사랑학**. 서울: 교문사.

최혜경(2015). 우울 성향 청소년 자살생각 보호요인의 구조적 관계 분석. **상담학 연구**, 16(6), 315-335.

최희영(2005). 청소년의 자아존중감에 관한 연구. 관동대학교 석사학위논문.

탁진국(2019) **코칭심리학**. 서울: 학지사.

한광일(2014). **스트레스 치료법**. 서울: 삼호미디어.

한국가정상담연구소(2006). **가정과 상담**. 103. 119-21.

한국청소년상담원편(2001). **2010 상담경향 분석 보고서**. 서울: 청소년 상담원.

한병철(2012). **피로사회**. 서울: 문학과 지성.

한숙자, 정해순(2010). 외도위기부부의 용서를 위한 기독교 상담학적 접근. **복음과 상담**, 15, 245-246.

한준상(2002). **집단따돌림과 교육해체**. 서울: 집문당.

함승애(2017). **대인관계 심리학-기독교 세계관을 바탕으로-**. 파주: 양서원.

함인희(1995). **가족과 한국 사회**. 서울: 경문사.

허성준(2005). **수도 전통에 따른 말씀묵상기도**. 대구 왜관: 분도출판사.

허성준(2006). **베네딕도 규칙서에 나타난 말씀묵상기도 신학전망**. 광주: 광주 카톨릭대학교 출판부.

홍금주, 박재연(2006). 코칭요인이 종업원의 직무만족에 미치는 영향 :외식업체의 코칭제도 실시유무에 따른 비교분석을 중심으로. **한국식품조리과학회**, 22(2), 131-139.

홍윤기(1996). **하버마스의 사상: 주요 주제와 쟁점들**. 서울: 나남출판사.

홍종관(2014). 행복을 위한 감사의 역할에 관한 고찰, **행복한 부자연구**. 3(1), 1-17

황혜자, 김태훈(2006). 용서훈련 집단상담이 비행청소년의 분노수준과 학교 적응에 미치는 효과. **동아논총**, 42, 111-149.

■ 외국 서적 ■

Adler, M. G., & Fagley, N. S. (2005). Appreciation: Individual differences in finding value and meaning as a unique predictor of subjective well-being. *Journal of Personality*, *73*(1), 79–114.

Ahern, G. (2003). Designing and implementing coaching/mentoring competencies: A case study. *Counseling Psychology Quarterly*, *16*, 373–383.

Alfredo Saad-Filho D. J. (2009). 네오리버럴리즘(김덕민 역. *Neoliberalism*). 서울: 그린비. (원저 2005년 출판).

Altman, I., & Taylor, D. A. (1973). Social penetration: The development of interpersonal relationships. New York: Holt, Rinehart and Winston.

Anderson Neil T.(2008). 내가 누구인지 이제 알았습니다(유화자 역. *Victory over The Darkness*). 서울: 죠이선교회. (원전 2000년 출판).

Andersson, L. M., Giacalone, R. A., & Jurkiewicz, C. L. (2007). On the relationship of hope and gratitude to corporate social responsibility. *Journal of Business Ethics*, *70*, 401–409.

Andrews, F. M., & Withey, S. B. (1976). *Social Indicators of Well-Being: America's Perception of Life Quality*. New York : Plenum.

Argyle, A. M. (1987). *The Psychology of Happiness*. London: Methuen.

Argyle, M. (1990). Happiness and social skills. *Personality and Individual Differences 11*, 1255–1261.

Austin, J. T., & Vancouver, J. F. (1996). Goal construction in psychology: Structure, process and content. *Psychological Bulletin*, *120*, 338–375.

Averill, J. R. (1983). Studies on anger and aggression: *Implications for theories of emotions American Psychologist*, *38*, 1145–1160.

Bachman Jerald, G., & O' Malley, O' Malley, P. M. (1977). Self-Esteem in Youngman: A Longitudinal Analysis of The Impact of Educational and Occupational Attainment, *Journal of Personality and Social Psychology*, *35*, 365–380.

Bandura, A. (1974). Behavior theory and models of man. *American Psychologist, 29,* 859–870.

Baron, R. A.(1974). Aggression as a function of victim's pain cues, level of prior anger arousal, and exposure to an aggressive model. *Journal of Personality and Social Psychology, 29*(1), 48–55.

Barry, W. A., & Connolly, W. J. (1983). *The Practice of Spiritual Direction.* New York: Harper Collins.

Beard, J., & Ragheb, M. (1980). Measuring leisure satisfaction. *Journal of Leisure Research, 12*(1), 20–33.

Beck, A. T. (1967). *Depression: Causes and Treatment.* Philadelphia: University of Pennsylvania Press.

Beck, A. T. (1967). *Depression: Clinical, Experimental, and Theoretical Aspects.* New York: Harper & Row.

Becker, K. (2010). S39–03–Risk behavior in adolescents: what we need to know. *European Psychiatry, 25,* 85.

Bem, D. J., & Allen, A. (1974). On predicting some of the people some of the time: The search for cross–situational consistencies in behavior. *Psychological Review, 81,* 506–520.

Benner, D. G. (1992). *Strategic Pastoral Counseling.* Grand Rapids: Baker.

Benner, D. G. (1998). *Care of Souls: Revisioning Christian Nurture and Counsel.* Grand Rapids: Baker Books.

Berkeley, J. D. (1994). *Leadership Handbook of Management and Administration.* Grand Rapids: Baker.

Berkowitz, L. (1977). *Advances in experimental Social Psychology, 10,* New York: Academic Press.

Birdwhistell, R. (1970). *Kinesics and Context.* University of Pennsylvania Press, Philadelphia.

Bobgan, M., & Bobgan, D. (1985). *How to Counsel from Scripture.* Chicago: Moody.

Bradburn, N. M. (1969). *The Structure of Psychological Well–Being.* Chicago: Alpine.

Brickman, P., & Campbell, D. T. (1971). 'Hedonic relativism and planning the good society', in M. H. Appley (ed.), *Adaptation Level Theory: A Symposium*, New York: Academic Press, 287–302.

Brikman, P., Coates, D., & Janoff–Bulman, R. (1976). Lottery winners and accident victims: Is happiness relative? *Journal of Personality and Social Psychology, 36*, 917–927.

Brontman, L. E., & Liberi, W. P. (1998). Executive coaching: The need for standards of competence. *Practice and Research, 50*, 40–46.

Browning, D. S. (1987). *Religious Thought and the Modem Psychologies: A Critical Conversation in the Theology of Culture.* Philadelphia: Fortress Press.

Bruner, J. (1990). *Acts of Meaning.* Harvard University Press.

Buck, R. (1984). *The Communications of Emotion.* New York: Guilford Press.

Bulman, R., & Wortman, C. B. (1977). Attribution of blame and coping in the "real world": Severe accident victims react to their lot. *Journal of Personality and Social Psychology, 35*, 351–363.

Burdett, J. O. (1998). Forty things every manager should know about coaching. *Journal of Management Development, 17*(2), 142–152.

Cameron, P. (1995). Mood as an indicant of happiness: Age, sex, social class and situational differences. *Journal of Counseling and Clinical Psychology, 31*, 117–124.

Cantor, N., & Sanderson, C. A. (1999). Life task participation and well–being: The importance of taking part in daily life. In D. Kahnemann, E. Diener, & N. Schwarz(Eds.), *Well–being: The foundation of he-donic psychology*(pp.230–243). New York: Russell Sage Foundation.

Carver, C. S., & Scheier, M. F. (1990). Origins and functions of positive and negative affect: A control–process view. *Psychological Review, 97*, 19–35.

Chow, R. M., & Lowery, B. S. (2003). Thanks, but no thanks: The role of personal responsibility in the experience of gratitude. *Journal of Experimental Social Psychology, 46*, 487–498.

Cohen, P., & Cohen, J. (1996). *Life Values and Adolescent Mental Health.* Mahwah, Mahwah, NJ: Erlbaum.

Collins, G. R. (2008). **크리스찬 카운슬링**(이현희, 이혜련 공역. Christian Counseling: A Comprehension Guide). 서울: 두란노. (원전 2006년 출판).

Compton, W. C. (2005). *An introduction to positive pychology*. Belmont, CA: Thomson Wadsworth.

Cooley, C. H. (1956). *Social Organization: Human Nature and the Social Order*. Free Press.

Corey, G. (2001). *Theory and Practice of counseling and psychotherapy*. Pacific Grove, CA: Brooks/Cole.

Cornett Carlton (1998). *The Soul of Psychotherapy: Recapturing the Spiritual Dimension in the Therapeutic Encounter*, New York: Free Press.

Csikszentmihalyi, M. & Nakamura, J. (2011). Positive psychology: Where did it come from, where is it going? In K. M. Sheldon, T. B. Kashdan, & M. F. Steger(Eds.), *Designing positive psychology*(pp.2-9)., NY: Oxford University Press.

Csikszentmihalyi, M. (1975). *Beyond Boredom and Anxiety: Experiencing Flow in Work and Play*, San Francisco: Jossey-Bass.

Csikszentmihalyi, M. (1978) *Intrinsic Rewards and Emergent Motivation in The Hidden Costs of Reward: New Perspectives on the Psychology of Human Motivation eds Lepper*, New York: Erlbaum Hillsdale.

Csikszentmihalyi, M. (1990). *Flow: The psychology of optimal experience*. New York: Harper & Row.

Csikszentmihalyi, M. (1994). *The Evolving Self*. New York: Harper Perennial.

Csikszentmihalyi, M. (1996). *Creativity: Flow and the Psychology of Discovery and Invention*. New York: Harper Perennial.

Csikszentmihalyi, M. (2012). The importance of challenge for the enjoyment of intrinsically motivated, goal-directed activities. *Personality and Social Psychology Bulletin, 38,* 34-42.

Csikszentmihalyi, M.,& Csikszentmihalyi, I. S. (1988). *Optimal Experience: Psychological studies of flow in consciousness*. Cambridge: Cambridge University Press.

David A. S. (2013). **치유하시는 은혜**(윤종석 역. Healing Grace). 서울: 두란노. (원전 1999년 출판)

Davidson, J. C., & Caddell, D. P. (1994). Religion and the meaning of work. *Journal for the Scientific Study of Religion, 33*, 135-147.

Davis, K. (1959). The myth of functional analysis as a special method in sociology and anthropology. *American sociological review, 37*, 757-772.

Davis, K. E., & Todd, M. J. (1985). Assessing friendship: Prototypes, paradigm cases and relationship description. In S. Duck & D. Perlman (Eds.), *Understanding personal relationships: An interdisciplinary approach*(pp. 17-38). Thousand Oaks, CA, US: Sage Publications, Inc.

Dawis, R. V. (1992). The individual differences tradition in counseling psychology. *Journal of Counseling Psychology, 39*, 7-19.

Diener, E. (1984). Subjective well-being, *Psychological Bulletin, 95*, 542-575.

Diener, E. (1994). Assessing subjective well-being: Progress and opportunities. *Social Indicators Research 31*, 103-157.

Diener, E. (1996). 'Subjectivewell-being and personality', in D. Barone, M. Hesen and V. Van Hasselt (eds.), *Advanced Personality*. New York: Plenum Press.

Diener, E., & Biswas-Diener, R. (2002). Will money increase subjective wellbeing? A literature review and guide to needed research. *Social Indicators Research, 57*, 119-169.

Diener, E., Emmons, R. A., Larsen, R. J., & Griffin, S. (1985). The Satisfaction with Life Scale. *Journal of Personality Assessment 49*, 71-75.

Douglas, C. A., & Moreley, W. H (2001). *Executive coaching: An annotated bibliography*. Greensboro, NC: Cetre for Creative Leadership.

Downey, Michael (1997). *Understanding Christian Spirituality*. New Jersey: Paulist Press.

Droll, D. M. (1984). "Forgiveness: Theory and research" (Unpublished doctoral dissertation, University of Nevada-Reno), 13-18.

Dumazedier, J. (1967). *Toward a society of leisure*. Free Press.

Dunkin, M. J., & Biddle, B. J. (1984). *The Study of Teaching*. New York: Holt, Rinehart & Winston.

Dweck, C. S. (1975) The role of expectations and attributions in the alleviation of learned helplessness. *Journal of Personality and Social Psychology, 36,* 674–685.

Eckhardt, C. L., Kassinove, H., Tsytsarev, S. V., & Sukhodolsky, D. G. (1995). A Russian version of the state–trait anger expression inventory: Preliminary data. *Journal of Personality Assessment, 64* (3), 440–55.

Eduardo Ghiotto (1991). Lectio Divina in the Monastic Community. *Allance International Monasticism Monastic Bulletin, 51,* 39–40.

Ellenson, A. (1982). *Human relations.* New Jersey: Prentice–Hall.

Ellinger, A., & Keller, S. (2003). Supervisory Coaching Behavior, Emplyoee Satisfaction, and Warehouse Employee Performance: A Dyadic Perspective in the Distribution Industry. *Human Resource Development Quarterly 14*(4), 435.

Elliot, A. J., & Sheldon, K. M. (1998). Not all personal goals are personal: Comparing autonomous and controlled reasons as predictors of effort and attainment. *Personality and Social Psychology Bulletin, 24,* 546–557.

Emmons, R. A. & McCullough, M. E. (2003). Counting blessings versus burdens: An experimental investigation of gratitude and subjective well–being in daily life. *Journal of Personality and Social Psychology, 84*(2), 377–389.

Emmons, R. A., & McCullough, M. E. (2003). Counting blessings versus burdens: An experimental investigation of gratitude and subjective wellbeing in daily life. *Journal of Personality and Social Psychology, 84* (2), 377–389.

Enns, P. (1989). *The Moody Handbook of Theology.* Chicago: Moody Press.

Enrigh, R. D., Gassin, E. A., & Wu, C. (1992). Forgiveness: A development view. *Journal of Moral Education, 2,* 99–114.

Enright, R. D. Santos, M., & Almabuk, R. (1989). The adolescent as forgiver. *Journal of Adolescence, 12,* 95–110.

Enright, R. D. (2002). *Helping Client Forgive.* Washington: American Psychological Association, 39–40.

Erich F. (1956). *The Art of Love.* New York: Harper & Row.

Erich F. (2006). **사랑의 기술**(황문수 역. *The Art of Loving*). 서울: 문예(원전 1956년 출판).

Feldman, D. C., & Moore, D. (2001). Career coaching: what HR professionals and managers need to know. *Human Resource Planning, 23*(2), 26–35.

Fitzgibbons, R. P. (1986). The cognitive and emotive use of forgiveness in the treatment of anger. *Psychotherapy, 23,* 629–633.

Foa E. B., & Riggs, D. S. (1993): *Posttraumatic stress disorder and rape.* In Review Psychiatry. eds by Oldham JM, Riba MB, Tasman A. American Psychiatric Press.

Forbes, J., Krumholz, M., & Burkert, A. (2012). Evolving gravitationally unstable disks over cosmic time: Implications for thick disk formation. *The Astrophysical Journal, 754* (1), 48.

Fournies, F. F. (1987). *Coaching for improved work performance.* New York: Liberty Hall Press.

Froh, J. J., Sefick, W. J., & Emmons, R. A. (2008). Counting blessing in early adolescents: An experimental study of gratitude and subjective wellbeing. *Journal of School Psychology, 46* (2), 213–233.

Garman, A. N., Whiston, D .L., & Zlatoper, K. W (2002). Media perceptions of executive coaching and the formal preparation of coaches. *Practice and Research, 52,* 201–205.

Gibson, J. J., Reed, E. S., & Jones, R. (1982). *Reasons for realism: Selected essays of James J. Gibson.* Lawrence Erlbaum Assoc Incorporated.

Glaser, E. M. (1958). Psychological consulting with executive: A clinical approach. *The American Psychologist, 13* (8), 486–489.

Greiner, L., & Metzger R. (1983). *Consulting to management.* Englewood Cliffs, New Jersey: Prentice–hall.

Groome, T. H. (1998). *Educating for life.* Allen, Texas: Thomas More, 85–86.

Hall, D. T., Otaza, K. L., & Hollenbeck, G. P. (1999). Behind closed doors: what really happens in executive coaching. *Organizational Dynamics, 27*(3), 39–53.

Hart, D., & Matsuba, M. (2007). "The development of pride and moral life.

The self-conscious emotion. *Theory and research*, *34*, 114–133.

Heslin, P. A., Vandewalle, D., & Larham, G. P. (2006). Keen to help? Manger's implicit person theories and their subsequent employee coaching. *Personnel Psychology*, *59*, 897–902.

Hotek, D. R. (2002). Skills for the 21st century supervisor: what factor personnel think. *Performance Improvement Quarterly*, *15*(2), 61–83.

Iso-Ahola, S. (1980). *The Social Psychology of leisure and recreation*. Dubuque, I. A.: Brown Company Publishing.

Iso-Ahola, S. E., Jackson, E., & Dunn, E. (1994). Starting ceasing and replacing leisure activities over the life-span. *Journal of Leasure Research*, *26*(3).45–49.

Ivancevich, J. M., & Matteson, M. T. (1980). *Stress and work: A managerial perspective*. Glenview, IL: Scott Foresman.

Jean, L. (1961). *The Love of Learning and the Desire for God*. New York: Fordham University Press, 71–73.

John, A. L. (1973). *Colours of love: an exploration of the ways of loving*. Toronto: New Press.

John, A. L. (1988). "Love styles". In Barnes MH, Sternberg RJ. *The Psychology of love*. New Haven, Conn: Yale University Press. 38–67.

John, R., & Stott, W. (1992). *The Contemporary Christian: Applying God's Word to Today's World*. Downers Grove: Inter Varsity, 132.

Johson, W. B., & Ridley, C. R.(1992). Sources of fain in christian counseling and psychotherapy. *The Counseling Psychologist*, *20*, 159–175.

Jones, S. L. (1986). *Psychology and the Christian Faith*. Grand Rapids: Baker.

Kabat-Zinn, J. (1993). *Mindfulness meditation health benefits of an ancient buddhist practice*. In, Mind-Body medicine, 259–276.

Kabat-Zinn, J. (2012). *Mindfulness for Beginners: Reclaiming the Present Moment and Your Life*. Audio CD, Sounds True.

Kaplan, H. I. (1975). Beyond society: The idea of community in classic American writing. *Social Research: An International Quarterly*, *42*(2), 204–229.

Kendall, P. C. (2002). *Coping Cat therapist manual*. ardmore, PA: Workbook, 100-110.

Kenneth L. (2006). *Soul Friend*. San Francisco: Morehouse Publishing.

King, L. A., & Napa, C. K. (1998). What makes a life good? *Journal of Personality and Social Psychology, 75*, 156-165.

Kirby, A. (2005). Coaching changes lives and provides value for money at Bradford Council. *Human Resource Management International Digest, 13*(6), 12-14.

Koenig, H. G., & Cohen, H. (2002). *The link between religion and health*. New York: Oxford University Press.

Kouneski, E. (2000). *Family assessment and the Circumplex Model: New research developments and applications*. University of Minesota.

Kraus, R. (1971). *Recreation and leisure in modern society*. New York: Appleton-Century-Crofts.

Kristof, K. M. (2005). *Study: Money can't buy happiness, security either*. Los Angeles Times, CI.

Lambert, N., Fincham, F. D., Stillman, T. L., & Dean, L. R. (2009). More gratitude, less materialism: The mediating role of life satisfaction. *Journal of Positive Psychology, 4*, 32-42.

Lane, R. E. (2000). *The loss of happiness in market democracies*. New Haven: Yale University Press.

Lazarus, R. S. (1991). *Emotion and adaptation*. New York: Oxford University press.

Lee, J. A. (1973). *Colours of love: An exploration of the ways of loving*. Toronto: New Press.

Leimon, A., Moscovici, F., & McMahon, G. (2006). *Essential Business Coaching*. Routledge, Taylor & Francis Group, 13.

Len, S. (2002). *Transforming Self and Community*. Collegeville, Minnesota: Liturgical Press.

Les, C. & Frank M. (1997). *The Choosing to Forgive*. New York: Workbook, Thomas Nelson Inc.

Lochman, J. E. (1989). *Cognitive-Behavioral Intervention with Aggressive Boys: Three Year Follow-up Effects*. Paper presented to the American Psychological Association, Atlanta, Georgia.

Lochman, J. E., & Dodge, K. A. (1994). Social-Cognitive processes of severely violent, moderately aggressive, and nonaggressive boys. *Journal of Consulting and Clinical Psychology, 62*(2), 366-374.

Loyd, A., & Johnson, B. (2013). **힐링코드: 평생 병 걱정 없이 사는 하루 6분의 비밀**(이문영 역. *The Healing Code 6 Minutes to Heal the Source of Your Health, Success, or Relationship Issue*). 서울: 시공사.(원저 2011년 출판).

Luskin, F. (2005). *Forgive for good: A proven Prescription for health and happiness*. san francisco : Harper One, 23-42.

Lyubomirsky, S. (2001). Why are some people happier than others? The role of cognitive and motivational processes in well-being. *American Psychologist, 56*, 239-259.

Lyubomirsky, S., & Heidi, S. L. (1999). A Measure of Subjective Happiness: Preliminary Reliability and Construct Validation. *Social Indicators Research, 46*(2), 137-155.

Lyubomirsky, S., & Ross, L. (1990). *Cognitive strategies to enhance happiness: Choosing to be happy*. working paper, Department of Psychology, Stanford University.

Lyubomirsky, S., & Ross, L. (1997a). *Changes in attractiveness of elected, rejected, and precluded alternatives: A comparison of "happy" and "unhappy" individuals*. manuscript submitted for publication.

Lyubomirsky, S., & Ross, L. (1997b). Hedonic consequences of social comparison: A contrast of happy and unhappy people. *Journal of Personality and Social Psychology 73*. 1141-1157,

Lyubomirsky, S., King, L., & Diener, E. (2001). The benefits of frequent positive affect. *Psychological Bulletin, 131*, 803-855.

MacMinn, M. R., & Phillips, T. R. (2001). *Care for the Soul*. Downers Grove, IL.: InterVarsity Press.

Matthew M., & Martha D. (2002). **효과적인 의사소통을 위한 기술**(임철일 역. *Patrick Fanning*). 서울: 커뮤니케이션북스.(원저1996년 출판).

Mauger, P. A. (1992). The measurement of forgiveness: Preliminary research. *Journal of Psychology and Christianity, 11*(2), 170-180.

May, G. (1982). *Will and Spirit: A Contemplative Psychology*. San francisco: Harper.

Mayer, G. (1998). *'hdy' The Dictionary of Classical Hebrew*. Sheffield: Sheffield Academic Press, 427–428.

McCarty, S. S. (1995). *"Basics in Spiritual Direction," in Handbook of Sprituality for Ministers*. New York: Paulist.

McCullough, L. & Meltzer, D. (2001). "Differences in male/female response patterns on alternative-format versions of FCI items." Proceedings of the 2001 Physics Education Research Conference. 103–106. S. Franklin, J. Marx, & K. Cummings, Eds. NY: Rochester.

McCullough, L. (2001). *A Pipeline in Need of Patching: The Steady Drain of Female Potential from Physics*. March 2001 Newsletter of the National Society Black Physicists.

McCullough, L. (2002). Women in Physics: A Review. *The Physics Teacher 40*(2), 23–42.

McCullough, L. (2006). Science News in the Science Classroom. *Journal of College Science Teaching 36*(3), 30–33.

McCullough, M. (2001).Vengefulness: Relationshipswith forgiveness, rumination, wellbeing, and the big five. *PSPB 27*(5), 601–610.

McCullough, M., Kimeldorf, M., & Cohen, A. (2008). An adaptation for altruism? The social causes, social effects, and social evolution of gratitude. *Current Directions in Psychological Science 17*(4), 281–285.

Mccullougy, M. E., & Worthinton E. L. (1994). Encouraging clients to forgive people who have hurt them: Review, critique, and research prospectus. *Journal of Psychology and Theology, 22*, 3–20.

McGrath, J. E., & Beehr, T. A. (1990). Time and the stress process: Some temporal issues in the conceptualization and measurement of stress. *Stress Medicine, 6*(2), 93–104.

McLean, G. B., Yang, C., Kuo, A. T., & Larkin, C. (2005). Development and initial validation of an instrument measuring managerial coaching skill. *Human Resource Development Quarterly, 16*(2), 157.

Michel F. (2007). **행복의 역사**(조재룡 역. *Histoire du bonheur*). 서울: 열린 터.(원저 2002년 출판).

Morganett, R. S. (1990). *Skills for Living: Group Counseling Activities for Young Adolescents*. Circle Pines, M N: Research Press.

Morretti, M. M., & Higgins, E. T. (1990). Relating self—discrepancy to self—esteem: The contribution of discrepancies beyond actual—self ratings. *Journal of Experimental Social Psychology, 26*, 108—123.

Mroczek, D. K., & Spiro, A., (2005). Change in life satisfaction during adulthood: Findings from the Veterans Affairs Normative Aging Study. *Journal of Personality and Social Psychology, 88*, 189—202.

Myers, C. G., & Diener, E. (1995). Who is happy?, *Psychological Science, 6*, 10—19.

Nagle, J. (2010). Between Traumaand Healing: Tourism and Neoliberal Peace Building in Divided Societies, *Journeys, 11*(1), 29—49.

Nathaniel, B. (1994). *Six Pillars of Self—Esteem*. New York: Bantam.

Neulinger, J. (1974). *The psychology of leisure: Research approaches to the study of leisure*. Thomas.

Nigro, N. (2002). *The Everything coaching and mentoring book*. Adams Media Corporation.

Nolan, M. L., & Nolan, S. (1992). Religious Site as Tourism Attractions in Europe. *Annals of Tourism Research, 19*, 68—74.

Northouse, P. G. (2000). *Leadership: Theory and Practice*. Thousand Oaks, C.A: Sage.

Novaco, R. W. (1986). *Anger as a clinical and social problem*. NY: Academic Press.

Novaco, R. W. (1994). *Anger as a risk factor for violence among the men—tally disordered*. In J. Monahan & H. J. Steadman (Ed.), Violence and Mental Disorder. Chicago: The University of Chicago Press.

Oates, W. (1973). *The Psychology of Religion*. Waco: Word Books.

Padovani, M. H. (1988). *Healing wounded emotions: Overcoming life's hurts*. Mystic: Twenty—Third Publication, 34—41.

Patton, J. (1985). *Is Human Forgiveness Possible? A pastoral Care Per—spective*. Nashville, TN: Abingdon Press, 42.

Paul, D. T. (2007). **치유와 회복의 동반자**(황규명 역. *Instruments in the Re—deemer's Hands*). 서울: 디모데.(원저 2002년 출판).

Peterson, C., & Vaidya, R. S. (2001). Explanatory style, expectations, and depressive symptoms. *Personality and Individual Differences, 31,* 1217-1223.

Prabhu, G. (1986). As We Forgive: Interhuman forgiveness in The Teaching of Jesus. *Concilium, 184,* 12-21.

Quinn, J. B. (1988). *Beyond rational management.* San Francisco: Jossey-Bass.

Rathunde, K., Whalen, S., & Csikszentmihalyi, M. (1993). *Talented teenagers: The roots of success and failure.* New York: Cambridge University Press.

Redshaw, B. (2000). Do we really understand coaching? How can we make it work better?, *Industrial and Commercial Training, 32*(3), 106-108.

Reiss, I. L., & Lee, G. R. (1988). *Family systems in America* (4th ed.). NY: Holt, Rinehart and Winston.

Resisman, J. M. (1981). *Adult friendships.* New York: Academic Press.

Rice, D. G. (1979). *Dual-career marriage: Conflict and treatment.* NY: Free Press.

Rice, F. P. (1979). *Marriage and parenthood.* Boston: Allyn and Bacon.

Ringer, G. (2007). Healthy Spaces, Healing Places: Sharing Experiences of Wellness Tourism in Oregon, USA. *Journal of Selective Tourism, 1*(1), 29-39.

Rinschede, G. (1992). Form of Religious Tourism. *Annals of Tourism Research, 19,* 51-53.

Robert, D. E. (2002). *Helping Client Forgive.* Washington: American Psychological Association.

Roth, B., & Creaser, T. (1997). Mindfulness meditation based stress reduction: experience with a bilingual inner city program. *The Nurse Practitioner, 22*(3), 150-75.

Ruth, S.(2013). **유태인 천재교육**(권혁철 역. *The genius education of the Jews).* 서울: 나라원. (원전 2008년 출판).

Satir, V. (1972). *Peoplemaking.* Palo Alto, CA: Science and Behavior Books.

Scheier, M. F., & Carver, C. S. (1985). Optimism, coping, and health: Assessment and implications of generalized outcome expectancies.

Health Psychology, 4, 219-247.

Scheier, M. F., & Carver, C. S. (1992). Effects of optimism on psychological and physical well-being: Theoretical overview and empirical update. *Cognitive Therapy and Research, 16*, 201-228.

Scheier, M. F., Carver, C. S., & Bridges, M. W. (1994). Distinguishing optimism from neuroticism (and trait anxiety, self-mastery, and self-esteem): A reevaluation of the Life Orientation Test). *Journal of Personality and Social Psychology, 67*, 1063-1078.

Scheier, M. F., Carver, C. S., & Bridges, M. W. (2001). Optimism, pessimism, and psychological well-being. In E. C. Chang (Ed.), *Optimism and pessimism: Implications for theory, research, and practice* (pp.189-216). Washington, DC: American Psychological Association.

Scheier, M. F., & Bridges, M. W. (1994). Person variables and health: Personality predispositions and acute psychological states as shared determinants for disease. *Psychosomatic Medicine, 57*, 255-268.

Schulz, R., Bookwala, J., Knapp, J. E., Scheier, M. F., & Williamson, G. M. (1996). Pessimism, age, and cancer mortality. *Psychology and Aging, 11*, 304-309.

Seligman, M. E. P. (1975). *Helplessness: On depression, development, and death. A series of books in psychology.* NY: WH Freeman/Times Books/Henry Holt & Co.

Seligman, M. E. P. (1991). *Learned optimism.* Knopf: New York.

Seligman, M. E. P. (2002). *Authentic happiness.* New York: Free Press.

Seligman, M. E. P. (2006). **긍정심리학**(김인자 역. *Authentic happiness).* 서울: 도서출판 물푸레. (원전 2002년 출판).

Seligman, M. E. P., Parks, A. C., & Steen, T. (2005). *A balanced psychology and a full life.* In Huppert, A. Felicia, Baylis, N., Keverne, B. (Eds.), The science of well-being (pp.275-284). Oxford: University Press.

Seligman, M. E. P., Rashid, T., & Parks, A. C. (2006). Positive Psychotherapy. *American Psychologist, 61*(8), 774-788.

Seligman, M. M. E. P., & Csizentmihaly, M. (2000). Positive psychology: An introduction. *American Psychologist, 55*(1), 5-14.

Seligman, M., Steen, T., Park, N., & Peterson, C. (2005). Positive psychology progress. *American Psychologist, 60*(5), 410-421.

Selye, H. (1956). *The stress of life.* NY : McGraw-Hill.

Senior, J. (2007). Life coaching: Origins, direction and potential risk why the contribution of psychologists is needed more than ever. *The Coaching Psychologist, 3*(1), 19-22.

Sheldon, K. M., & Kasser, T. (1995). Coherence and congruence: Two aspects of personality integration. *Journal of Personality and Social Psychology, 68,* 531-543.

Simon, H. A. (1957). *Models of Man: Social and Rational: Mathematical Essays on Rational Human Behavior in Society Setting.* NY: Wiley.

Snyder, C. R. (2006). Shane J Lopez Positive Psychology: The Scientific and Practical Explorations of Human Strengths. *SAGE Publications, 14,* 624.

Sperry, L. (2002). *Transforming Self and Community: Revisioning Pastoral Counseling and Spiritual Direction.* The Liturgical Press.

Stairs, J. (2000). *Listening for the Soul: Pastoral Care and Spiritual Direction.* Minneapolis: Fortress.

Steel, F. (1975). *Consulting for organizational change.* University of Massachusetts Press.

Stern, L. R. (2004). Executive coaching: A working definition. *Practice and Research, 56,* 154-162.

Sternberg, R. J. (1986). *Liking versus Loving.* Psychological Bulletin, 341.

Sternberg, R. J. (1997). "Construct validation of a triangular love scale". *European Journal of Social Psychology 27* (3), 313- -335.

Sternberg, R. J. (1998). *Cupid's Arrow: The Course of Love through Time,* Cambridge University Press.

Sternberg, R. J. (2004). "*A Triangular Theory of Love*". In Reis, H. T.; Rusbult, C. E. *Close Relationships.* New York: Psychology Press.

Sternberg, R. J.(2007). "*Triangulating Love*". In Oord, T. J. *The Altruism Reader: Selections from Writings on Love, Religion, and Science.* West Conshohocken, PA: Templeton Foundation.

Stevens, J. H. (2005). Executive coaching from the executive's perspective.

Practice and Research, 57, 274-285

Stowell, S. (1986). Leadership and Coaching. University of Utahm Ph, D. Disseration.

The Educational Psychology Study Group. (1990). Must a Christian require repentance before forgiving?. *Journal of Psychology and Christianity, 9,* 16-19.

Thomas, K. (2006). *Open Mind, Open Heart.* Bloomsbury Academic.

Thomas, M. (1986). *Opening the Bible.* Collegeville : Liturgical Press.

Trainer, M. (1981). Forgiveness: Intrinsic, role-expected, expedient, in the context of divorce. Unpublished doctoral dissertation, University of Boston, 105-118.

Trindis, H. T. (1996). The psychological measurement of cultural syndromes. *American Psychologist, 51,* 407-415.

Waltre, C. K. (1993). **구약성경 윤리**(홍옥표 역. *Toward Old Testament Ethice).* 서울: 생명의 말씀사.(원전 1983년 출판).

Watkins, P. C. (2004). Gratitude and subjective well-being. In R. A. Emmons & M. E.McCullough (Eds.), *The Psychology of gratitude,* New York: Oxford University Press, 167-192.

Watkins, P. C., & Woodward, K., Stone, T., & Kolts, R. L. (2003). Gratitude and happiness: Development of a measure of gratitude, and relationships with subjective well-being. *Social Behavior and Personality, 31*(5), 431-452.

Watkins, P. C., Scheer, J., Ovnicek, M., & Kolts, R. (2006). The debt of gratitude: Dissociating gratitude and indebtedness. *Cognition and Emotion, 20*(2), 217-241.

Weinstein, N. D. (1989). Optimistic biases about personal risks. *Science, 246,* 1232-1233.

Wells, A. J. (1988). Self-esteem and optimal experience. In M. Csikszentmihalyi.(Eds.), *Optimal experience :Psychological studies of flow in consciousness*(pp.327-341). New York: Cambridge University Press.

Wengle, H. (1986).The psychology of cosmetic surgery: A critical overview of the literature 1960-1982. Part I . *Annals of Plastic Surgery, 16,* 435-443.

Wilson, W. (1967). Correlates of avowed happiness. *Psychological Bulletin*, *67*(4), 294–306.

Worthington, E. L. (2003). *Forgiving and reconciling: Bridges to wholeness and hope*. Downers Grove, IL: Intervarsity Press, 78–102.

Zajonc, R. B., & McIntosh, D. N.(1992). Emotions research: Some promising questions and some questionable promises. *Psychological Science 3*, 70–74.

찾아보기

오 윤 선
(ysoh@bible.ac.kr)

학력
건국대학교 대학원(M.A)
총신대학교 신학대학원(M.Div)
Washington University of Virginia(M.R.E)
명지대학교 대학원(Ph.D)
Minnesota Theology Graduate School(D.C.C)
Regent University, school of Psychology & Counseling
(Doctoral Program in Supervision)

주요경력
미) Regent University 초빙교수 역임
중) 人民大學校 초빙교수 역임
현) 한국성서대학교 기초교양교육원 상담심리학교수 및 학생
　　생활상담센터장
현) MBC '생방송 오늘 아침'상담자 전문가
현) KBS '굿모닝 대한민국'상담자 전문가
현) 극동방송'청소년 우리 꿈'진행자
현) 가족 감독상담자 · 청소년 감독상담자

〈상담 및 심리학 관련 주요저서〉
대인관계와 의사소통(창지사, 2019)
청소년 문제와 보호(양서원, 2019)
청소년 심리 및 상담(양성원, 2019)
청소년지도방법론(양서원, 2018)
심리검사의 이해와 활용(양서원, 2017)
교육심리학(창지사, 2017)
진로상담학 (창지사, 2017)
청소년 심리 및 상담이론과 실제 (양성원, 2017)
청소년문화론 (양서원, 2016)
크리스천을 위한 진로상담 (예영B&P, 2015)
힐링과 행복코칭 (예영B&P, 2014)
청소년 분노조절하기 (예영B&P, 2011)
청소년 세대진단과 이상행동치료 (예영B&P, 2010)
사람은 어떻게 변화되는가(공역)(생명의 말씀사, 2009)
인간의 심리학적 이해 (예영B&P, 2009)
숨은 눈물 닦아주기(공저)(장로교회출판, 2008)
청소년'이젠! 이해 할 수 있다 (예영B&P, 2007)
상담심리학의 이해 (예영B&P, 2007)
청소년 이해와 상담 (예영B&P, 2006)
가정상담학(공저) (CLC, 2006)
상담학(공저) (한국가정상담연구소, 2004)
교육의 심리학적 이해 (도서출판 다락방, 2000)
상담윤리 (두란노출판, 1997)

저자와의
협의에 의해
인지는
생략합니다.

행복 코칭심리학

초판 1쇄 찍은날 2019년 8월 10일
초판 1쇄 펴낸날 2019년 9월 5일

저 자 오윤선

펴낸이 조석행
디자인 차순주
펴낸곳 예영 B&P

등록번호 가제 제 17-217호(1998. 9. 24)
주 소 02059 서울시 중랑구 용마산로 122길 12(망우동 354-43) 2층
　　　　 T.02)2249-2506 　　 F.02)2249-2508

총 판 예영커뮤니케이션
　　　　 T.02)766-7912 　　 F.02)766-8934

ISBN 978-89-90397-64-5 　 93180

값 23,000원

■ 잘못 만들어진 책은 교환해 드립니다.